20 Tage im 20. Jahrhundert

Herausgegeben von
Norbert Frei
Klaus-Dietmar Henke
Hans Woller

Dietmar Rothermund

Delhi, 15. August 1947
Das Ende kolonialer
Herrschaft

Deutscher Taschenbuch Verlag

Ein Überblick über die gesamte Reihe findet sich auf S. 287/288

Originalausgabe
Februar 1998
© 1998 Deutscher Taschenbuch Verlag GmbH & Co. KG,
München
Umschlaggestaltung: christof berndt & simone fischer
Umschlagfoto: Gandhi (rechts) mit dem stellvertretenden Premierminister
Jawaharlal Nehru, Bombay, 1946 (© AKG, Berlin)
Satz: Oreos GmbH, Waakirchen
Druck und Bindung: C. H. Beck'sche Buchdruckerei, Nördlingen
Gedruckt auf säurefreiem, chlorfrei gebleichtem Papier
Printed in Germany · ISBN 3-423-30608-4

Inhalt

Kapitel 8

Delhi, 15. August 1947

Man schrieb den 14. August 1947, als in Neu-Delhi zu ungewöhnlicher Stunde – um Mitternacht – das Parlament zusammentrat. Jawaharlal Nehru, bereits seit 1946 Interimspremierminister, hielt aus diesem Anlaß eine Rede, die später immer wieder zitiert wurde: »Schon vor vielen Jahren haben wir eine Verabredung mit dem Schicksal getroffen, und nun ist die Zeit gekommen, unser Versprechen wahrzumachen – zwar nicht in vollem Maße, aber doch im Wesentlichen. Um Mitternacht, wenn die Welt schläft, wird Indien zum Leben und zur Freiheit erwachen. Es ist dies ein Augenblick, den man nur selten in der Geschichte erlebt: wir lösen uns von dem Alten und begegnen dem Neuen, ein Zeitalter endet, und die Seele der Nation, die lange unterdrückt war, äußert sich frei und ungehemmt. Es ziemt sich, daß wir in diesem feierlichen Augenblick uns zum Dienst an Indien und seinem Volk und zum Dienst an der Menschheit verpflichten.

[...] Wir müssen arbeiten, hart arbeiten, um unsere Träume zur Wirklichkeit werden zu lassen. Diese Träume gelten Indien, aber sie gelten auch der Welt, denn alle Völker und Nationen sind eng miteinander verbunden, so daß kein Volk mehr glauben kann, daß es allein für sich allein leben kann. Der Friede, so heißt es, ist unteilbar, das gilt auch für die Freiheit und für den Wohlstand und für das Unheil in dieser Einen Welt, die sich nicht länger in isolierte Fragmente aufteilen läßt [...]«[1]

Nehru hatte viel dazu beigetragen, daß Indien in dieser Nacht die Freiheit gewährt wurde, aber das Datum hatte nicht er, sondern der letzte britische Vizekönig, Lord Louis Mountbatten, bestimmt. Es war der zweite Jahrestag der japanischen Kapitulation, die Mountbatten als oberster Befehlshaber der alliierten Streitkräfte im Pazifik entgegengenommen hatte. Da Mountbatten zwei Staaten in die Unabhängigkeit entlassen mußte, war er am 14. August zuerst nach Karachi geeilt, um dort Pakistan ins Leben zu rufen, und dann rechtzeitig nach Neu-Delhi zurückgekehrt, um dort die Freiheit um Mitternacht zu gewähren. Hatte Mountbatten auch den Tag der Freiheit bestimmt, so waren für die Uhrzeit die indischen Astrologen zuständig gewesen, deren Rat bei der Ermittlung glückbringender Momente unentbehrlich ist.

Bei der mitternächtlichen Parlamentssitzung, in der die Erlangung der Unabhängigkeit gefeiert wurde, waren die indischen Abgeordneten unter sich. Es war Nehrus große Stunde. Der mittelgroße, schlanke Mann in der nordindischen Nationaltracht, der engen, mantellangen Jacke, hielt seine Rede in der ihm eigenen Weise, nicht dramatisch und theatralisch, sondern besinnlich und gelassen. Er neigte zwar zu jähzornigen Temperamentsausbrüchen, aber dazu war jetzt kein Anlaß. Es war eine Stunde der Erfüllung langgehegter Hoffnungen, doch die Freude wurde durch die Teilung des Landes getrübt. Mahatma Gandhi, der große Führer der indischen Nationalbewegung, sah keinen Grund zum Feiern. Er war durch die Teilung zutiefst betroffen. Während man in der Hauptstadt die Freiheit willkommen hieß, widmete sich Gandhi der Erhaltung des Friedens zwischen Hindus und Muslims in Bengalen.

Nach der mitternächtlichen Sitzung begaben sich Nehru und andere Abgeordnete in den Palast des Vizekönigs, der nun, da Indien der seit 1923 angestrebte Dominion-Status gewährt und es – ebenso wie Pakistan – selbständiges Mitglied des Commonwealth wurde, der erste Generalgouverneur des neuen Staates werden sollte. Dr. Rajendra Prasad, der als Präsident der verfassunggebenden Versammlung die Aufgabe hatte, Lord Mountbatten förmlich dazu einzuladen, sein neues Amt zu übernehmen, kam bei seiner Rede ins Stocken, Nehru stand zwischen ihm und Mountbatten, saß dabei halb auf dessen Schreibtisch und soufflierte. Nachdem Mountbatten seine Zusage gegeben hatte, übergab ihm Nehru einen großen Umschlag, der die Namen der Minister der neuen Regierung enthalten sollte, die am nächsten Morgen zu vereidigen waren. Mountbatten wußte zwar, wer auf dieser Liste stehen würde, war aber doch neugierig und öffnete den Umschlag, sobald Nehru und die anderen Abgeordneten sich verabschiedet hatten. Er war leer. Im Trubel der nationalen Schicksalsstunde hatte Nehru vergessen, die Kabinettsliste in den Umschlag zu stecken.[2]

Die eigentlichen Feierlichkeiten begannen am Morgen des 15. August. Mountbatten wurde als Generalgouverneur vereidigt und hielt eine Rede, in der er besonders Mahatma Gandhi erwähnte, dessen Einsatz in Bengalen er sehr zu schätzen wußte. Nach ihm sprach Prasad, und schließlich wurde die neue Fahne Indiens gehißt. Am Nachmittag versammelten sich alle in den Roshanara-Gärten. Die Familie Mountbatten verteilte Süßigkeiten an die versammelten Kinder. Die Tochter Pamela wurde in der Menge fast erdrückt, aber Nehru konnte sie retten. Auch hier wurde noch einmal die neue indische Fahne gehißt, und gerade als sie im Wind zu flattern begann, erschien ein Regenbogen, dessen Farben denen der Fahne ähnelten. Die himmlische Reflexion begeisterte die Menge.

Am nächsten Tag, Samstag, den 16. August, hielt Nehru eine große Rede von der Tribüne des Roten Forts, des Palasts der Großmoguln. Wohl eine halbe Million Menschen waren gekommen, um ihn zu hören. Lord Mountbatten hatte kurz darauf eine andere Pflicht zu erfüllen. Er flog nach Bombay, um dort das erste Kontingent britischer Truppen zu verabschieden, das Indien verließ, um in die Heimat zurückzukehren. Der Abschied war fröhlich und informell. Wie er es im Krieg oft praktiziert hatte, schritt Mountbatten nicht steif die Front der angetretenen Soldaten ab, sondern stellte sich in ihrer Mitte auf eine Holzkiste und schickte sie mit guten Wünschen auf die Heimreise. Nehru hatte ihm eine freundliche Grußbotschaft mitgegeben, die von General Cariappa, dem Oberkommandierenden des indischen Heeres, verlesen wurde. Am Nachmittag gab es einen Empfang durch den Gouverneur von Bombay im Taj Mahal-Hotel. Noch während man dort versammelt war, hatte sich die Nachricht von Mountbattens Besuch wie ein Lauffeuer verbreitet. Als er nach dem Empfang zur Residenz des Gouverneurs fuhr, war der über 8 Kilometer lange Weg dorthin von Menschenmassen umsäumt, die Mountbatten jubelnd begrüßten. Die Inder wußten, daß er jetzt nicht mehr der Repräsentant der Kolonialmacht, sondern ihr Generalgouverneur war. Mit der Freiheit war der Haß gewichen und das Gefühl der Gleichberechtigung mit den Briten erwacht. Mountbatten und seine Begleiter zeigten sich von diesem Wandel der Gefühle überrascht und angenehm berührt.

Lord Mountbatten hatte es eilig gehabt, seinen Auftrag in Indien zu erledigen. Schließlich wollte er sein Lebensziel erreichen und Befehlshaber der britischen Marine (*First Lord of the Admiralty*) werden. Sein Vater, Fürst Battenberg, hatte dieses Amt zu Beginn des Ersten Weltkriegs innegehabt, es aber dann wegen seiner deutschen Herkunft aufgeben müssen, obwohl er Schwiegersohn der Königin Viktoria war. Als Premierminister Clement Attlee Lord Mountbatten 1946 gebeten hatte, als letzter Vizekönig nach Indien zu gehen, war dieser daran nicht interessiert, da er seine Marinekarriere gefährdet sah. Der Lord konnte daher harte Bedingungen stellen. Dazu gehörte nicht nur die Zusicherung, daß die angestrebte Laufbahn keinen Schaden nehmen dürfe, sondern auch eine eindeutige Regierungserklärung über die Gewährung der Unabhängigkeit und die Ankündigung des definitiven Termins. Die Regierung hatte sich bisher um klare Aussagen gedrückt, mußte nun aber Farbe bekennen.

Attlees Kalkül, gerade Lord Mountbatten nach Indien zu schikken, zielte darauf ab, die Liquidation des britischen Weltreichs nicht zur Angelegenheit der eigenen Partei, der Labour Party, werden zu lassen.[3]

Mountbatten, hoher Offizier und Cousin des Königs, war als Vollstrecker dieser Liquidation bestens geeignet. Ihm konnte selbst die konservative Partei keine Vorwürfe machen. Auf Drängen Mountbattens wurde also der August 1948 als Termin in Aussicht genommen und das entsprechende Gesetz (*Independence of India Act*) rasch vom Parlament verabschiedet. Zunächst war ausschließlich von Indien die Rede. Die Teilung des Landes und die Schaffung Pakistans standen noch nicht auf der Tagesordnung. Der Zwang zur Teilung ergab sich erst in der Amtszeit Mountbattens. Sobald sich dieser davon überzeugt hatte, daß sein Auftrag ohne eine Teilung nicht zu erfüllen war, arbeitete er zielstrebig darauf hin und setzte alle Beteiligten unter Zeitdruck. Er zog den Unabhängigkeitstermin um ein Jahr vor, setzte den 15. August 1947 fest und brachte in seinem Konferenzraum einen Kalender an, der nicht das Datum, sondern nur die Zahl der Tage zeigte, die noch bis zum Tag X verblieben. Die »Vivisektion Indiens«, wie Mahatma Gandhi die Teilung nannte, wurde mit militärischer Präzision vorbereitet.

Der Unabhängigkeitstag konnte noch ungetrübt gefeiert werden, aber schon am Tage danach zeigte sich das erste Wetterleuchten, mit dem das furchtbare Gewitter sich ankündigte, das bald über Indien hereinbrechen sollte.

Mountbatten überreichte Nehru und seinen Kollegen den Bericht des Richters Cyril Radcliffe, der die genaue Grenzziehung zwischen Indien und Pakistan aufzeigte. Auch der pakistanische Premierminister Liaqat Ali Khan war anwesend. Mountbatten hatte die Überreichung des Berichts hinausgeschoben, weil er die Machtübertragung vornehmen wollte, ehe sich die Politiker der beiden Länder in Streitigkeiten um die Grenzziehung verwickeln konnten. So waren beide Staaten in die Unabhängigkeit entlassen, ohne daß die Betroffenen wußten, wo genau deren Grenzen lagen. Die Enttäuschung auf beiden Seiten war groß, und es trafen auch bald die ersten Nachrichten über Unruhen entlang der Grenze ein. Nehru und Liaqat Ali reisten gemeinsam in den Panjab, um sich über die Lage dort zu informieren.

Die Sikhs des Panjab, die erst nach der Veröffentlichung des Berichts der Radcliffe-Kommission erfuhren, daß ihre Siedlungsgebiete durch die Grenze geteilt wurden, protestierten vehement gegen diese Entscheidung. Sie wollten auf keinen Fall in Pakistan verbleiben. Ihr Führer Tara Singh zog auf einer Massenversammlung der Sikhs in Lahore sein Schwert und rief:»Das bedeutet Krieg.« Züge, die Muslimflüchtlinge aus Nordindien nach Pakistan brachten, wurden von Sikhs angegriffen. Flüchtlingsströme aus beiden Richtungen stießen aufeinander, es kam zu Mord und Totschlag. Die Grenzschutztruppe war überfordert, und Mountbatten stimmte schließlich ihrer Auflösung zu. Damit war seine letzte exekutive Aufgabe erledigt, und er fuhr mit seinem Gefolge nach Simla, um für einige Tage Urlaub zu machen. Kaum dort angekommen, baten Nehru und sein Innenminister Patel ihn jedoch dringend zurückzukehren, weil die Flüchtlingsströme nun auch die Hauptstadt Neu-Delhi erreichten. Die Regierung war nicht mehr Herr der Lage.

Mit seiner Erfahrung als Oberkommandierender der Streitkräfte im Pazifik war Mountbatten der richtige Mann, um diese Notlage zu bewältigen. Ein Krisenstab des Kabinetts wurde gebildet, dessen Vorsitz auf Nehrus Bitte Mountbatten selbst übernahm. Er bestand darauf, daß seine neue Funktion der Öffentlichkeit nicht bekanntgemacht werde, da er ja praktisch die Aufgabe des Regierungschefs übernahm. Der Krisenstab trat im September fast jeden Tag zusammen. Eine Hiobsbotschaft nach der anderen traf ein. Die Muslims Alt-Delhis drängten zu Tausenden in die Alte Festung (Purana Qila), um der Rache der Sikhs und Hindus zu entgehen. Seuchengefahr drohte. Aus Nordindien strömten Muslims nach Pakistan. Nicht nur die Züge waren überfüllt, auch die Straßen waren von Menschenmassen oft über Entfernungen bis zu 100 Kilometern verstopft. Manche Familien trieben ihre Rinderherden vor sich her, mußten sie an der Grenzbrücke dann aber doch zurücklassen. Nicht nur fanatische Mörder aus den verschiedenen Religionsgemeinschaften, auch gewöhnliche Räuber bedrohten die Flüchtlinge. Etwa 10 Millionen Menschen waren unterwegs, einige Hunderttausend blieben auf der Strecke.

An einen Austausch der Bevölkerung hatte man bei der Teilung nicht gedacht, Hindus und Muslims waren getrennt worden. Etwa ein Drittel der Muslims Britisch-Indiens verblieb in dem neuen Staat Indien. In dem im Osten an den Panjab angrenzenden United Provinces (Uttar Pradesh) waren 17 Prozent der Bevölkerung Muslims. Sie lebten dort überwiegend in den Städten. Viele von ihnen flohen nach Karachi, der Hauptstadt Pakistans. Überall wo die Flüchtlinge eintrafen, stellten sie die Behörden vor große Probleme. Unterbringung und Verpflegung mußten gesichert werden, von der Aufrechterhaltung von Ruhe und Ordnung ganz zu schweigen.

Tragische Mißverständnisse standen in jener Zeit auf der Tagesordnung. So hißten die Stammesangehörigen in den Bergen bei Chittagong im äußersten Osten am Unabhängigkeitstag die indische Fahne und mußten danach empört zur Kenntnis nehmen, daß ihr Gebiet Pakistan zugesprochen war, obwohl sie keine Muslims waren. Dieses Problem ist bis heute nicht gelöst.

Ende September ebbten die Flüchtlingsströme ab, Mountbattens Krisenstab hatte seine Schuldigkeit getan. Nehru konnte seine Aufgaben als Regierungschef wieder selbst bewältigen. Im Unterschied zu den schrecklichen Ereignissen im Panjab blieb es in Bengalen verhältnismäßig ruhig. Das war hauptsächlich Mahatma Gandhi zu verdanken, der den Tag der Unabhängigkeit nicht in Neu-Delhi, sondern hier verbracht hatte. Er hatte den Ministerpräsidenten des Landes, den Muslim Shahid Suhrawardy, moralisch unter Druck gesetzt und gezwungen, mit ihm zusammen gegen die Konflikte der Religionsgemeinschaften anzukämpfen. Das gelang so gut, daß sich

Hindus und Muslims in Kalkutta schließlich umarmten. Mountbatten kommentierte diesen Erfolg mit den Worten, Gandhis Einsatz in Bengalen habe mehr erreicht als die Entsendung von mehreren Divisionen. Aber Gandhi konnte nicht überall sein; die Greuel im Panjab konnte er nicht verhindern. Freilich lagen die Probleme dort auch anders als in Bengalen. Eine mit den Sikhs vergleichbare Bevölkerungsgruppe, die von der Teilung besonders hart betroffen war, gab es in Bengalen nicht (wenn man von den bereits erwähnten Stammesangehörigen am Rande Bengalens einmal absieht). Die Menschen in Bengalen sind sehr emotional, lassen sich manchmal schnell zu Gewalttaten hinreißen, aber wenn man sie so nahm, wie Gandhi das offenbar vermochte, so können sie auch schnell zur Versöhnung bereit sein.

Die Wirren der Teilung bezogen sich zunächst nur auf die Provinzen, die zu Britisch-Indien gehört hatten. Die Fürstenstaaten blieben davon unberührt. Sie hatten einen eigenen staatsrechtlichen Status und waren auch nicht untereinander verbunden; jeder für sich hatte aufgrund alter Verträge, die zumeist schon im 18. Jahrhundert geschlossen worden waren, der britischen Krone unterstanden. Mit dem Tag der Unabhängigkeit kündigte die Krone diese Verträge auf, die Fürsten wären somit in diesem Moment jeder für sich unabhängig geworden, wenn es nicht Mountbatten und Patel gelungen wäre, sie zu einer bemerkenswerten Kapitulation zu zwingen. Im Ergebnis schlossen sich die Fürsten in der Mehrzahl dem unabhängigen Indien an.

Maharaja bedeutet »großer König«, ein Titel, den die indischen Fürsten stolz führten, auch wenn ihr Staat manchmal nur wenige Dörfer umfaßte und ihr Einkommen bescheidener war als das manches Großgrundbesitzers. Es gab mehr als fünfhundert solcher Fürstenstaaten. Sie zogen sich von Kashmir im Norden bis Travancore im äußersten Süden wie ein Band durch ganz Indien. Im Zuge der Eroberung des Subkontinents hatten sich die Briten auf die fruchtbaren oder strategisch wichtigen Landesteile konzentriert und manchen Landstrich ausgelassen, die den Maharajas verblieben. Die indirekte Herrschaft über diese Gebiete war kostengünstig. Ein britischer Resident am Hofe des Maharajas sorgte dafür, daß dieser wußte, was er zu tun und zu lassen hatte. So blieben die Maharajas und ihre Staaten wie Insekten im Bernstein im britischen Reich eingeschlossen.

Die Verträge, die die Briten mit den Fürsten geschlossen hatten, unterschieden sich je nach der historischen Konstellation, in der sie zustande gekommen waren. Einige hatten den Briten in den Kämpfen des 18. Jahrhunderts als Bundesgenossen zur Seite gestanden, so etwa der Nizam von Haiderabad, ein Muslim, dessen Untertanen zum größten Teil Hindus waren. Andere waren bei dem Zerfall der Marathenkonföderation rechtzeitig abgesprungen und hatten ihren Frieden mit den Briten gemacht. Kashmir schließlich war 1846 nach den Sikhkriegen an den Maharaja von Jammu, Gulabh Singh, verkauft worden, der damit als Hindu-Herrscher einige Millionen Muslims als Untertanen erwarb. Je nach Größe und Gewicht erhielten die Fürsten von den Briten verschiedene Ehrentitel und Privilegien. Dazu gehörte auch die Anzahl der Böllerschüsse, die beim offiziellen Salut abgefeuert werden durften. Die sorgfältig abgestuften Privilegien sorgten dafür, daß die Fürsten in jeder Hinsicht Abstand voneinander hielten.[4]

In den dreißiger Jahren hätten die Fürsten im Rahmen der neuen Verfassung (*Government of India Act* 1935) die Chance gehabt, sich ihre Stellung in Indien auch für die Zukunft zu sichern. Diese Verfassung sah einen Bundesstaat vor, der die britisch-indischen Provinzen und die Fürstenstaaten umfaßte, wobei die Fürsten ihre Abgeordneten selbst bestimmen konnten. Doch diese Konstruktion scheiterte an der Bestimmung, daß mindestens die Hälfte der Fürsten ihren Beitritt erklären mußte. Einige Fürsten, die ihre Zukunftsaussichten realistisch betrachteten, waren dazu bereit. Aber die Mehrzahl dachte an die finanziellen Verpflichtungen, die ein solcher Beitritt möglicherweise nach sich ziehen konnte. Sie wurden in diesen Befürchtungen von britischen Beamten bestärkt, die kein Interesse daran hatten, daß der Bundesstaat zustande kam. So standen die Fürsten 1947 ziemlich ratlos da und wußten nicht recht, was sie tun sollten. Nur wenige konnten mit dem Gedanken spielen, unabhängig zu bleiben. Vom Nizam hieß es freilich, er habe schon tschechische Kanonen bestellt, um für den Ernstfall gerüstet zu sein.

Für Nehru und seine Regierung war diese Lage ebenfalls unberechenbar. Der Nationalkongreß hatte sich während des Freiheitskampfes zurückgehalten und sich nicht in die Politik der Fürsten-

16

staaten eingemischt, um keinen Zweifrontenkrieg zu riskieren. Die Kommunisten hatten sich intensiver um die Durchdringung der Fürstenstaaten gekümmert. Es stand viel auf dem Spiel, denn es ging immerhin um fast ein Drittel der Fläche Indiens und etwa 90 Millionen Menschen. Daher kam alles darauf an, die Fürsten rechtzeitig vor dem Unabhängigkeitstag für einen Anschluß zu gewinnen.

Patel, der nicht zuletzt wegen seines Erfolgs in dieser Angelegenheit später der »Bismarck Indiens« genannt wurde, machte als Innenminister den Fürsten ein Angebot, daß ihnen günstig erscheinen mußte. Unterzeichneten sie den Anschlußvertrag, so blieben ihnen ihre bisherigen Privilegien und Einkünfte garantiert; sie mußten nur auf ihre Hoheitsrechte verzichten. Mountbatten erwies sich auch hier sehr hilfreich. Drei Wochen vor dem Unabhängigkeitstag berief er eine Versammlung der Fürsten ein, erschien vor ihnen in seiner prächtigen Paradeuniform und spielte zum letzten Mal die Rolle des Vertreters der Krone. Er führte den Fürsten vor Augen, wie es künftig um sie bestellt sein könne, und riet ihnen dringend, Patels Angebot anzunehmen. Noch sei er in der Lage, zwischen ihnen und der indischen Regierung zu vermitteln, nach dem Unabhängigkeitstag sei jeder von ihnen auf sich allein gestellt. Viele Fürsten zeigten sich bereit, zu unterschreiben. Ein Minister, der seinen abwesenden Fürsten vertrat, war ratlos und fragte, was er denn tun solle, da er nicht wisse, wie sein Fürst entscheiden würde. Da nahm Mountbatten eine große Glaskugel, einen Briefbeschwerer, von seinem Tisch, hielt sie hoch und sagte, er schaue jetzt in seine Kristallkugel, um wahrzusagen, was der abwesende Fürst wünsche. Einige Sekunden herrschte Stille im Raum, dann verkündete Mounbatten feierlich, daß der Fürst das Angebot angenommen habe. Die versammelten Würdenträger lachten, das Eis war gebrochen. Bald standen die Fürsten in Patels Ministerium Schlange, um ihre Verträge noch rechtzeitig zu unterschreiben.[5]

Die beiden Fürsten mit den größten Territorien, der Maharaja von Kashmir und der Nizam von Haiderabad unterschrieben nicht, sondern baten um Bedenkzeit. Daraus sollten sich bald Probleme ergeben, die Indien schwer zu schaffen machten.[6] Der Nizam von Haiderabad, ein Muslim, dessen Untertanen zumeist Hindus waren, zögerte seine Bedenkzeit sehr lange hinaus. Er unterließ es, für Pakistan zu optieren, weil sein Territorium von Indien umgeben war. Der

17

Nizam haßte Mohammed Ali Jinnah, den Führer der Muslimliga, der ihn bereits vor der Teilung aufgesucht und um seine Unterstützung gebeten hatte. Nun war Jinnah Generalgouverneur von Pakistan, und der Nizam war ihm noch immer nicht gewogen. Andererseits begeisterte sich der Nizam auch nicht für den Anschluß an Indien. Patel löste das Problem 1948 mit Gewalt. Die indische Armee besetzte den Fürstenstaat in einer »Polizeiaktion«. Kashmir, dessen Bevölkerung zum größten Teil aus Muslims bestand, wurde vom angrenzenden Pakistan beansprucht. Doch als es zur Krise kam, entschloß sich der Maharaja doch noch für den Anschluß an Indien. Bald darauf kämpften indische und pakistanische Truppen in Kashmir gegeneinander. Dieser Konflikt dauert noch heute an; gleich zu Beginn fiel ihm niemand anders als Mahatma Gandhi zum Opfer.

Gandhi war gewiß kein Freund Pakistans. Er hatte die Teilung nicht gewollt und einmal sogar gesagt, Pakistan sei Sünde. Doch nachdem die Teilung akzeptiert worden war, hielt er es nur für gerecht, auch die Staatskasse zwischen Indien und Pakistan aufzuteilen. Es ging um 550 Millionen Rupien, die Pakistan zustanden. Die Aufteilung war noch nicht vollzogen, als indische Truppen Kashmir gegen eine pakistanische Aggression verteidigen mußten. Innenminister Patel war gegen die Zahlung an Pakistan. Warum sollte man einem Gegner auch noch Geld überweisen? Gandhi setzte sich weiterhin für eine gerechte Aufteilung ein und begann ein Fasten, das zwar nicht ausdrücklich gegen Patel gerichtet war, aber von diesem doch sofort zutreffend beurteilt wurde. Nach Gandhis Verlautbarung zielte sein Fasten darauf, die Konflikte von Hindus und Muslims in Indien zu beenden; von Pakistan war dabei nicht die Rede. Aber alle wußten natürlich, daß es vornehmlich um die 550 Millionen Rupien ging.[7] Nehru stand hier auf der Seite Gandhis und stimmte wie in manchen anderen Fragen nicht mit Patel überein. Das Kabinett entschied, die Zahlung zu leisten. Patel mußte seinen Widerstand aufgeben, doch er tat es nur ungern. Ultrarechte Hindus hielten Gandhis Einsatz für Hochverrat. Sie glaubten, ihn töten zu müssen, um die Zahlungen an Pakistan zu verhindern.

Gandhis Gebetsversammlungen, bei denen er fast täglich zu einer großen Menge Menschen sprach, waren für jedermann frei zugänglich. Sie fanden im Garten des Hauses von G. D. Birla, Gandhis

Freund und Gönner, statt. Zuletzt waren Gandhis Reden sogar vom Radio übertragen worden. Die Regierung hoffte vergebens, die Worte des »Vaters der Nation« würden einen mäßigenden Einfluß auf die unruhige Nation haben. Nathuram Godse, ein junger Brahmane aus Maharashtra, der dem *Rashtriya Svayamsevak Sangh* (nationaler Selbsthilfebund) angehörte, übernahm die Aufgabe, den Mahatma auf dem Weg zur Gebetsversammlung zu erschießen. Gandhi hatte zuvor schon darüber nachgedacht, ob er wohl den Mut haben würde, einem Attentäter ins Auge zu sehen, ohne sofort zu versuchen, sich in Sicherheit zu bringen. Als Godse seine Schüsse auf ihn abfeuerte, blieb Gandhi stehen, sprach ein Stoßgebet und brach zusammen. Er starb kurze Zeit später.

Lord Mountbatten fuhr sofort zum Tatort. Im Hause von Birla hatten sich bereits alle prominenten Gefolgsleute Gandhis versammelt. Mountbatten berichtete Nehru und Patel von Gandhis letztem Wunsch, sie miteinander auszusöhnen; die Spannungen zwischen ihnen hätten ihm große Sorgen bereitet. Als die beiden Politiker das hörten, umarmten sie sich spontan. Auf Mountbattens Vorschlag hin erklärten sie sich sogar bereit, in gemeinsamen Rundfunkansprachen an die Nation noch am selben Abend ihre Einmütigkeit unter Beweis zu stellen.[8]

Nach dem Tod des Mahatma traten die Konflikte vorübergehend in den Hintergrund. Die Nation hielt den Atem an. Die Regierung war einig, stark und wieder Herr der Lage.

War wie in einem Spiel, bei dem Dominosteine hochkant hintereinander aufgestellt werden und alle umfallen, wenn man den ersten antippt, Indiens Entlassung in die Unabhängigkeit der erste kippende Stein, dessen Fall in einer zwangsläufigen Ereigniskette die Dekolonisierung einleitete? Während des Krieges hatte Adolf Hitler in einem Gespräch mit dem japanischen Botschafter gemeint, eine Welt werde einstürzen, wenn die Briten Indien verlören. Hitler, ein Bewunderer der britischen Kolonialherrschaft, bezeichnete damit nicht etwa sein Ziel, sondern seine Befürchtung. Ohne Zweifel konnte ohne Indien von einem britischen Weltreich nicht mehr gesprochen werden, das Ende anderer Kolonialreiche würde nur noch eine Frage der Zeit sein. Doch der Prozeß der Dekolonisierung verlief keineswegs so zwangsläufig wie der Fall einer Kette von Dominosteinen. In jedem Einzelfall ergaben sich aus dem Wechselspiel der Politik der jeweiligen Kolonialmacht mit der politischen Willensbildung in der Kolonie ganz eigene Konstellationen. Die Weichenstellungen, die zum Zeitpunkt der Entlassung in die Unabhängigkeit erfolgten, hatten oftmals schicksalhafte Bedeutung für die gesamte zukünftige Entwicklung des jeweiligen Landes. Am Beispiel der Teilung Indiens mag das bereits deutlich geworden sein. In den folgenden Kapiteln wird ebenfalls zunächst anhand von Einzelfällen die Vielfalt der Dekolonisierung gezeigt werden. Selbstverständlich sind dabei von vornherein übergeordnete Gesichtspunkte zu berücksichtigen, beispielsweise die gemeinsame Erfahrung des japanischen Interregnums in Südostasien, der arabische Nationalismus in den Ländern vom Irak bis Marokko oder die Bedeutung des Wettlaufs zwischen General de Gaulle und Premierminister Macmillan in Schwarzafrika, der die Dekolonisierungswelle in den drei Jahren von 1958 bis 1960 prägte.

Der Zugang über Fallstudien verpflichtet jedoch nicht zu einer gleichsam flächendeckenden Behandlung aller Varianten in allen Kolonien. Vielmehr geht es um eine möglichst genaue und anschauliche Schilderung der vielfältigen Aspekte, die den Verlauf der Dekolonisierung prägten. In den letzten drei Kapiteln kommen dann Themen zur Sprache, die alle ehemaligen Kolonien betreffen: die außenpolitische Orientierung der jungen Staaten, die Wirtschaftsentwicklung, die Formation der »Dritten Welt« und das koloniale Erbe mit seinen Licht- und Schattenseiten.

Dieses Buch behandelt vor allem den Zeitraum zwischen 1947 und 1964. Die Entlassung Indiens in die Unabhängigkeit und das Todesjahr Nehrus schienen am besten geeignet, Anfang und Ende der hier zu beschreibenden Entwicklung zu markieren. Bis 1964 hatten auch die meisten schwarzafrikanischen Kolonien ihre Unabhängigkeit erreicht. Wo es ratsam erschien, führen Rückblenden in die koloniale Vergangenheit zurück oder Ausblicke über die sechziger Jahre hinaus. Im ersten Kapitel soll noch einmal Indien im Mittelpunkt stehen. Es konnte in den feierlichen Tagen des Sommers 1947 auf einen besonders langen und intensiven Freiheitskampf zurückblicken. Er wurde für viele andere Kolonien zum Vorbild, obwohl – oder gerade weil – die Dimension ihres eigenen Freiheitskampfes meist wesentlich bescheidener war.

Kapitel 1

Indiens langer Weg zur Freiheit

Die Anfänge des indischen Nationalismus

Im 18. Jahrhundert war Indien von den Briten auf Kosten der indischen Steuerzahler erobert worden. Eine Nation von damals nur etwa 5 Millionen Menschen ergriff Besitz von einem Subkontinent, der etwa 150 Millionen Einwohner hatte. Dabei wurde Indien nicht einmal auf Geheiß des britischen Königs erobert, sondern von einer Handelsgesellschaft. Die war zwar vom König privilegiert worden, sie hatte aber nicht den Auftrag, sich in eine Territorialmacht zu verwandeln.

Unter britischer Herrschaft entstand bald eine indische Bildungsschicht, die sehr genau erkannte, was sich auf der Weltbühne abspielte. Schon 1849 schrieb ein nationalistischer indischer Schriftsteller, die Briten sollten sich nur in acht nehmen, sonst würden sie von einer Revolution aus Indien vertrieben wie seinerzeit aus Amerika.[1] Solche Äußerungen nahmen die Kolonialherren in dieser frühen Zeit nicht sonderlich ernst. Ihr Sendungsbewußtsein war noch nicht erschüttert, sie glaubten den Indern die Segnungen der Zivilisation zu bringen und dafür deren Dank zu verdienen. Erst der große Aufstand von 1857 raubte diese Illusion. Die Meuterei britisch-indischer Truppen verband sich mit dem Versuch von Bauern und Grundbesitzern Nordindiens, die drückende Kolonialherrschaft abzuschütteln. Harte Steuerveranlagungen, der Zwang zum Nutzfruchtanbau und die Verwüstung des Bodens durch Entwaldung und Raubbau hatten die ländliche Bevölkerung bedrängt. Die indischen Söldner der britisch-indischen Armee, deren britische Offiziere wenig Verständnis für Sitte und Brauchtum der Soldaten zeigten und jede Unbotmäßigkeit durch hartes Durchgreifen im Keim ersticken wollten, hatten ebenfalls Grund genug zur Meuterei. Den Wider-

21

stand von Grundherren und Bauern hätten die Briten mit Gewalt unterdrücken können, aber die Soldaten hatten sie selbst den Gebrauch moderner Waffen gelehrt. Die Verbindung der revoltierenden Kräfte hätte die Kolonialmacht fast die Herrschaft gekostet, doch es kamen ihnen zwei Umstände zugute. Zum einen waren die Aufständischen praktisch führerlos, zum anderen konnten die Briten auf die Sikhs zählen; sie ergriffen die Gelegenheit, um sich an den Söldnern, die sie in den Sikhkriegen eine Generation zuvor geschlagen hatten, zu rächen. Der Aufstand von 1857 verzettelte sich schließlich in Scharmützeln, doch der britische Herrschaftsoptimismus war auf der Strecke geblieben. Man sah die Inder nun nicht mehr als dankbare Untergebene, sondern als gefährliche Widersacher an, die in Schach gehalten werden mußten.

Die neue indische Bildungsschicht hatte sich nicht an diesem Aufstand beteiligt, die Aufständischen hätten im Fall eines Sieges freilich auch keine Verwendung für sie gehabt. Das dämpfte für einige Jahrzehnte die nationalistischen Regungen der Bildungsschicht. Erst nach 1870 machten sie sich wieder bemerkbar. Der konservative Vizekönig Lord Lytton erwies zu jener Zeit der nationalen Bewegung ungewollt einen großen Dienst. Er ließ nämlich alle Zeitungen, die in indischen Sprachen publiziert wurden und naturgemäß schwer zu taxieren waren, verbieten, weil er befürchtete, daß sie Aufruhr predigten. Damit mußten sich die indischen Journalisten auf englische Publikationen umstellen, wodurch der nationalen Kommunikation Vorschub geleistet wurde. Man begann die liberalen Ideen britischer Philosophen zu studieren und mit ihnen die »unbritische« Herrschaft der Briten in Indien zu kritisieren. Die Gründung des indischen Nationalkongresses in Bombay 1885, den Delegierte aus allen Teilen Indiens besuchten, wurde zum Fanal dieses liberalen, konstitutionellen Nationalismus. Daneben machte sich aber bald auch eine nationalrevolutionäre Strömung bemerkbar, deren Befürworter mit dem Argument arbeiteten, Indien sei schon immer eine Nation gewesen und brauche nur die Fesseln der Fremdherrschaft abzuschütteln, um wieder zur Selbstbestimmung zurückzufinden. Einige Nationalrevolutionäre griffen auch zu terroristischen Mitteln, aber durch die Ermordung einzelner Beamter ließ sich die britische Kolonialherrschaft in Indien nicht aus den Angeln heben.

In beiden Lagern bemühte man sich um ein Konstrukt nationaler Solidarität, man suchte nach einer brauchbaren Vergangenheit, auf die man sich berufen konnte, um die Selbstbestimmung zu fordern. Dieser »Solidaritätstraditionalismus« war ein modernes Phänomen.[2] Er ist nicht zu verwechseln mit einem Traditionalismus, der nur darin besteht, am Althergebrachten festzuhalten. Traditionalisten im letzteren Sinne gab es natürlich auch in Indien, doch sie spielten in der nationalen Bewegung kaum eine Rolle oder stellten sich ihr sogar entgegen. So waren Hindutraditionalisten, die das Kastenwesen und die patriarchalischen Sitten der alten Gesellschaft verteidigten, den modernen Solidaritätstraditionalisten ein Dorn im Auge, die nur jene Aspekte der Tradition gelten lassen wollten, die die Nation solidarisch erscheinen ließen und nicht als ein Konglomerat vielfältiger, in sich abgeschlossener Gemeinschaften.

Die Suche nach einer brauchbaren Vergangenheit war nicht einfach. Man erinnerte sich an die großen Epen, an nationale Helden, an große Reiche der Vergangenheit. Doch dabei erwies es sich als nahezu unmöglich, einen gemeinsamen Nenner für Hindus und Muslims zu finden. Je mehr man sich bemühte, desto mehr dividierte man die Vergangenheit auseinander. Mit den seit 1881 alle zehn Jahre durchgeführten Volkszählungen kam auch noch das Bewußtsein der zahlenmäßigen Stärke oder Schwäche der verschiedenen Gemeinschaften hinzu. Muslims fürchteten, auf die Dauer durch die Hindus majorisiert zu werden. Die Briten erkannten rasch, daß sie sich solche Befürchtungen zunutze machen konnten.

Der Freiheitskampf unter der Führung Mahatma Gandhis

Nach dem Ersten Weltkrieg schien der Nationalkongreß unter der Führung von Mahatma Gandhi einen Weg gefunden zu haben, die nationale Solidarität auf eine ganz andere Art zu konstruieren. Gandhi suchte nicht nach einer brauchbaren Vergangenheit, sondern bemühte sich um die Gestaltung der Gegenwart. Seine Methode des *satyagraha* (Festhalten an der Wahrheit), die er in Südafrika entwickelt hatte, schien sich auch auf Indien übertragen zu lassen. *Satyagraha* bedeutete stets das entschiedene Handeln einzelner Menschen, die sich durch ein Gelübde verpflichten und sich jeder Gewaltanwendung enthielten. Aus vielen solchen einzelnen kann eine Massenbewegung werden, doch diese Bewegung bezieht ihre Kraft nicht aus dem Kollektiv, sondern aus der Überzeugung der einzelnen, die sich zusammentun. Die auseinanderdividierte Vergangenheit sollte dabei keine Rolle spielen. Doch Gandhi beging einen politischen Fehler, als er sich mit der »Khilafat«-Bewegung der indischen Muslims solidarisierte, um auf diese Weise die nationale Solidarität zu fördern. Da führende Khilafatisten wie Maulana Azad mit Gandhi im Prinzip der Gewaltfreiheit übereinstimmten, fühlte er sich von ihnen angezogen und machte gemeinsame Sache mit ihnen.[3] Er ahnte nicht, daß er damit reaktionären Tendenzen Vorschub leistete, denn die Khilafatisten setzten vor allem auf die Bewahrung der antiquierten Institution des türkischen Kalifats. Bald sollten sie jedoch von den Türken enttäuscht werden, die diese Institution abschafften. Die Enttäuschung führte aber bei den meisten Muslims nicht zur Neuorientierung im Sinne einer Identifikation mit dem nationalen Freiheitskampf Indiens, sondern zu einer Distanzierung von ihm und zur Konsolidierung der Position des Islam in Indien. Jinnah, der Gandhi davor gewarnt hatte, sich die Sache der Khilafatisten zu eigen zu machen, geriet nun in den Sog der islamischen Reaktion und stellte sich schließlich an ihre Spitze.[4]

In einer großen Kampagne des bürgerlichen Ungehorsams, einer symbolischen Revolution, gelang es Gandhi 1930 endlich, den Briten die Macht des Nationalkongresses vor Augen zu führen. Er hatte nun auch ein Gesetz gefunden, das sich leicht und wirkungsvoll übertreten ließ. Es war das Gesetz, das das Salzmonopol der Kolonialregierung sicherte und das private Salzsieden zur Straftat erklärte. Nachdem Gandhi den Anfang damit gemacht hatte, eiferten ihm Tausende von Menschen in allen Teilen Indiens nach und wanderten daraufhin in die Gefängnisse. Hinzu kam, daß noch im selben Jahr die Weltwirtschaftskrise die

Agrarpreise in Indien um die Hälfte reduzierte. Die Bauern, die weiterhin Steuern oder Pacht und Schuldendienst zu leisten hatten, rebellierten in vielen Teilen Indiens. Der Nationalkongreß nahm sich ihrer an und wurde zur Bauernpartei.[5] Gandhi hatte bereits seit 1920 viel dafür getan, die Organisation des Nationalkongresses in den ländlichen Gebieten auszubauen. Er konnte nun eine reiche Ernte einfahren.

Die Briten, die sich vor Bauernaufständen mehr fürchteten als vor der Bewegung städtischer Nationalisten, sahen ihre Stellung ernsthaft bedroht. Der Vizekönig Lord Irwin schloß im März 1931 einen Pakt mit Gandhi, der zwar für den Nationalkongreß wenig brachte, aber für Gandhi einen symbolischen Gewinn bedeutete. Churchill sah das genauso, als er zu jener Zeit von Gandhi als dem »halbnackten Fakir« sprach, der es wagen dürfe, als Verhandlungspartner dem Vizekönig gegenüberzutreten. Der Pakt enthielt auch Gandhis Zugeständnis, die zweite Konferenz am Runden Tisch im Herbst 1931 in London zu besuchen, nachdem er die erste dieser Konferenzen im Jahr zuvor boykottiert hatte. Diese Konferenzen dienten der Vorbereitung der nächsten Verfassungsreform, an der Gandhi wenig interessiert war. Er hatte jedoch bei seiner Zusage den Hintergedanken, in London mit dem Labour-Premierminister Ramsay Macdonald zu verhandeln, so wie er in Indien mit dem Vizekönig verhandelt hatte. Doch als er Macdonald dann gegenüberstand, war dieser bereits eine ohnmächtige Geisel in den Händen der Konservativen. Die Labour-Regierung war kurz zuvor gestürzt, weil sie die Folgen der Wirtschaftskrise nicht bewältigen konnte, Macdonald nun Premier einer nationalen Koalition.

Die Wachablösung in Indien, wo Lord Willingdon Vizekönig wurde, war für Gandhi ebenfalls ungünstig. Vizekönige hatten jeweils eine Amtszeit von fünf Jahren. Nur in seltenen Ausnahmefällen wurde die Amtszeit verlängert. Die Vizekönige entstammten meist dem hohen Adel Großbritanniens. Die Ämterpatronage der Parteien spielte bei ihrer Ernennung eine Rolle – Irwin war Mitglied der Konservativen Partei, Willingdon gehörte der Liberalen Partei an –, aber ein Regierungswechsel in Großbritannien führte nicht zur Abberufung eines Vizekönigs, der nicht das richtige Parteibuch hatte. Die Begrenzung der

Amtszeit auf fünf Jahre hing natürlich mit dem Rhythmus der britischen Wahlen zusammen. Die Auswahlkriterien für die Besetzung des hohen Amtes wurden mehr von der britischen Innenpolitik als von den Erfordernissen Indiens bestimmt. Bei der Ernennung Lord Willingdons konnte man jedoch argumentieren, daß er zu dieser Zeit der richtige Mann für diesen Posten sei. Irwin hatte ihn sich sogar als Nachfolger gewünscht, denn Willingdon war gerade Generalgouverneur von Kanada gewesen und hatte zuvor als Gouverneur von Madras und dann von Bombay Erfahrungen in Indien gesammelt. Nun stand die Verfassungsreform in Indien bevor, die Indien zwar noch nicht denselben Status wie Kanada zugestand, aber als Schritt in diese Richtung anzusehen war. Doch Willingdons Indienerfahrung bezog sich auf die Zeit vor der Übernahme der Führung des Freiheitskampfes durch Mahatma Gandhi, den er verachtete. Seiner Meinung nach war Irwin ihm zu weit entgegengekommen und hatte ihn damit unnötig aufgewertet. Statt dessen unterdrückte Willingdon den Nationalkongreß mit harter Hand – zunächst mit Erfolg. Doch konnte er sein Notstandsregime nicht lange durchhalten, denn es standen Wahlen bevor – und zwar zunächst 1934 für das britisch-indische Zentralparlament (*Imperial Legislative Council*) und dann im Winter 1936/37 die Landtagswahlen in den Provinzen, die nach dem Verfassungsreformgesetz von 1935 zur Bildung autonomer indischer Provinzregierungen führen sollten. Der Nationalkongreß erzielte schon bei den Wahlen von 1934 einen beachtlichen Erfolg und gewann die Provinzwahlen in allen Provinzen, in denen die Hindus in der Mehrheit waren, nicht aber in Bengalen und Panjab, den Provinzen mit mehrheitlich muslimischer Bevölkerung. Doch in diesen war es nicht die Muslimliga, sondern es waren regionale Parteien, die den Sieg errangen und Regierungen bildeten. Als jedoch der neue Vizekönig Lord Linlithgow im Namen Britisch-Indiens Deutschland 1939 den Krieg erklärte, ohne vorher die Führung des Nationalkongresses konsultiert oder auch nur informiert zu haben, traten die vom Kongreß gebildeten Kabinette zurück. Mit einigem diplomatischen Geschick wäre es durchaus möglich gewesen, den Kongreß für eine Unterstützung der Briten im Krieg zu gewinnen. Nehru war ein entschiedener Gegner des Nationalsozialismus, und Gandhi gab seinen Befürchtungen Ausdruck, sein geliebtes London könne von den Bomben Hitlers in Schutt und Asche gelegt werden.

Der Rückzug des Nationalkongresses aus der Regierungsverantwortung hatte bedauerliche Folgen für die weitere politische Entwicklung Indiens. Als schließlich die Japaner 1942 nahezu vor den Toren Indiens standen, erschien der britische Minister Sir Stafford Cripps in Indien und überbrachte ein Angebot, das die Zusage der Unabhängigkeit nach dem Krieg enthielt, falls sich der Nationalkongreß sofort an der Bildung einer nationalen Regierung beteiligen und die Kriegsanstrengungen unterstützen würde. Über das Scheitern dieses Angebots wird noch berichtet werden. Der Kongreß sah sich danach gezwungen, eine neue Kampagne des Freiheitskampfes zu verkünden, um nicht in Tatenlosigkeit zu versinken. Diese Kampagne wurde mit dem Schlagwort »Quit India« im Juli 1942 begonnen, doch ehe Gandhi noch verkünden konnte, wie diese Kampagne eigentlich gestaltet werden sollte, wurden er und sämtliche Kongreßführer ins Gefängnis geworfen. Linlithgow hätte am liebsten die ganze Kongreßführung für die Dauer des Krieges nach Afrika deportieren lassen, aber auf Anraten der Provinzgouverneure, die dadurch einen Gesichtsverlust fürchteten, blieben Gandhi und seine Gefolgschaft in indischen Gefängnissen. Radikale junge Kongreßleute begingen im folgenden Monat in vielen Teilen Indiens Sabotageakte. Man sprach von der »August-Revolution«, sie blieb auch auf diesen Monat beschränkt. Nach der Niederschlagung dieser »Revolution« veröffentlichte der Vizekönig ein Weißbuch, in dem er Gandhi für die Ausschreitungen verantwortlich machte. Als dieser darauf in Hungerstreik trat, ließ der Vizekönig ungerührt bereits das Sandelholz für Gandhis Scheiterhaufen im Gefängnis einlagern.

Die britische Politik und der *transfer of power*

Die Briten haben später versucht, die Entlassung Indiens und Pakistans in die Unabhängigkeit als eine ordnungsgemäße, von langer Hand vorbereitete Machtübergabe (*transfer of power*) darzustellen.[6] Doch dem war keineswegs so. Churchill hatte noch während des Krieges gesagt, er sei nicht Premierminister seiner Majestät geworden, um über die Auflösung des britischen Weltreichs zu präsidieren. Er hatte auch darauf bestanden, daß die Atlantikcharta, mit der auf Betreiben Roosevelts die Kriegsziele der Alliierten verkündet wurden und in der von der Selbstbestimmung der Völker die Rede war, nicht für die Kolonien gelte.

Die Labour Party, von der vermutet wurde, sie neige der Unabhängigkeit Indiens zu, war während des Krieges in die Disziplin des Kriegskabinetts eingebunden. Der spätere Premierminister Clement Attlee leitete sogar dessen Indienausschuß. Er war 1929 als Mitglied einer Parlamentsdelegation in Indien gewesen, die von den Freiheitskämpfern überall mit schwarzen Fahnen begrüßt worden war. Das hatte seine Sympathien für Indien nicht unbedingt gesteigert. Im kritischen Kriegsjahr 1942 trat auch der bereits erwähnte Stafford Cripps in das Kriegskabinett ein. Er galt als ausgesprochen »links« und war zuvor Botschafter in Moskau gewesen. Als Freund Nehrus bot er sich an, nach Indien zu reisen, um diesen für die Unterstützung der britischen Kriegsanstrengungen zu gewinnen. Roosevelt hatte Churchill immer wieder gedrängt, den indischen Nationalisten Zugeständnisse zu machen. Die *Cripps Mission* wurde daher von Churchill begrüßt, weil sie für ihn ein Alibi gegenüber Roosevelt war. Doch Churchill sorgte auch dafür, daß die *Cripps Mission* von vornherein zum Scheitern verurteilt war. Die Zusagen, die Cripps machte, erforderten die Mitwirkung des Vizekönigs. Linlithgow hatte aber schon seinen Rücktritt angeboten, bevor Cripps Indien erreichte, und dieses Angebot nur auf Bitten Churchills zurückgezogen, der ihm seine volle Unterstützung zusicherte. Das Angebot, das der indischen Kongreßpartei von der britischen Regierung gemacht wurde, nämlich der Eintritt von Ministern dieser Partei in das Kriegskabinett des Vizekönigs und die Gewährung der Unabhängigkeit nach dem Krieg, konnte nur vom Vizekönig in die Tat umgesetzt werden. Die Verhandlungen platzten schließlich, als Cripps keine Auskunft darüber geben konnte, welche Befugnisse ein indischer Verteidigungsminister während der Dauer des Krieges haben werde. Es kämpften zu jener Zeit etwa 2 Millionen indischer Soldaten an verschiedenen

Fronten, sie standen aber in Indien nicht zur Verfügung, um ihre Heimat gegen die Japaner zu verteidigen. Ein indischer Verteidigungsminister hätte zumindest einen Teil dieser Truppen von anderen Fronten abziehen und nach Indien verlegen müssen. Cripps verließ Indien unverrichteter Dinge und war gekränkt. Er glaubte, Mahatma Gandhi, der an den Verhandlungen nicht teilgenommen hatte, habe diese durch Machinationen hinter den Kulissen vereitelt. Seine Beziehungen zu Indien und zu seinem Freund Nehru wurden auf diese Weise ziemlich getrübt, was Churchill mit Genugtuung zur Kenntnis nehmen konnte. Da sich das Kriegsglück nach Stalingrad zugunsten der Alliierten wendete, konnte Churchill seine Durchhaltepolitik ohne Konzessionen fortsetzen.

Als 1943 der Posten des Vizekönigs neu zu besetzen war, zögerte Churchill einige Zeit, weil er keinen geeigneten Kandidaten fand. Schließlich ließ er General Lord Wavell, den bisherigen Befehlshaber der britisch-indischen Armee, zum Vizekönig ernennen. Wavell war sich der Schwierigkeit seiner Aufgabe wohl bewußt. Als General stand ihm klar vor Augen, was es bedeutete, nach Kriegsende 2 Millionen kriegserfahrener indischer Soldaten, von denen die meisten demobilisiert werden mußten, in Indien zu empfangen. Dazu würde er unbedingt eine indische Regierung brauchen. Im Unterschied zu seinem Vorgänger, der die Kunst des *divide et impera* beherrschte und während des Krieges den Führer der Muslimliga, M. A. Jinnah, als Gegengewicht zum Nationalkongreß aufgebaut hatte, dachte Wavell an eine nationale Koalition, mit der der *transfer of power* ausgehandelt werden könne. Die Muslimliga beanspruchte unter Jinnahs Führung die Alleinvertretung der Interessen aller Muslims in Indien. Sie war 1906 gegründet worden, bereits im Ersten Weltkrieg hatte Jinnah ihre Führung übernommen. Sie spielte lange Zeit nur eine marginale Rolle, bis sie durch den Gang der Ereignisse im Zweiten Weltkrieg aufgewertet wurde. Nun brauchte Wavell die Muslimliga für seine nationale Koalition. Da diese ohne Jinnah nicht zustande kommen konnte, erhielt dieser so eine weitere Chance, sich durch sein Veto zu profilieren.

Prägend für Wavells Verhalten in Indien war die Erinnerung an seinen Lehrmeister General Lord Allenby, der 1922 eine friedliche Machtübergabe in Ägypten zustande gebracht hatte. Aber Churchill war gar nicht gesonnen, in Wavell einen Allenby für Indien zu finden, und ging auf seine Vorschläge nicht ein. Erst kurz vor den britischen Wahlen von 1945, die Churchill natürlich zu gewinnen hoffte, gab er Wavell endlich grünes Licht für die Einberufung einer Konferenz aller politischen Kräfte, aus der die Bildung einer nationalen Regierung hervorgehen sollte. Churchill willigte jedoch nur ein, weil seine Berater voraussagten, daß diese Konferenz ohnehin ein Fehlschlag würde. Sie fand im Juli 1945 in Simla statt – und wurde tatsächlich ein Fehlschlag. Inzwischen hatte Churchill die Wahlen verloren und die Labour Party die Regierung gebildet. Clement Attlee wurde Premierminister, Stafford Cripps gehörte dem Kabinett an. An sich hätte darin die Chance zu einer entscheidenden Indieninitiative gelegen, doch sie wurde vertan. Die Regierung ließ nur verlauten, das Cripps-Angebot von 1942 sei ja noch auf dem Tisch und könne nun akzeptiert werden.

Indische Nationalisten hatten sich lange Zeit der Illusion hingegeben, daß die Labour Party Indien die Unabhängigkeit gewähren würde, wenn sie nur die Macht dazu hätte. Nun hatte sie die Macht, aber es gab offenbar nicht einmal einen Plan, was mit Indien geschehen sollte. Eine wohldurchdachte Regierungserklärung zur Zeit der Simla-Konferenz hätte viel bewirken können. So aber konnte Jinnah das Forum, das ihm Simla bot, dazu nutzen, den Boykott aller weiteren Bemühungen anzudrohen, falls man ihm das Recht verweigere, alle Muslimminister der nationalen Regierung zu benennen. Angesichts der Tatsache, daß ihm mit Maulana Azad ein Muslim als Präsident der Kongreßpartei gegenüberstand, wirkte das als eine besondere Provokation. Wavell waren die Hände gebunden, und Attlee empfahl ihm, nun erst einmal Wahlen für die Provinziallandtage abzuhalten. Angesichts der ungeklärten Lage war das aber ein schwerer politischer Fehler. Als Jinnah im Wahlkampf allerlei unrealistische Forderungen erhob, denen Wavell nichts entgegensetzen konnte, weil er ja keine Regierungserklärung in Händen hielt, bat der unglückliche Vizekönig den Indienminister in London, doch wenigstens den alten parlamentarischen Trick anzuwenden und einen Abgeordneten eine entsprechende Frage stellen zu lassen, auf die die Regierung dann eine klärende Antwort geben konnte. Der Minister verweigerte dies mit Hinweis auf die Befürchtung, es könnten dann vielerlei Fragen gestellt werden, auf die er keine Antwort wisse. Die Hilflosigkeit der Labour-Regierung war damit dokumentiert.

Die Wahlen von 1946 brachten ein deutliches Ergebnis. Die bereits seit 1909 bestehenden separaten Wählerschaften für Muslims wurden zum ersten Mal fast völlig von Jinnahs Muslimliga beherrscht. Jinnah hatte schon bei den Wahlen von 1936 auf ein solches Ergebnis gehofft, damals jedoch aus anderen Gründen. Er hatte geglaubt, ein unentbehrlicher Koalitionspartner des Nationalkongresses werden zu können, indem er das Kongreßparteiprogramm abschrieb und darauf vertraute, daß ihm alle Muslimsitze in den separaten Wählerschaften gewissermaßen automatisch zufallen würden. Das geschah damals aber nicht, die Kongreßpartei gewann zahlreiche Muslimsitze und benötigte Jinnah nicht als Koalitionspartner. Außerdem wollte man ihn durch ein Koalitionsangebot nicht noch zusätzlich aufbauen. Das rächte sich bald, denn Jinnah schlug zurück. Auf der Sitzung der Muslimliga in Lahore 1940 hielt er seine berühmte Rede, in der er die Errichtung autonomer Muslimstaaten forderte und behauptete, Hindus und Muslims seien zwei verschiedene Nationen, und zwar nach jeder möglichen Definition des Begriffs »Nation«. Er redete auch noch nicht von »Pakistan«, denn diese Bezeichnung stammte nicht von ihm, sondern von einem in England lebenden Panjabi, Rahmat Ali, der bereits 1933 diese Namen für die Muslimmehrheitsgebiete in Nordindien geprägt hatte. Jinnah war damals noch der Vertreter der Muslim-Diaspora gewesen und hatte Rahmat Alis Plan von sich gewiesen, weil er für die Diaspora keine Vorteile brachte. Doch 1940 erhob Jinnah Anspruch auf die Führung der Muslimmehrheitsgebiete und machte sich Rahmat Alis Plan zu eigen, ohne sich auf ihn zu berufen, weshalb er auch das Wort »Pakistan« nicht zitierte. Die Resolution, mit der die Muslimliga sich 1940 Jinnahs Pläne zu eigen machte, war dennoch bald als *Pakistan-Resolution* in aller Munde.

Im Wahlkampf 1946 sprach nun auch Jinnah von Pakistan, hütete sich aber davor, bestimmte Grenzen zu benennen, so daß jeder muslimische Wähler den Eindruck gewinnen konnte, Pakistan sei überall dort, wo Muslims lebten. Jinnah war ursprünglich ein Führer der Muslims in der Diaspora gewesen. Doch mit seinem Bekenntnis zu Pakistan verriet er jene Diaspora, die bei einer Teilung in Indien verbleiben mußte. Zunächst tat er freilich alles, um dies zu verschleiern. Wavell sah deutlich, welche Konsequenzen sich aus der politischen Entwicklung in Indien ergaben und entwarf einen Rückzugsplan, der der Regierung in London einen Schock versetzte. Sie entsandte daraufhin drei Kabinettsminister nach Indien, um im Frühjahr 1946 mit Kongreß und Liga über einen komplizierten Verfassungsplan zu verhandeln, der allen gegensätzlichen Forderungen Genüge tun sollte. Nur gab es immer noch keine Regierungserklärung, und daher blieben die Planspiele der Kabinettsminister letztlich unverbindlich. Jinnah konnte sich als Pokerspieler profilieren. Er war im Grunde nicht an einem raschen Abzug der Briten interessiert und glaubte, ja hoffte sogar, daß die Kolonialherren noch mehr als ein Jahrzehnt bleiben würden.

Im August 1946 wollte Wavell schließlich nicht länger auf eine nationale Regierung verzichten und ernannte Nehru zum Interimspremierminister. Jinnah verkündete daraufhin einen »Tag der direkten Aktion«, der mit Ausnahme von Kalkutta jedoch fast überall folgenlos verlief. Dort wurde ein großes Morden mit dem Ziel veranstaltet, daß Hindus aus Bihar, die in Kalkutta arbeiteten, in ihre Heimat flohen. Hintergedanke war, daß Kalkutta bei einer zu erwartenden Teilung Pakistan zugeschlagen werden würde. Da es nicht gelang, Nehrus Regierung auf diese Weise zu Fall zu bringen, mußte Jinnah schließlich auf andere Weise versuchen, sein Ziel zu erreichen. Er veranlaßte den Eintritt der Muslimliga in die Regierung, übernahm aber selbst kein Amt, sondern entsandte nur einige von ihm benannte Minister. Von strategischer Bedeutung war, daß die Muslimliga das Amt des Finanzministers erhielt und damit die Arbeit aller Ministerien lahmlegen konnte. Daraufhin sah sich die Kongreßpartei gezwungen, Wavell um die Entlassung der Minister der Muslimliga zu bitten. Es war diese Konstellation, die Attlee schließlich dazu zwang, eine Alternative zu suchen und Lord Mountbatten nach Indien zu entsenden, der seinerseits schließlich nur noch den Ausweg fand, Indien zu teilen.

Zunächst konzipierte Mountbatten einen »Plan Balkan«, dessen Name schon besagt, worum es dabei ging. Die Provinzen Britisch-Indiens sollten jede für sich in die Unabhängigkeit entlassen werden und mochten dann sehen, zu welchen übergeordneten staatlichen Einheiten sie sich zusammenfinden wollten. Mountbatten zeigte diesen Plan Nehru, ehe er zu letzten Gesprächen nach London reiste. Nehru war entsetzt; da war eine Teilung in zwei Staaten immer noch besser als eine Balkanisierung. Mountbatten änderte seinen Plan und holte sich in London die Zustimmung der Regierung. Er versäumte auch nicht, Churchill aufzusuchen und sich eine Botschaft für Jinnah mitgeben zu lassen. Sie besagte schlicht, daß Jinnah zu tun habe, was Mountbatten verlange, andernfalls könne er auf keine Unterstützung durch die konservative Partei hoffen. Diese Unterstützung war für Jinnah bisher immer von ausschlaggebender Bedeutung gewesen. Jinnah mußte sich mit einem »mottenzerfressenen Pakistan« – wie er es selbst nannte – begnügen. Mountbatten ließ Indien nämlich durch eine Kommission aufteilen, die Bezirke und nicht Provinzen als Grundeinheiten berücksichtigte. Nach diesem Prinzip wurden die Provinzen Bengalen und Panjab aufgeteilt. In Bengalen lagen die Muslimmehrheitsbezirke im Osten, im Panjab im Westen. Wie bereits erwähnt, wurde das Ergebnis dieses Teilungsplans aber erst verkündet, nachdem Indien und Pakistan in die Unabhängigkeit entlassen waren.

Die Rechtsform der beiden neuen Staaten Indien und Pakistan war die von Dominien – wie Australien und Kanada –, denn eine andere Rechtsform kannte das britische Commonwealth nicht. Ein Dominion war praktisch unabhängig, erkannte aber die Souveränität der Krone an und wurde von einem Generalgouverneur regiert, der nicht gewählt, sondern von der Krone ernannt wurde. Indien wurde erst 1950 mit dem Inkrafttreten seiner Verfassung eine Republik, die dennoch im Commonwealth verblieb, weil man inzwischen dafür gesorgt hatte, daß auch Republiken diesem »Club« angehören durften. Diese Möglichkeit gab es 1947 noch nicht. So brauchte auch Indien damals noch einen Generalgouverneur. Dabei bot es sich an, daß Lord Mountbatten für eine Übergangszeit zum Generalgouverneur beider neuer Staaten ernannt worden wäre, um die Probleme, die sich aus der Teilung ergaben, zu bewältigen. Nehru hatte das begrüßt, Jinnah aber abgelehnt, weil er selbst Generalgouverneur von Pakistan werden wollte. Das war insofern ein entscheidender Schritt, als sich in Pakistan dadurch letztlich ein Präsidialsystem etablierte, während Indien unter Premierminister Nehru den Konventionen der parlamentarischen Demokratie verpflichtet blieb. Mountbatten sah eigentlich keinen Sinn darin, nur als Generalgouverneur eines Staates zu fungieren. Nur auf dringende Bitten Nehrus blieb er und versah noch einige weitere Monate seine Pflichten als Generalgouverneur Indiens. Die harmonische Verabschiedung Mountbattens war geeignet, den Eindruck zu erwecken, als ob der *transfer of power* tatsächlich ein gelungenes britisches Werk gewesen sei. Die Realität sah anders aus. Es war der lange indische Freiheitskampf, der die Übernahme der Macht ermöglicht hatte, ohne daß ein Absturz in Anomie und Diktatur folgte. Vor der »Verabredung mit dem Schicksal«, von der Nehru am 14. August 1947 kurz vor Mitternacht sprach, hatte ein langer Weg zur Freiheit gelegen.

Wirtschaftliche Aspekte der Dekolonisierung Indiens

Während der letzten Kriegsjahre, als die Freiheitskämpfer im Gefängnis saßen, vollzog sich ein ökonomischer Wandel, der die Dekolonisierung Indiens wesentlich erleichtern sollte. Indien wurde vom Schuldner zum Gläubiger Großbritanniens.[7] Die Industrie des Landes arbeitete weitgehend für den britischen Kriegsbedarf, die Reserven Indiens in der Bank von England schwollen an. Churchill hätte Indien natürlich gern einen großen Teil dieser Kriegskosten aufgebürdet, doch da er es dem Land verweigert hatte, als freier Partner der Alliierten am Krieg teilzunehmen, konnte er ihm auch keine Rechnung präsentieren; Roosevelt, von dem die Briten während des Krieges finanziell immer abhängiger wurden, hätte eine solche Aufrechnung nicht zugelassen. Da es einfacher ist, einen Gläubiger als einen Schuldner in die Unabhängigkeit zu entlassen, kam der skizzierten Entwicklung für die Entkolonisierung großes Gewicht zu. Da Großbritannien nach dem Krieg in großen Finanznöten war, handelte es noch vor dem großen Tag im August 1947 ein Moratorium mit der indischen Interimsregierung aus. Der entsprechende Vertrag wurde kurz vor der Entlassung in die Unabhängigkeit unterschrieben. Er verpflichtete Indien dazu, zunächst nicht auf seine Reserven in der Bank von England zurückzugreifen. Statt dessen mußte es sich bei der Weltbank und dem Weltwährungsfond verschulden, um seine dringend erforderlichen Investitionen zu tätigen. Die britische Wirtschaftslobby hätte am liebsten obendrein noch einen Vertrag unterzeichnet gesehen, der eine Fortschreibung ihrer Privilegien über den Tag der Unabhängigkeit hinaus beinhaltet hätte. Die britische Regierung, die Mühe genug hatte, Indien zu dem Schuldenmoratorium zu nötigen, sah sich nicht in der Lage, auch noch einen solchen Wirtschaftsvertrag unterzubringen. Für Indien war es insgesamt günstiger, sich auf das befristete Moratorium einzulassen, als sich durch langfristige Wirtschaftsvereinbarungen zu binden.

Der wirtschaftliche Stellenwert Indiens für Großbritannien hatte sich im Laufe der Jahrhunderte mehrfach verändert. Im 18. Jahrhundert war Indien eine Bezugsquelle für Baumwolltextilien, die sich in Europa mit großem Gewinn verkaufen ließen. Der Zugriff auf diese Quellen wurde dabei immer intensiver, europäischen Konkurrenten der Zugang dazu verwehrt. Die industrielle Revolution in Großbritannien vollzog sich im selben Jahrhundert als eine Stufenfolge der Importsubstitution. Ursprünglich hatte man bedruckte Stoffe aus Indien eingeführt, doch bereits im frühen 18. Jahrhundert ging man dazu über, von dort nur noch weiße Tuche zu importieren und sie in London zu bedrucken. Damit wurden diese Tuche zu industriellen Halbfertigwaren, die in Indien unter britischer Aufsicht nach bestimmten Gesichtspunkten präpariert wurden. Der nächste Schritt war dann die Herstellung weißer Tuche mit mechanischen Webstühlen. Der allmähliche Übergang zur völligen Substitution der indischen Tuche endete damit, daß schließlich der Export britischer Tuche nach Indien dominierte. Der Subkontinent erlangte jetzt als Absatzmarkt Bedeutung, zugleich aber auch als Lieferant von Rohprodukten wie Opium und Indigo, später auch Reis und Weizen; Rohbaumwolle wurde nur während des amerikanischen Bürgerkriegs importiert, solange die bessere amerikanische Qualität nicht zur Verfügung stand.

Um die Mitte des 19. Jahrhunderts wurde Indien zum Markt für britische Eisenbahnen. Die Eröffnung des Suezkanals und der Einsatz von Dampfschiffen senkten die Frachtkosten. Lokomotiven, Eisenbahnwagen, Schienen und Brücken wurden fast ausnahmslos aus Großbritannien bezogen. Eine entsprechende indische Industrie entwickelte sich zunächst nicht. In Bombay entstand in der zweiten Hälfte des 19. Jahrhunderts eine von Indern betriebene Baumwolltextilindustrie, die einerseits für den indischen Binnenmarkt produzierte, andererseits aber Garn nach Ostasien exportierte, das dort sogar mit britischen Produkten konkurrierte. In Kalkutta bauten schottische Unternehmer eine primär exportorientierte Jutetextilindustrie auf. In erster Linie war und blieb Indien jedoch Absatzmarkt für Industrieprodukte und eine Quelle für Agrarprodukte.

Die Weltwirtschaftskrise der dreißiger Jahre änderte den Stellenwert Indiens für die Briten erneut.[8] Wegen des Verfalls der Agrarpreise auf dem Weltmarkt war es kein Vorteil mehr, privilegierten Zugang zu kolonialen Rohprodukten zu haben. Zugleich schwand die Kaufkraft der ländlichen Bevölkerung in den Kolonien, als Absatzmarkt wurden diese Länder uninteressant. Der einzige Grund, der jetzt noch zum Festhalten an der Kolonialherrschaft zwang, war die Sicherung des Schuldendienstes. In diesem Sinn wurde auch die koloniale Währungspolitik von London bestimmt. Die krisengeschüttelte Finanzzentrale hatte dabei Glück im Unglück, denn ein Strom von Gold ergoß sich aus Indien und gab dem neuen Sterlingblock Auftrieb, den die Briten nach dem Abgehen vom Goldstandard geschaffen hatten.[9] Eine krisenverschärfende deflationäre Währungspolitik in Indien, die im Interesse der britischen Gläubiger betrieben wurde, sorgte gleichzeitig dafür, daß der Strom des Goldes aus Indien nicht versiegte.

Im Zweiten Weltkrieg gewann Indien wiederum einen anderen Stellenwert für Großbritannien. Es wurde jetzt Quelle für die Rekrutierung von 2 Millionen indischer Soldaten und für Industrieprodukte des Kriegsbedarfs. Beides entfiel mit dem Kriegsende, ja, die Demobilisierung der Soldaten erwies sich als ein

Problem, dessen Lösung man am liebsten einer indischen Regierung überlassen hätte. Die Schuldenfrage war auch erledigt. Nun waren es, wie erwähnt, die Briten, die sich bei den Indern um ein Moratorium für die Rückzahlung ihrer Schulden bemühen mußten. Da Großbritannien zu dieser Zeit nahezu bankrott war und Gläubiger letztlich an der Erhaltung der Zahlungsfähigkeit ihrer Schuldner interessiert sind, war Indien bereit, das Moratorium zu gewähren.

Es kam hinzu, daß Amerika als der einzige wirkliche Sieger aus dem Krieg hervorgegangen war und eine antikoloniale Politik verfolgte – und zwar nicht aus selbstlosen Gründen, sondern weil man an einem offenen Zugang zu den Absatzmärkten der Welt interessiert war. Die USA setzten deshalb die Briten finanziell unter Druck, um sie zu Zugeständnissen zu bewegen. Eigentlich hätte man aus all diesen Gründen eine noch raschere Dekolonisierung nach dem Ende des Krieges erwarten können, doch keine der Kolonialmächte wollte ihr Gesicht verlieren und einen allzu schmählichen Rückzug antreten. Deshalb beanspruchten die Rückzugsmanöver eine gewisse Zeit. Immerhin ist es bemerkenswert, daß eine Entwicklung, die von den ersten Unternehmungen der Portugiesen bis zum Zweiten Weltkrieg rund 450 Jahre umfaßte, dann in kaum zwei Jahrzehnten revidiert wurde.

Der Fall des indischen Dominosteins zog den Fall aller anderen nicht unmittelbar nach sich. Zwei Aspekte, die zur Zeit der Entlassung Indiens in die Unbhängigkeit noch keine Rolle spielten, gewannen in den fünfziger Jahren plötzlich große weltpolitische Bedeutung: Der Koreakrieg ließ die Rohstoffpreise steigen, und der beginnende Kalte Krieg schuf neue sicherheitspolitische Interessen. Beide Aspekte machten die Kontrolle von Kolonien wieder attraktiv und verzögerten die weitere Dekolonisierung. Erst in einer späteren Phase begünstigte der Kalte Krieg die Dekolonisierung, als es nämlich darum ging, subversiven kommunistischen Aktivitäten in der »Dritten Welt« den Boden zu entziehen und sich mit afrikanischen und asiatischen Nationalisten zu arrangieren, die sich ihrerseits durch die Kommunisten herausgefordert sahen.

Kapitel 2

Freiheit ohne Kampf: Pakistan und Sri Lanka

Der Aufbau eines neuen Staates in Pakistan

Die Entstehung Pakistans ist in vieler Hinsicht beispiellos in der Geschichte der Dekolonisierung, denn hier wurde ein neuer Staat ins Leben gerufen, dessen Grenzen man zuvor auf der Landkarte vergeblich gesucht hätte; alle anderen Kolonien behielten bei der Entlassung in die Unabhängigkeit ihre durch die Kolonialherren vorgezeichneten Grenzen. Eine gewisse Parallele liegt wohl in der Entstehung Israels aus dem britischen Mandatsgebiet in Palästina. Auch dort ging es wie in Pakistan um die Gründung eines Staates für eine Religionsgemeinschaft – weiter reicht die Parallele nicht. Juden hatten nirgendwo sonst einen eigenen Staat, und die Briten hatten sich schon früh darauf festgelegt, ihnen eine Heimat in ihrem Ursprungsland Palästina zu sichern, während Pakistan nur ein Muslimstaat unter vielen anderen werden sollte; bis unmittelbar vor seiner Gründung war er von den Briten nicht vorgesehen gewesen. Natürlich hatte London Muslims und Hindus nach dem Grundsatz »Teile und herrsche« gegeneinander ausgespielt, aber dabei ging es um die Erhaltung der Kolonialherrschaft und nicht um die Förderung eines islamischen Staates auf indischem Boden.

Da diese Staatsgründung von den Kolonialherren nicht beabsichtigt war, sollte man annehmen, sie sei ihnen in einem harten Kampf abgerungen worden. Doch davon kann keine Rede sein. Der Staatsgründer M. A. Jinnah war niemals auf die Barrikaden gegangen und hatte keinen einzigen Tag in einem britischen Gefängnis verbracht. Als kluger Rechtsanwalt war er immer in dem von den Kolonialherren gesetzten Rahmen der »Legalität« geblieben und hatte seine Macht lediglich aus dem Veto bezogen, daß er bei allen Verhandlungen einlegte, die den Weg zum *trans-*

fer of power ebnen sollten. Das Vetorecht hatten ihm die Briten freilich selbst eingeräumt, und so schlug er sie nach den Spielregeln, die sie festgelegt hatten.

Ein weiteres Paradoxon war es, daß Jinnah als Führer der indischen Muslims in der Diaspora aufgestiegen war und zunächst wenig Beziehungen zu den mehrheitlich muslimisch bevölkerten Provinzen Panjab und Bengalen im Westen und Osten hatte, aus denen der Staat Pakistan hervorgehen sollte. In den Provinzen mit einer muslimischen Minderheit konnte er an die Muslims appellieren, die sich von der Hindumehrheit bedroht fühlten. Dort konnte Jinnah sich profilieren. Aber an eine Eigenstaatlichkeit der Muslims war natürlich gerade in diesen Gebieten nicht zu denken, weshalb Jinnah denn auch der Pakistan-Idee zunächst sehr skeptisch gegenüberstand.[1] Erst im Krieg hatte er sich um die Provinzen Panjab und Bengalen bemüht, weil er sie nun als Hausmacht brauchte, um seine Position als Alleinvertreter der indischen Muslims gegenüber den Briten auszubauen. Es war sein Glück, daß der Vizekönig Lord Linlithgow nur allzu gern bereit war, ihn in dieser Funktion zu respektieren.

Als Alleinvertreter der Muslims auf nationaler Ebene war Jinnah nicht dazu gezwungen, sich mit den sehr unterschiedlichen politischen und sozialen Strukturen in den Gebieten mit Muslimmehrheit zu beschäftigen.[2] Im Panjab waren die Muslims Bauern und Feudalherren mit zum Teil sehr großem Grundbesitz, den diese Familien noch heute innehaben. In Bengalen bearbeiteten die Muslims meist als Pächter das Land von Hindu-Großgrundbesitzern. Dementsprechend verschieden gestaltete sich die soziale Basis muslimischer Politiker in diesen beiden Regionen. Im Panjab entstammten die führenden Köpfe aus den Kreisen der Feudalherren, die dort oft noch die Funktion von Klanoberhäuptern hatten. In Bengalen gab es eine sehr aktive Bauernpartei (*Krishak Proja Party*), die die Interessen der Muslimpächter vertrat. Daher gab es in den beiden Provinzen mit muslimischer Bevölkerungsmehrheit keinerlei gemeinsame Grundlage für Jinnahs *Muslim League*. Eine agitatorische Politik im Sinne eines Freiheitskampfes für Pakistan gab es nicht und konnte es nicht geben. Aber Jinnah neigte ohnehin nicht zu dieser Art politischer Strategie.

Vorgeschichte und Verlauf der Teilung Indiens kennen wir. Aber was geschah, nachdem Jinnah als Generalgouverneur seines »mottenzerfressenen Pakistans« Bombay verließ und nach Karachi, der Hauptstadt des neuen Staates übersiedelte? Zuvor hatte er sich noch von seinen Anhängern in der Muslim-Diaspora verabschiedet und ihnen geraten, gute Staatsbürger Indiens zu werden. In Karachi mußte er sich nun darum bemühen, aus den Muslims der Mehrheitsgebiete gute Staatsbürger Pakistans zu machen. Dafür war ihm freilich nur noch kurze Zeit vergönnt, denn im September 1948 starb er.

Während sich der Nationalkongreß in Indien zur staatstragenden Partei entwickelte, war Jinnahs Muslimliga dafür völlig ungeeignet. Es kam hinzu, daß Jinnah, da er Generalgouverneur und nicht Premierminister geworden war, das vizekönigliche Erbe und nicht den Parlamentarismus propagierte. Wie zuvor der Vizekönig stützte er sich auf Bürokratie und Armee.[3] Die Bürokratie war zunächst nur schwach mit Muslims aus den Mehrheitsprovinzen besetzt. Da kam es Jinnah zugute, daß viele Angehörige der Bildungsschicht aus Nordindien nach Pakistan flohen und dort in die Ämter einrückten. Diese Flüchtlinge (*muhajir*) waren zunächst tonangebend. Erst ihre Kinder und Enkel sahen sich vom sozialen Abstieg bedroht, als »Einheimische« in privilegierte Positionen aufstiegen und ihnen den Rang streitig machten. Mit der Armee hatte Jinnah keinerlei Probleme, denn die Muslims des Panjab waren bereits während der Kolonialzeit bevorzugt für die britisch-indische Armee rekrutiert worden. Deshalb stand nach der Teilung der Streitkräfte auch sofort eine vorzügliche pakistanische Armee zur Verfügung. Sie wurde zum eigentlich staatstragenden Element Pakistans.

In Ost-Pakistan sahen die Ausgangsbedingungen ganz anders aus. Dort gab es kaum einheimische Bürokraten, und der Anteil der Bengalen an der Armee war verschwindend, da die Briten kaum Bengalis rekrutiert hatten; sie gehörten ihrer Ansicht nach nicht zu den »kriegerischen Rassen« (*martial races*). Der weitentfernte Landesteil wurde von West-Pakistan aus wie eine Kolonie verwaltet, eine Konstellation, die erst durch die Sezession Bangladeshs beendet wurde. Diese Sezession stand am Ende einer langen Autonomiebewegung, die von der pakistanischen Regierung unterdrückt worden war. Erste Konflikte ergaben sich aus dem Kampf für Bengali als gleichberechtigte Nationalsprache Pakistans, denn die Regierung erkannte allein das nordindische Urdu als Nationalsprache an. Die Studenten waren 1952 für Bengali auf die Barrikaden gegangen, etliche von ihnen wurden erschossen, und damit hatte die Sprachbewegung ihre Märtyrer. Als der pakistanische Präsident Ayub Khan 1965 einen Krieg gegen Indien vom Zaun brach und verlor, wurden die ostpakistanischen Autonomieforderungen mit größerem Nachdruck vorgetragen. Die ersten allgemeinen Wahlen Pakistans, die 1971 abgehalten wurden, führten zu dem Ergebnis, daß die Awami-Liga, die die Autonomieforderungen vertrat, in Ost-Pakistan nahezu alle Sitze gewann. Damit hatte diese Partei aber auch die Mehrheit der Sitze im pakistanischen Parlament, und ihr Führer Mujibur Rahman hätte dementsprechend Premierminister werden müssen. Diese Umkehrung der Machtverhältnisse konnte man in West-Pakistan nicht hinnehmen. Es kam zur militärischen Intervention. Indien leistete den Freiheitskämpfern der Awami-Liga Beistand, und die pakistanischen Truppen kapitulierten. Darauf wurde im früheren Ost-Pakistan die Republik Bangladesh ausgerufen. In gewissem Sinne brachte diese Sezession den Abschluß der Dekolonisierung Südasiens. Die Aufrechterhaltung eines quasikolonialen Status Ost-Pakistans erschien dem Westteil des Landes geradezu als eine politische Notwendigkeit. Da Ost-Pakistan mehr Einwohner als West-Pakistan hatte, hätte bei einer demokratischen Entwicklung die Gefahr einer unerwünschten Majorisierung bestanden. Auch die Parteien entwickelten sich nicht so, daß sie in beiden Landesteilen gleichermaßen vertreten gewesen wären und zur nationalen Integration hätten beitragen können. So war es eigentlich nur die Klammer der Militärherrschaft, die West- und Ost-Pakistan zusammenhielt.

Die pakistanische Militärführung war sich von vornherein darüber im klaren, daß ihre Armee zahlenmäßig den indischen Streitkräften unterlegen war und zur Kompensation ein Gegengewicht erforderlich war. Das war der Grund für die Begeisterung, mit der sich Pakistan den entsprechenden Militärbündnissen (CENTO, SEATO) ab 1954 anschloß.[4] Die westliche Militärhilfe, in deren Genuß Pakistan auf diese Weise kam, förderte die Tendenz der pakistanischen Armee noch, Staat im Staate zu werden; sie ging überdies ein Bündnis mit der Bürokratie ein. Politiker und Parteien wurden bald als überflüssiges Beiwerk betrachtet, auf das man genauso gut verzichten konnte. 1958 ergriff General Ayub Khan die Macht und leitete damit die Serie von militärischen Staatsstreichen ein, die für Pakistan charakteristisch wurde. Während anderswo Militärputsche meist von Obristen bewerkstelligt wurden, putschten in Pakistan und später auch in Bangladesh stets nur die Oberkommandierenden; sie waren sozusagen dazu befugt. Ebenso regelmäßig haben diese Generäle sich jeweils »zivilisiert« und wurden Präsidenten; dem Aufbau einer demokratischen politischen Kultur waren diese Szenarien freilich nicht eben förderlich.

Die Stellung des Militärs in Pakistan verstärkte sich auch durch die andauernden Konflikte mit Indien, die mit dem Anschluß von Kashmir an das größere Nachbarland entstanden waren. Das Fürstentum Kashmir unterstand einem Hindu-Maharaja. In seinen drei von hohen Gebirgszügen voneinander getrennten Landesteilen dominieren verschiedene Religionsgemeinschaften. Im Tal von Kashmir, wo die Hauptstadt Srinagar liegt, lebt eine Muslimmehrheit und eine kleine Minderheit von Brahmanen. Im äußersten Nordosten, in Ladakh, ist die Bevölkerung buddhistischen Glaubens und mit den benachbarten Tibetern verwandt. Im Süden liegt Jammu, das Stammland der Dynastie des Maharajas, in dem fast nur Hindus leben. Der Führer der Muslims von Kashmir war Sheikh Abdullah, der »Löwe von Kashmir«, ein Freund Nehrus, dessen sozialistisch-säkularistische Ansichten er teilte. Ihm lag es fern, den Anschluß Kashmirs an Pakistan zu betreiben. Nehru seinerseits entstammte einer Familie von Kashmir-Brahmanen und kultivierte eine geradezu nostalgische Beziehung zu Kashmir, war selbst aber nicht dort geboren.

Die Teilung Indiens hatte sich nur auf die britisch-indischen Provinzen bezogen, die Fürstenstaaten betraf sie nicht. In bezug auf Kashmir gewann die Grenzziehung dennoch entscheidende Bedeutung, denn der Bezirk Gurdaspur – die Landverbindung von Indien nach Kashmir – wurde Indien zugeschlagen. Der Maharaja Hari Singh war weder zu einem Anschluß an Indien bereit, noch wollte er für Pakistan optieren.[5] Doch bald fielen pathanische Stammeskrieger als pakistanische Freischärler in Kashmir ein. Reguläre pakistanische Truppen folgten ihnen. In seiner Bedrängnis bat der Maharaja Indien um Hilfe. Lord Mountbatten, zu jener Zeit noch Generalgouverneur Indiens, riet Nehru, diese Hilfe nur zu gewähren, wenn der Maharaja dem Anschluß an Indien zustimmte; eine endgültige Lösung könne später durch eine Volksabstimmung gefunden werden. Der Maharaja erklärte sich denn auch zum Anschluß bereit, und Nehru versprach die Abhaltung einer späteren Volksabstimmung. Diese Zusage sollte er bald bereuen. Über die Teilung Indiens hatte es keine Volksabstimmung gegeben, und eine Abstimmung in Kashmir hätte eine Antwort auf die Frage bedeutet, ob indische Muslims lieber in Pakistan oder in Indien leben wollten. Nichts weniger als die Grundprinzipien beider Staaten wären damit zum Gegenstand eines Referendums geworden.

Zunächst entwickelte sich die Auseinandersetzung weitgehend zugunsten Indiens. Die indische Armee ließ Panzer zerlegen und mit einer Luftbrücke nach Srinagar schaffen. Dort wurden sie rasch wieder zusammengesetzt und schlugen die verblüfften pakistanischen Truppen in die Flucht. Inzwischen hatte Nehru den Sicherheitsrat der Vereinten Nationen angerufen, der die Aggression verurteilen und die pakistanischen Truppen zum Rückzug auffordern sollte. Das war ein Fehler, denn der Sicherheitsrat bemühte sich statt dessen um eine politische Lösung der Kashmirfrage, kam damit letztlich aber nie zum Zuge. Da zu diesem Zweck amerikanische Vermittler entsandt worden waren, entstand daraus eine dauerhafte Belastung der indisch-amerikanischen Beziehungen. 1949 kam ein Waffenstillstand zustande, die Waffenstillstandslinie blieb *de facto* die Grenze zwischen Indien und Pakistan. Der von Pakistan besetzte Teil Kashmirs wurde *Azad Kashmir* (Freies Kashmir) genannt, der Fürstenstaat Teil der Indischen Union. Das versprochene Referendum fand nie statt. Indien argumentierte, die Annahme der Verfassung von Kashmir durch die Bevölkerung des neuen Bundeslandes erübrige ein Referendum.[6]

Für Pakistan blieb Kashmir *terra irredenta*. Man wurde nicht müde, die Durchführung der Volksabstimmung zu fordern und die Vereinten Nationen immer wieder deswegen anzurufen.

Schließlich versuchte Ayub Khan 1965, Kashmir in einem Blitz-krieg zu erobern. Er rechnete sich gute Chancen aus, da Indien im Grenzkrieg mit China seine Verwundbarkeit offenbart und Pakistan inzwischen mit dem kommunistischen Staat (1963) ei-nen Bündnisvertrag abgeschlossen hatte. Nehru war tot, sein Nachfolger Lal Bahadur Shastri galt als schwach und unerfahren. Doch Ayub Khan hatte sich verrechnet und erlitt eine schmähli-che Niederlage. Lal Bahadur machte seinem Namen alle Ehre (*bahadur* bedeutet Held). Er konnte nicht nur die feindlichen Truppen in Kashmir zurückschlagen, sondern ließ seine Streit-kräfte sogar in Richtung Lahore marschieren. Überdies igno-rierte er ein chinesisches Ultimatum, und es zeigte sich, daß China seinem Verbündeten nicht den Gefallen tat, im Osten eine zweite Front zu errichten. Zum Zeitpunkt des Waffenstillstandes standen indische Truppen an mehreren Stellen auf pakistani-schem Boden. Um ihren Rückzug zu erreichen, mußte Ayub Khan eine Gewaltverzichtserklärung unterzeichnen, an die er später nicht gern erinnert werden wollte. Sein Stern begann zu sinken, das künftige Bangladesh meldete Autonomieforderun-gen an.[7] Ost-Pakistan war in diesem Krieg klar geworden, daß der West-Teil nicht in der Lage gewesen wäre, es zu schützen, falls die indischen Truppen auch dort einmarschiert wären.

An dem fehlgeschlagenen Versuch, das Kashmirproblem mili-tärisch zu lösen, ist der Staat Pakistan, wie er aus der Teilung In-diens hervorgegangen war, letztlich zerbrochen. Damit wurde auch die »Zwei-Nationen-Theorie« Jinnahs, mit der er die For-derung nach der Teilung begründet hatte, ad absurdum geführt. Die Weichenstellung, die durch die Teilung Indiens vollzogen worden war, blieb jedoch weiterhin schicksalsbestimmend – nur einer von vielen Belegen für die grundlegende Bedeutung, die den spezifischen Begleitumständen der Dekolonisierung in den meisten Fällen für die weitere Entwicklung der betreffenden Länder beizumessen ist. Das gilt auch für Sri Lanka (Ceylon), das seine Freiheit ebenfalls im Windschatten der Unabhängigkeit In-diens und ebenfalls kampflos erhielt. Während religionsgemein-schaftliche Konflikte bereits im Vorfeld der Erlangung der Un-abhängigkeit Indiens und Pakistans eine Rolle gespielt hatten, brachen sie in Sri Lanka erst längere Zeit danach aus.

Die scheinbar problemlose Emanzipation Sri Lankas

Ceylon – wie Sri Lanka damals noch genannt wurde – erlangte seine Unabhängigkeit mit der Gewährung des Dominionstatus am 4. Februar 1948. Im Unterschied zu Indien hatte es hier keinen Freiheitskampf gegeben, auch war von vornherein der Dominionstatus und nicht die völlige Unabhängigkeit von Großbritannien angestrebt worden. Während Indien und Pakistan diesen Status nur als Übergangsstadium betrachteten, behielt Ceylon ihn noch mehrere Jahrzehnte bei. Die scheinbar so problemlose Emanzipation des Landes wurde dadurch ermöglicht, daß seine politische Kultur vor und nach der Gewährung der Unabhängigkeit durch Honoratiorenpolitik geprägt war. Statt an die Massen zu appellieren, handelte man Kompromisse lieber unter sich aus. Erst 1956 wurden die Spielregeln auf dramatische Weise verändert, und es brachen Konflikte aus, die zuvor hinter der Fassade der Honoratiorenpolitik verborgen geblieben waren.[8]

Ceylon hatte bereits 1931 das allgemeine Wahlrecht erhalten, als Indien noch mit einem begrenzten Wahlmodus auskommen mußte (nach 1935 ca. 10 Prozent der Bevölkerung mit Wahlrecht). Doch die politischen Formen, die mit diesem großzügig gewährten Wahlrecht in Ceylon einhergingen, waren eher kleinkariert. Die Briten hatten hier bewußt nicht das Vorbild der parlamentarischen Demokratie gewählt, sondern das des *London County Council*, einer lokalen Selbstverwaltungskörperschaft. Die »Regierung« Ceylons bestand seit 1931 aus einem Staatsrat, der sich aus sieben Ausschüssen zusammensetzte, die ihre Vorsitzenden selbst wählten. Diese sieben Vorsitzenden bildeten den *Board of Ministers*. Es ist verständlich, daß dies die Honoratiorenpolitik begünstigte. Auch die Vertreter der bedeutenden tamilischen Minderheit fanden in diesem Rahmen zunächst genügend Möglichkeiten zur Wahrung ihrer politischen Interessen.

Das Minderheitenproblem war jedoch durch die Verfassungsreform von 1930 nicht grundlegend gelöst worden. Vor dieser Reform hatte es separate Wählerschaften für die unterschiedlichen tamilischen Minderheiten gegeben, die sich so ausgewirkt hatten, daß das Verhältnis der Vertreter der Mehrheit zu denen der Minderheit 2:1 war. Die Verfassung von 1930 schaffte die separaten Wählerschaften ab und begünstigte durch das allgemeine Wahlrecht automatisch die Mehrheit. Es wurden von einigen der erwähnten sieben Ausschüsse dann freilich trotzdem Angehörige der Minderheiten zu Vorsitzenden gewählt. Dieser Ausgleich war aber nicht in der Verfassung verankert. In der 1936 beginnenden Amtsperiode wurden sieben Singhalesen zu Ausschußvorsitzenden gewählt. Die Tamilen waren enttäuscht und empört. In der Verfassung, die vor der Entlassung in die Unabhängigkeit ausgehandelt wurde, näherte man sich dann dem parlamentarischen Modell und schuf durch Gewichtung einiger Wahlkreise einen gewissen Ausgleich zugunsten der tamilischen Minderheit; sie wurde dadurch in bescheidenem Maße überrepräsentiert. Doch während dies in der Ära der Honoratiorenpolitik noch als angemessene Lösung gelten mochte, reichte das in den späteren Wahlkämpfen, in denen die singhalesische Mehrheit ihre Macht demonstrierte, nicht mehr aus. Da sich die Honoratioren allesamt der englischen Sprache bedienten, trat die Brisanz der Sprachkonflikte, die nach 1956 die Politik beherrschten, zunächst nicht in den Vordergrund.

Die tamilische Minderheit bestand aus zwei verschiedenen Gruppen, die außer Sprache und Religion (Hinduismus) keine Gemeinsamkeiten hatten. Daneben gab es auch noch eine Muslim-Minderheit an der Ostküste. Diese Muslim sprachen Tamil, betrachteten sich aber nicht als integralen Bestandteil der Tamilminderheit. Die bedeutendste Tamilgruppe sind die »Jaffna-Tamilen«. Sie leben schon seit Jahrhunderten im Norden der Insel. Die anderen Tamilen, die im zentralen Hochland beheimatet sind, waren erst im frühen 19. Jahrhundert als Wanderarbeiter in die Kaffeeplantagen Ceylons gekommen. Als der Kaffee durch eine Pflanzenkrankheit vernichtet und durch Tee ersetzt wurde, hatten sie in den Teeplantagen gearbeitet und waren dort seßhaft geworden. Konkurrenz zur Mehrheit der buddhistischen Singhalesen gab es damals noch nicht. Die hatten in der Reislandwirtschaft des Südens ihr Auskommen und standen nicht für die Arbeit in den Plantagen zur Verfügung. Das Bevölkerungswachstum änderte diese Verhältnisse drastisch und führte dazu, daß immer mehr Singhalesen in den Teeplantagen Arbeit suchten. Von 1900 bis 1950 stieg die Bevölkerung Ceylons von 3,5 auf

7,5 Millionen, 1990 erreichte sie 17,5 Millionen, davon etwa 3 Millionen Tamilen. Diese Zahlen zeigen schon, welche entscheidende Bedeutung immer wieder demographischen Faktoren für die politische Entwicklung eines Landes zukommt. Plötzlich treten Probleme in den Vordergrund, die es in einer früheren Periode der Geschichte überhaupt nicht gab. Werden ethnische oder religionsgemeinschaftliche Gegensätze dann auch noch aus wahltaktischen Gründen instrumentalisiert, so wird daraus fast immer ein Spiel mit dem Feuer. Gerade bei Ethnien, die äußerlich nicht voneinander zu unterscheiden sind, kommt es dann oft zu heftigsten Konflikten. Tamilen und Singhalesen können einander meist selbst nicht als Angehörige der einen oder der anderen Ethnie identifizieren, solange sie nicht den Mund auftun und in ihrer Muttersprache reden. Zweisprachigkeit ist trotz des jahrhundertelangen Zusammenlebens der beiden Ethnien in Sri Lanka sehr selten. Englisch genügte in neuerer Zeit als Kommunikationsmittel, doch solche Sprachkenntnisse beschränkten sich auf die Bildungsschichten der beiden Ethnien; bei den Tamilen waren sie weiter verbreitet als bei den Singhalesen.

Die Jaffna-Tamilen, die in der kargen Landschaft des Nordens wenig von der Landwirtschaft erwarten konnten, bemühten sich intensiv um britische Schulbildung und besetzten den größten Teil der Stellungen im Staatsdienst. Auch hier war die Konkurrenz zunächst unbedeutend, denn die wenigen Singhalesen, die eine britische Schulbildung hatten, stammten aus Familien mit Grundbesitz und waren nicht auf den Staatsdienst angewiesen. Die in den buddhistischen Klosterschulen in Singhalesisch (*Sinhala*) ausgebildeten jungen Männer (*swabasha educated*) konnten wegen mangelnder Englischkenntnisse ohnehin keine Posten im Staatsdienst erhalten. Dadurch aber entstand ein Konfliktpotential, das in den Auseinandersetzungen um die Nationalsprache bald zum Ausbruch kommen sollte.[9]

Die rasche und problemlose Erlangung der Unabhängigkeit war im wesentlichen der Energie und den Verhandlungskünsten von Stephen Senanayake (1884–1952) zu verdanken, unter dessen Führung der *Board of Ministers* einen Entwurf für eine Dominionverfassung ausarbeitete, die von den Briten mehr oder weniger übernommen wurde. Es gab durchaus singhalesische

Politiker, die sich gegen eine Dominionverfassung aussprachen und die völlige Unabhängigkeit anstrebten, aber Senanayake setzte sich durch und konnte in London auch einen baldigen *transfer of power* erreichen. Die geplagte Labour-Regierung, die sich mit mehreren Dekolonisierungsprojekten gleichzeitig konfrontiert sah, wollte zuerst die Unabhängigkeit Indiens auf den Weg bringen und das Mandat in Palästina abgeben, ehe sie sich mit Ceylon beschäftigte. Doch Senanayakes Drängen machte sich bezahlt. Schon am 18. Juni 1947 kündigte die britische Regierung an, daß Ceylon im folgenden Jahr den Dominionstatus erhalten solle. Wenn das Land auch keinen Freiheitskampf geführt hatte, so gab es unter seinen Honoratioren doch Männer, die sich energisch für die Unabhängigkeit einsetzten und die Gunst der Stunde zu nutzen verstanden.

Nach der Erlangung der Unabhängigkeit beherrschte zunächst die *United National Party* (UNP) unter den Premierministern Stephen Senanayake, dessen Sohn Dudley Senanayake (1911–1973) und Neffen John Kotelawala (1897–1980) das politische Feld.[10] Die UNP wurde daher auch scherzhaft *Uncle and Nephew Party* genannt. Dudley Senanayake löste seinen Vater nach den Wahlen von 1952 ab, trat aber wegen der Wirtschaftsprobleme bereits 1953 wieder zurück. Danach regierte John Kotelawala bis zu den Wahlen von 1956. Er wurde von dem Führer der *Sri Lanka Freedom Party* (SLFP) Solomon Bandaranaike (1899–1959) herausgefordert, der zwar auch der Gruppe der Honoratiorenpolitiker angehört hatte, aber nun durch einen Appell an die *swabasha educated* die soziale Basis seiner Partei zu erweitern suchte. Zu seinen politischen Zielen gehörte es, Sinhala zur National- und Amtsprache zu machen. Er geriet in Konflikt mit den Tamilen, aber auch mit radikalen Buddhisten, denen seine Politik noch nicht weit genug ging. 1959 wurde er von einem buddhistischen Mönch erschossen. Der buddhistische Klerus, insbesondere die Äbte der großen Klöster, die sich vorher nicht in die Politik eingemischt hatten, wurden nun in die Auseinandersetzungen hineingezogen und bald zu Instanzen, deren Urteil von großer Bedeutung war.

Nach dem kurzen Interregnum einer Minderheitsregierung unter Dudley Senanayake gewann Sirimavo Bandaranaike

(geb. 1916), die Witwe Solomon Bandaranaikes, 1960 die Neuwahlen. Da in ihrer Regierungszeit Sinhala offiziell zur Staats-
sprache erklärt wurde, verschärften sich die Konflikte mit den
Tamilen erneut. Bei den Wahlen von 1965 schlug das Pendel wieder zugunsten der UNP aus, und Dudley Senanayake wurde
nochmals Premierminister. Die schlimmsten Kämpfe standen
Ceylon jedoch noch bevor. Der Name des Landes wurde übrigens erst während der nächsten Amtsperiode von Sirimavo Bandaranaike nach 1970 in *Sri Lanka* geändert. Diese Änderung war
lange überfällig, denn Ceylon (Cey=Sri, lon=Lanka) war nur
eine Verballhornung des alten Namens. Sri Lanka wurde schließlich 1971 im Rahmen einer neuen Präsidialverfassung zur Republik und legte damit den Dominionstatus ab, den es über zwanzig
Jahre lang gehabt hatte.

Pakistan und Sri Lanka bieten Gegenbeispiele zu der nach einem langen Freiheitskampf erfolgten Dekolonisierung Indiens.
Der Weg zur Freiheit vieler anderer Kolonien zeigt jedoch, daß
die Geschichte Pakistans und Sri Lankas für die Verlaufsform der
Dekolonisierung eher typisch ist als die Indiens. Viele Kolonien
haben ihre Freiheit dem Gang der Entwicklung in anderen Ländern zu verdanken, während interne Probleme oft erst nach der
Dekolonisierung auftraten. Ganz anders stand es jedoch in Südostasien, wo das japanische Interregnum während des Zweiten
Weltkrieges prägende Bedeutung hatte. Diese Erfahrung und die
der Rückkehr der Kolonialherren wie nach der Kapitulation Japans blieb anderen Kolonien erspart.

Kapitel 3

Rückkehr und Niederlagen der Kolonialherren in Südostasien

Das japanische Interregnum

Es war eine Ironie des Schicksals, daß ausgerechnet indische Truppen in britischen Diensten nach der japanischen Kapitulation viele Länder Südostasiens besetzen mußten und so zu Steigbügelhaltern der rückkehrenden Kolonialherren wurden. Indische Nationalisten protestierten vehement dagegen und verlangten die rasche Repatriierung dieser Truppen. Aber aus der Sicht der Briten gab es viele gute Gründen, das nicht zu tun. Unter anderem verzögerte dieser Einsatz die unvermeidliche Demobilisierung dieser Truppen, die dem Vizekönig Lord Wavell ohnehin Sorgen bereitete.

Insbesondere für Franzosen und Niederländer, die durch den Krieg schwere Verluste und Verwüstungen erlitten hatten, wäre es sinnvoll gewesen, neben den immensen Aufgaben in der Heimat nicht auch noch die Wiederherstellung der Kolonialherrschaft in Angriff nehmen zu müssen. Doch gerade das im Krieg angeschlagene nationale Prestige verlangte danach, hier nicht nachzugeben, sondern Flagge zu zeigen. Die Rückkehr in die Kolonialgebiete erfolgte zunächst auch ohne kriegerische Auseinandersetzungen; diese ergaben sich erst infolge der Wiederherstellung der Kolonialherrschaft und wurden dann um so heftiger, das Einlenken wurde immer schwieriger. Die Kolonialherren versuchten nach der alten Methode *divide et impera* vorzugehen und den Freiheitskämpfern Marionetten entgegenzusetzen unter dem Vorwand, Minderheiten schützen und den Föderalismus gegenüber dem nationalen Einheitsstaat begünstigen zu müssen.

Im Unterschied zu den Briten in Indien hatten es die Kolonialherren in Südostasien auch noch mit einem besonderen Erbe der japanischen Besatzungszeit zu tun. Die Japaner hatten nämlich nationale Armeen aufgestellt und trainiert. In Indonesien verdankten rund 6000 Offiziere ihre Ausbildung und den Beginn ihrer Karriere den Japanern. In Indien waren für die im Krieg rasch angewachsene britisch-indische Armee ebenfalls Tausende von indischen Offizieren rekrutiert worden, aber sie dienten in einer Armee, die nach britischem Vorbild unpolitisch war und blieb. Die von dem Kongreßpolitiker Subhas Chandra Bose unter japanischem Schutz aus indischen Kriegsgefangenen in Südostasien aufgebaute *Indian National Army* wurde nach Kriegsende aufgelöst und nicht in das Heer des unabhängigen Indiens eingegliedert. Ganz anders war die Situation in Südostasien. Hier wurden die von den Japanern ins Leben gerufenen nationalen Armeen zu den Trägern des bewaffneten Freiheitskampfes. Es waren Armeen mit einem ausgeprägten politischen Bewußtsein, die auch später eine führende Rolle im Staat spielen sollten. Die nur drei bis vier Jahre während japanische Besatzungszeit in den Ländern Südostasiens war in jeder Hinsicht grausam und chaotisch, aber die Förderung nationalistischer Kräfte und der Aufbau nationaler Armeen hatte eine bleibende Bedeutung und machte den rückkehrenden Kolonialherren bald schwer zu schaffen.

Die jeweiligen Voraussetzungen, unter denen Japan die Macht in Südostasien übernommen hatte, waren für die folgende Entwicklung prägend. In Indochina waren die Japaner schon 1940 als Bündnispartner des Vichy-Regimes erschienen, dem sie die innere Verwaltung des Landes überließen.[1] Dagegen gelang es ihnen nicht, die von Deutschland besiegten Niederlande zu einer ähnlichen Kollaboration in Indonesien zu bewegen; hier drangen sie im März 1942 mit Invasionstruppen ein.[2] Die niederländischen Beamten wurden in Internierungslager gesperrt; viele fanden dort den Tod. In Malaya und Myanmar (Birma) schließlich erschienen sie als Eroberer auf dem Landweg und schlugen die Briten in blutigen Schlachten.

Der japanische Blitzkrieg in Südostasien war langfristig geplant worden: Die japanische Marine bereitete sich auf ein Ausgreifen nach Süden vor, während das Heer in der Mandschurei und in China seine wichtigsten Ziele sah. Zu Propagandazwecken wurde die Errichtung einer gemeinsamen ostasiatischen

»Wohlstandssphäre« verkündet, zugleich kundschafteten Spione die Gegebenheiten vor Ort aus. Als es soweit war, erschien die blitzartige japanische Landnahme von den Philippinen bis an die Grenze Indiens den Zeitgenossen geradezu unglaublich. Doch bald machte sich die Überdehnung der Fronten bemerkbar. Es kam hinzu, daß die amerikanische Flotte in der Seeschlacht von Midway im Juni 1942 eine überlegene japanische Flotte in die Flucht schlug. Die Japaner erlebten hier ihr Stalingrad. Von nun an bestimmten die Alliierten das Gesetz des Handelns zur See, doch die von den Japanern besetzten Territorien konnte man nicht so leicht befreien. Dort setzte erst die Kapitulation ihrer Macht ein jähes Ende. In Indonesien rief der Führer der Indonesischen Nationalpartei (PNI) Sukarno am 17. August 1945 die Republik Indonesien aus. Doch war dies in Indonesien nicht der Schlußstein einer langen Entwicklung, sondern der Beginn einer harten Auseinandersetzung, wie sich sehr bald zeigen sollte.

Die Republik Indonesien und ihre Widersacher

Das Kolonialsystem der Niederländer in Indonesien unterschied sich auf bemerkenswerte Weise von dem britischen in Indien. Die Briten hatten Indien schon früh ihr Rechtssystem aufoktroyiert und durch die Erhebung von Gerichtsgebühren zusätzliche Staatseinnahmen erhalten. Auf diese Weise war aber unvermeidlich auch ein Stand indischer Rechtsanwälte herangewachsen, deren *Bar Associations* in jeder Bezirksstadt zum Ansatzpunkt der politischen Willensbildung wurden. Gandhi, Jinnah und Nehru – um nur einige prominente Beispiele zu nennen – waren Rechtsanwälte, die in England studiert hatten. Die Niederländer dagegen hatten ihr Recht nur dem kleinen Kreis der in Indonesien lebenden Europäer vorbehalten. Für die Eingeborenen blieben deren eigene Instanzen zuständig. Die Niederländer hatten das einheimische Gewohnheitsrecht sorgfältig gesammelt und publiziert (*Pandekten van het Adatrecht*). Die Bildungsschicht westlicher Prägung war unter den Indonesiern entsprechend klein. Allenfalls technisches Wissen und medizinische Kenntnisse wurden auf Fachhochschulen vermittelt. Sukarno war Ingenieur;

viele der frühen Nationalisten hatten eine medizinische Ausbildung.

Aber trotz der geringen Berührung mit westlicher Bildung hatten sich in Indonesien nationalistische Tendenzen herausgebildet, und es hatten sich vereinzelte Stimmen erhoben, die die nationalen Aspirationen ebenso wirkungsvoll artikulierten wie die Vertreter der indischen Bildungsschicht. Man denke nur an die junge Adlige Raden Adjeng Kartini (1879–1904) oder an Tjipto Mangunkusumo (1886–1943), den geistigen Vater der Bewegung *Budi Utomo* (edles Streben), und Umar Said Tjokroaminoto (1882–1934), der 1912 die Organisation *Sarekat Islam* gründete.[3] Die Niederländer regierten mit harter Hand und versuchten die nationalistischen Bestrebungen im Keim zu ersticken. Sie konnten aber nicht verhindern, daß sich Jugendorganisationen bildeten, die sich auch mit Fragen der nationalen Einheit und der nationalen Sprache beschäftigten. Auf dem zweiten Jugendkongreß im Oktober 1928 wurde das »Gelöbnis der Jugend« abgelegt. Darin bekannte man sich zu »einem Vaterland, einem Volk und einer Sprache«. Während die Kolonialherren das Land »Niederländisch-Indien« nannten, einigten sich die jungen Nationalisten auf den Namen *Indonesia*; ihre Sprache nannten sie *Bahasa Indonesia*. Diese Entscheidung war für die weitere Entwicklung des indonesischen Nationalismus von großer Bedeutung. Es kam nicht zu Sprachkonflikten, wie man sie in anderen Ländern Asiens beobachten konnte. Da die *Bahasa Indonesia* in lateinischer Schrift geschrieben wurde, war sie leicht zu verbreiten und fand bald allgemeine Anerkennung.

Die *Bahasa Indonesia* hatte erst 1928 ihren Namen bekommen, sie war aber keineswegs eine künstliche Neusprache. Sie entstammte dem Küsten-Malaiisch, das als *lingua franca* in Indonesien schon lange weit verbreitet war. Zwar stellten die Javaner die Mehrheit der Bevölkerung, aber ihre alte javanische Literatursprache hatte eine so komplizierte Grammatik und dazu auch noch verschiedene Sprachstile (je nachdem ob ein Höhergestellter zu einem Niederen, ein Alter zu einen Jungen sprach), daß selbst die javanischen Intellektuellen um einer breiteren nationalen Verständigung willen bereit waren, der *Bahasa Indonesia* den Vorzug zu geben.

Während die Kolonialherren den Jugendkongreß und dessen Gelöbnis zur Kenntnis genommen hatten ohne einzuschreiten, waren sie nicht bereit, radikalen nationalistischen Agitatoren freien Lauf zu lassen. Das mußte etwa Sukarno erfahren, der Ende 1929 im Alter von 28 Jahren verhaftet wurde und das folgende Jahrzehnt meist in Haft oder in der Verbannung auf der Insel Flores verbrachte, bis ihn die japanische Besatzungsmacht reaktivierte, weil sie sich von ihm Unterstützung erhoffte. Seine Aufgabe war nicht leicht, weil die Japaner zunächst nichts über eine künftige Unabhängigkeit Indonesiens verlauten ließen, sondern offensichtlich sogar vorhatten, Indonesien zur japanischen Kolonie zu machen. Eine Rede des japanischen Premierministers Tojo, in der die Unabhängigkeit Myanmars und der Philippinen, nicht aber Indonesiens erwähnt wurde, erschien als ein Alarmzeichen. Erst im September 1944, als der Stern Japans längst im Sinken war, gab die Regierung in Tokio bekannt, daß auch Indonesien die Unabhängigkeit erlangen werde. Immerhin rettete diese Erklärung den guten Ruf Sukarnos und anderer nationalistischer »Kollaborateure«. In der Folgezeit wurde Sukarno von Vertretern der jüngeren Generation immer mehr unter Druck gesetzt. Sie wollten nicht auf eine Unabhängigkeitserklärung von Japans Gnaden warten, sondern drängten zur revolutionären Tat.

Sukarno beschäftigte sich im Juli 1945 mit dem Entwurf einer Verfassung, die die Zustimmung von allen politischen Kräften in Indonesien und auch der japanischen Regierung finden sollte. Kurz vor Torschluß flog er noch nach Saigon, um dort von dem japanischen Marschall Terauchi die Genehmigung der Verfassung einzuholen. Am 14. August kehrte er zurück und hörte vom Abwurf der Atombombe und der bevorstehenden japanischen Kapitulation, wollte dieser Nachricht aber noch keinen Glauben schenken. Am Abend des 15. August wurde Sukarno von einer Delegation der ungeduldigen jungen Generation aufgesucht, die ihn dazu zwingen wollte, die Unabhängigkeit sofort zu proklamieren. Da Sukarno sich noch widersetzte, wurde er in eine Kaserne der nationalen Streitkäfte verbracht. Doch ehe er die Proklamation verkündete, wollte er sich der japanischen Unterstützung versichern, um zu verhüten, daß die Japaner ein Blutbad unter den jungen Soldaten der nationalen Armee anrichteten.

Schließlich wurde die Unabhängigkeitserklärung von Sukarno und seinen Gefolgsleuten im Haus des japanischen Admirals Maeda in der Nacht vom 16. zum 17. August aufgesetzt und nur von Sukarno und seinem Mitstreiter Mohammed Hatta unterzeichnet. Sie wurde am 17. August verkündet, der seither jedes Jahr als »Tag der Freiheit« (*Hari Kemerdekaan*) begangen wird.[4] Die radikaleren Nationalisten fanden es bedauerlich, daß Sukarno gezögert und nur mit japanischem Beistand den Mut zur Unabhängigkeitserklärung gefunden hatte.

Das japanische Interregnum hatte auf verschiedene Weise zur Förderung des indonesischen Nationalismus beigetragen. Einerseits hatten die Japaner sich durch noch härtere Repressionen ausgezeichnet als die niederländischen Kolonialherren, andererseits hatten sie die Sprache der Kolonialherren eliminiert und statt dessen die *Bahasa Indonesia* gefördert. Unter ihrer Ägide war eine indonesische Sprachkommission damit befaßt, das Vokabular der Nationalsprache anzureichern. Außerdem hatten die Japaner eine nationale Armee geschaffen und indonesische Offiziere ausgebildet. Der indonesische Nationalismus verfügte daher 1945 über eine breitere und zugleich jüngere soziale Basis als vor dem Krieg.

Es war nicht einfach für Sukarno, die junge Generation im Zaum zu halten. Er wußte, daß die Proklamation der Unabhängigkeit ein riskanter Drahtseilakt war. Die Japaner hatten vor den Alliierten, nicht vor den Indonesiern kapituliert und waren noch mit großer Truppenstärke präsent. Sie hatten sich bei ihrer Kapitulation verpflichten müssen, bis zum Eintreffen der Alliierten den Status quo zu wahren und durften daher die Unabhängigkeitserklärung nicht mehr offiziell anerkennen. Sukarno konnte dieses Machtvakuum jedoch nutzen und eine nationale Regierung bilden. Er ließ sich zum Präsidenten wählen. Vizepräsident wurde Mohammed Hatta. Die neue Regierung stand vor dem Problem, Zusammenstöße der noch verbleibenden Besatzungsmacht mit der von ihr geschaffenen jungen nationalen Armee zu verhindern. Die Japaner ordneten die Auflösung dieser Truppe an. Sukarno wußte dies geschickt zu umgehen, indem er die Truppe in einzelne lokale Kommandos aufteilte, die für Ruhe und Ordnung sorgen sollten. So blieben die Streitkräfte erhalten, die für die Republik in den folgenden Jahren entscheidende Bedeutung erlangen sollten. Freilich zerstörte die Aufteilung zunächst die einheitliche Kommandostruktur. Die lokalen Kommandeure fühlten sich wie selbständige Kriegsherren, die niemandem Rechenschaft schuldeten. Es dauerte einige Zeit, bis sie auf einen gemeinsamen Nenner gebracht werden konnten. Sie wählten sich dann ihren eigenen Befehlshaber, General Sudirman, der zuvor Lehrer gewesen und bei den Truppen sehr beliebt war. Da die Truppen ihn auf den Schild gehoben hatten und er seine Ernennung nicht der Regierung verdankte, betonte er die eigenständige politische Rolle der Armee.

Neben der Armee und den von Sukarno geführten Nationalisten bestand in den politisch organisierten Muslims eine dritte Kraft. Bereits die zuvor erwähnte *Sarekat Islam* hatte versucht, die Indonesier als Muslims anzusprechen. Die Niederländer hatten islamische Bewegungen mit Mißtrauen betrachtet, aber die Japaner posierten als Beschützer des Islam. Sie gründeten im November 1943 einen Indonesischen Muslimrat (*Madjelis Sjuro Muslimin Indonesia,* abgekürzt: *Masjumi*), dem sich alle islamischen Organisationen anschließen mußten. Die Masjumi wurde in der Republik Indonesien sehr einflußreich. Ihre Hochburgen hatte sie auf Sumatra und in West-Java.

Als weitere politische Kraft machten sich die Kommunisten unter der Führung des populären Tan Malaka (1894–1949) bemerkbar.[5] Dieser hatte seit den zwanziger Jahren als Agent der Komintern im Exil gelebt und war im Krieg unbemerkt nach Indonesien zurückgekehrt. In den Wirren um die Unabhängigkeitserklärung machte er sich zum Sprecher der ungeduldigen jungen Generation, wandte sich gegen Sukarno und Hatta und rief zum bewaffneten Aufstand gegen die Japaner auf. Er blieb in den ersten Jahren der Republik ein gefährlicher Herausforderer der Regierung. Weil er als Trotzkist galt, war er in Moskau in Ungnade gefallen. Doch entsandte man von dort 1948 den linientreuen Kommunisten Musso nach Indonesien. Noch im selben Jahr zettelte dieser in Madiun (Zentral-Java) einen kommunistischen Aufstand an, der von der Armee blutig niedergeschlagen wurde. Ähnlich wie der kommunistisch inspirierte Aufstand der Bauern der Region Telengana in Indien war er auf die militante

Linie Moskaus nach Verkündung der »Zwei Lager«-Doktrin Shdanows zurückzuführen. Tan Malaka saß zur Zeit des Aufstands im Gefängnis, kämpfte aber Anfang 1949 als Führer von Guerillaverbänden gegen die Regierung. Dabei wurde er von Soldaten der indonesischen Armee erschossen. Die unversöhnliche Feindschaft zwischen Armee und Kommunisten, die auch später zu blutigen Auseinandersetzungen führen sollte, entstand bereits in dieser Frühzeit der Republik.

Neben den Kommunisten kam den Sozialisten eigenständige Bedeutung zu. Sie wurden von Sutan Sjahrir (geb. 1909) geführt, der in den Niederlanden studiert und nach seiner Rückkehr 1931 eng mit Mohammed Hatta zusammengearbeitet hatte. Beide hielten damals Sukarnos populistische Reden für ungenügend und waren der Meinung, daß man die Bevölkerung erst politisch erziehen müsse, ehe man sie zum Aufruhr gegen die Kolonialmacht anstiftete. Doch die Kolonialherren hielten die Sozialisten für noch gefährlicher als Sukarno und verbannten ihre Agitatoren 1934 auf eine ferne Insel. Zur Zeit der japanischen Besatzung ging Sjahrir in den Untergrund und galt deshalb nicht als »Kollaborateur«. Er wurde zum scharfen Kritiker der mit der Verfassung von 1945 eingeführten Präsidialdemokratie und forderte die Einführung der parlamentarischen Demokratie.

Die zurückkehrenden Kolonialherren konnten die politischen Spannungen in der jungen Republik mit Genugtuung beobachten. Zunächst zeigten sie sich verhandlungsbereit und erkannten die Republik *de facto* an, doch eigentlich wollten sie die Verhandlungszeit nur dazu nutzen, ihre militärische Position in Indonesien aufzubauen, um zum geeigneten Zeitpunkt loszuschlagen. Daß die republikanische Armee ein gefährlicher Gegner sein konnte, hatten bereits die Briten, die die siegreichen Alliierten in Indonesien repräsentierten, in der Schlacht von Surabaya im November 1945 erfahren. Nach ersten Reibereien war ein britischer Offizier einem Attentat zum Opfer gefallen, worauf der britische Kommandeur von Surabaya die Auflösung der in seinem Bereich stationierten Truppen der nationalen Armee und die Ablieferung ihrer Waffen forderte. Sein Ultimatum wurde zurückgewiesen. Die britischen Truppen griffen an, wurden aber von den Indonesiern blutig zurückgeschlagen. Bung

Tomo (Sutomo), der junge Kommandeur lokaler Truppeneinheiten, wurde durch seinen kühnen Einsatz über Nacht zum Nationalhelden. Obwohl die Niederländer hier nicht betroffen waren, haben sie aus dieser Schlacht wohl die Lehre gezogen, daß die Armee der Republik ein ernstzunehmender Gegner war. Taktische Klugheit gebot es, die Republik zunächst einmal durch Verhandlungsbereitschaft zu täuschen, um in aller Ruhe Kräfte für den Angriff zu sammeln. Die politischen Spannungen innerhalb der jungen Republik gaben den Niederländern zu Hoffnungen Anlaß. Vielleicht konnte man mit Intrigen mehr bewirken als mit Waffengewalt und die Republik unterminieren, um ihr dann den Gnadenstoß zu versetzen. Politiker der äußeren Inseln Indonesiens boten sich als Partner für solche Intrigen gegen die Republik, die lediglich die Inseln Java und Sumatra umfaßte, an.

Sukarno verhielt sich in dieser Situation sehr vorsichtig. Vielleicht durchschaute er das niederländische Spiel schon, vielleicht setzte er seinerseits auf Zeitgewinn. Auf alle Fälle wollte er sich nicht durch Verhandlungen mit den Niederländern kompromittieren, da er noch unter dem Stigma der Kollaboration mit den Japanern litt. Er schickte daher Sjahrir vor, der durch sein Studium in den Niederlanden als Unterhändler besonders gut geeignet war. Sutan Sjahrir wurde im November 1945 Premierminister, und Sukarno konzedierte ihm sogar eine Verfassungsänderung, mit der die parlamentarische Demokratie eingeführt wurde; Sukarno war nur noch Staatspräsident ohne exekutive Aufgaben. Gleichsam als Nebeneffekt konnte Sukarno obendrein darauf spekulieren, daß sich sein alter Rivale Sjahrir auf diese Weise ins Abseits manövrieren würde. So kam es denn auch. Als Sjahrir nach langen Verhandlungen endlich merkte, daß die Kolonialherren den Krieg wollten, trat er im Juni 1947 von seinem Amt zurück.

Die Verhandlungen, die Sjahrir geführt hatte, betrafen den niederländischen Plan, die Vereinigten Staaten von Indonesien zu gründen, in die die Republik einbezogen werden sollte, aber eben nur als ein Staat unter anderen. Mit dieser Staatskonstruktion wollte die Kolonialmacht ihren Einfluß sichern. Sie rechnete insgeheim wohl auch mit der Zerschlagung der Republik in Einzelteile, die sich dann in die neue Konstruktion einfügen ließen.

Es war eine gefährliche Umarmung, aber Sjahrir machte gute Miene zum bösen Spiel. Bereits im März 1946 waren neun niederländische Bataillone in Jakarta gelandet, doch Sjahrirs Protest dagegen fand keine Beachtung. Das zähe Ringen um die von den Niederländern geforderte föderative Struktur des indonesischen Staates fand schließlich im Linggadjati-Abkommen vom November 1946 einen ersten Abschluß.[6] Das wichtigste Zugeständnis von niederländischer Seite war die Anerkennung der »*de facto*-Autorität« der Republik in Java und Sumatra. Die Republik ihrerseits willigte dafür in die Bildung einer Föderation mit Borneo und Ost-Indonesien ein. Diese Föderation sollte zusammen mit den Niederlanden und ihren anderen früheren Kolonien eine Union bilden, deren Oberhaupt der König beziehungsweise die Königin der Niederlande sein würde. Es zeigte sich bald, daß die Niederländer das Abkommen so deuteten, daß die Anerkennung der »*de facto*-Autorität« der Republik keinesfalls eine *de jure*-Anerkennung ihrer Souveränität bedeuten sollte. Letztere behielten sich die Niederländer selbst vor und leiteten daraus auch die Berechtigung ab, im Juli 1947 eine »Polizeiaktion« gegen die Republik durchzuführen. Zuvor hatten die Kolonialherren schon energisch dagegen protestiert, daß die Republik es gewagt hatte, diplomatische Beziehungen zu anderen Staaten aufzunehmen. Es erwies sich nun, daß die Niederländer das Abkommen dazu genutzt hatten, die explizite Anerkennung der »*de facto*-Autorität« als implizite Bestätigung der *de jure*-Souveränität der Niederländer seitens der Republik zu deuten. Die Republik war ihnen auf diesen juristischen Leim gegangen und hatte ihnen damit die Handhabe für die »Polizeiaktion« gegeben, auf die sie es in Wirklichkeit abgesehen hatten.

Wie zu erwarten, schaltete sich der Sicherheitsrat der Vereinten Nationen ein. Beide Seiten akzeptierten die Aufforderung zum Waffenstillstand, und es entstand eine Waffenstillstandslinie. Verhandlungen der beiden Parteien, die auf dem amerikanischen Kriegsschiff »Renville« mit einem neuen Abkommen im Januar 1948 beendet wurden, sicherten den Niederländern die Früchte ihrer »Polizeiaktion«. Während die Truppen der Kolonialmacht zuvor nur einen kleinen Streifen Land zwischen Jakarta und Bandung kontrollierten sowie den Hafen Palembang in Sumatra und einige andere Stützpunkte dieser Art, besetzten sie im Rahmen der Polizeiaktion etwa zwei Drittel von Java und ein großes Gebiet im Umkreis von Palembang. Die Republik bestand nur noch aus Mittel-Java und einem Teil Sumatras. Die Gegend von Yogyakarta bis Surabaya verblieb der Republik, wobei die Stadt Surabaya auch in den Händen der Niederländer war. Die Republik wurde dazu verpflichtet, die Waffenstillstandslinie zu respektieren. Sie mußte die Souveränität der Niederländer bis zur Bildung der Vereinigten Staaten von Indonesien anerkennen und erlangte dafür lediglich das Zugeständnis, in der Interimsregierung angemessen vertreten zu sein. Die Präsenz von Vertretern der Vereinten Nationen während der Interimszeit wurde von beiden Seiten akzeptiert.

Das Renville-Abkommen stieß natürlich in vielen politischen Kreisen der Republik auf heftige Kritik. Amir Sjarifuddin, der als Nachfolger Sjahrirs das Abkommen unterzeichnet hatte, trat unmittelbar danach ebenfalls zurück. In der Folgezeit schlug er sich auf die Seite der Kommunisten und wurde nach deren erfolglosem Aufstand hingerichtet. Hatta, der nun von Sukarno zum Premierminister eines Präsidialkabinetts ernannt wurde, mußte sich später als »Erfüllungspolitiker« kritisieren lassen. Er machte sich zudem bei jenen Truppenteilen der Armee unbeliebt, denen die Demobilisierung drohte, weil die Versorgung einer auf 400 000 Mann angewachsenen Armee auf dem reduzierten Territorium der Republik problematisch war. Später undenkbar, dachte man zu dieser Zeit allen Ernstes an die Demobilisierung ganzer Truppenteile. Bei diesen wurde die entsprechende Nachricht mit Empörung aufgenommen. So gipfelte der Protest verschiedener unzufriedener Kräfte im oben erwähnten Aufstand von Madiun Mitte September 1948; er war von den Kommunisten inspiriert worden, doch hatten sich auch Truppen der Armee beteiligt. Dieser Aufstand wurde jedoch von loyalen Truppen blutig niedergeschlagen.

Die Kolonialherren konnten diese Krise der Republik wiederum mit Genugtuung zur Kenntnis nehmen und fühlten sich dazu ermutigt, ihren Föderationsplan voranzutreiben, ohne Rücksicht auf die Republik zu nehmen. Es kam hinzu, daß die Wahlen im Sommer 1948 in den Niederlanden zu einem Rechtsruck geführt hatten, der die Kräfte stärkte, die mit der Republik kurzen Prozeß machen wollten. Im Dezember erhielt Hatta ein Schreiben der niederländischen Regierung, das einem Ultimatum gleichkam. Er sollte praktisch postwendend eine verbindliche Erklärung abgeben, daß das Territorium der Republik der neu zu bildenden Bundesregierung unterstellt werde, die damit auch die Kontrolle über die Truppen der Republik übernommen hätte. Das bedeutete eine Kapitulation, doch Hatta hätte in seiner Not wohl auch darüber verhandelt, wenn man ihm Zeit gelassen hätte. Doch die niederländische Regierung hatte das Ultimatum offenbar nur deshalb gestellt, um in einer zweiten Polizeiaktion am 19. Dezember 1948 der Republik den Garaus zu machen. Yogyakarta, die Hauptstadt der Republik, wurde eingenommen, Sukarno und Hatta gefangengenommen und auf die Insel Bangka deportiert. Wieder schaltete sich der Sicherheitsrat ein und verlangte einen Waffenstillstand. Die Niederländer stellten sich taub und konsolidierten zunächst einmal ihre Position in Indonesien. Sie glaubten, die verhaßte Republik nun endlich überwunden zu haben und weitere Verhandlungen aus einer Position der Stärke führen zu können. Dabei verließen sie sich auf die Duldung durch die amerikanische Regierung, der die Niederlande als europäischer Bündnispartner wichtiger war als Sukarno und seine Gefolgschaft im fernen Asien. Erst die Opposition in den USA zwang die amerikanische Regierung zum Umdenken. Der republikanische Senator Owen Brewster hob hervor, daß der Umfang der Marshallplan-Hilfe für die Niederlande fast genau der Summe entsprach, die diese für die Polizeiaktionen in Indonesien ausgegeben hatten. Er forderte eine Suspendierung dieser Hilfe und drohte, die Verabschiedung der Gesetzesvorlage über die Fortsetzung des Marshallplans aufzuhalten. Die Opposition konnte auch darauf verweisen, daß Sukarno und Hatta durch die Niederschlagung des Aufstands von Madiun bewiesen hatten, daß sie willens und in der Lage waren, den Kommunismus wirkungsvoll zu bekämpfen, während die Aktionen der Niederländer letztlich dem Kommunismus in Asien Auftrieb geben würden. Diese Argumente waren nicht von der Hand zu weisen. Die amerikanische Regierung geriet in eine Zwickmühle. Präsident Trumans gesamte Europapolitik und die Vorbereitungen für die

Gründung der NATO schienen gefährdet zu sein. Der amerikanische Außenminister Dean Acheson sah sich schließlich genötigt, seinem niederländischen Kollegen einen Wink mit dem Zaunpfahl zu geben.[8]

Die niederländische Regierung erkannte nun endlich, daß sie den Bogen mit der zweiten Polizeiaktion überspannt hatte. Sie lenkte ein und akzeptierte eine amerikanische Vermittlung bei erneuten Verhandlungen mit der Republik Indonesien. Sukarno und seine Regierung konnten daraufhin Anfang Juli 1949 nach Yogyakarta zurückkehren. Die Niederländer hielten daran fest, nicht der Republik, sondern den von ihnen favorisierten Vereinigten Staaten von Indonesien zum 1. Juli 1950 die Unabhängigkeit zu gewähren. Sukarno und seine Regierung akzeptierten diesen Kompromiß, sie waren sich ihrer Sache sicher und wußten, daß die von den Niederländern gestützten indonesischen Marionettenregierungen außerhalb der Republik den Abzug der Kolonialherren nicht lange überleben würden. Schließlich räumten die Kolonialherren bereits Ende 1949 das Feld. Wenige Monate später löste Sukarno die Vereinigten Staaten von Indonesien auf und inkorporierte ihre Bestandteile in die Republik. Damit waren die Widersacher der Republik aber noch nicht endgültig überwunden. Auf den Molukken wurde Ende April 1950 die »Republik der Süd-Molukken« ausgerufen, und in West-Java hatte S. M. Kartosuwirjo im August 1949 den Staat Dar-ul-Islam gegründet, der sich mehrere Jahre der nationalen Armee widersetzen konnte.[9]

In den Jahren nach 1950 kehrte Sukarno allmählich wieder zur Idee des ursprünglich von ihm favorisierten Präsidialregimes zurück, das in der Verfassung von 1945 seinen Ausdruck gefunden hatte. Er fand sich darin durch den Ausgang der mit großer Spannung erwarteten ersten und einzigen Parlamentswahlen von 1955 bestätigt. Sie zeigten nämlich eine tiefe regionale Spaltung der Republik an. Die *Masjumi* gewann die Mehrheit der Sitze auf Sumatra und in West-Java. Sukarnos eigene *Partai Nasional Indonesia* (PNI) hatte ihre Hochburgen in Mittel-Java, wo freilich auch die Kommunisten viele Sitze errungen hatten. Der Osten Javas hatte für die *Nahdat-ul Ulema* gestimmt, eine Partei der islamischen Geistlichen, die zuvor nur ein geringes politisches Gewicht gehabt hatte. Die von Sjahrir gegründete *Partai Socialis Indonesia* (PSI) hatte ein klägliches Ergebnis zu verbuchen. Offenbar war sie allzusehr eine Partei der Intellektuellen geblieben.

Die Regierungsbildung auf der Grundlage dieser Wahlen war in jeder Hinsicht ein Spagat.[10] Es kam hinzu, daß sich auch regionalistische Strömungen in der Armee bemerkbar machten, insbesondere in den äußeren Provinzen des großen Inselreiches. Im März 1957 proklamierte der Kommandeur von Ost-Indonesien in Makassar für seine Provinz den Notstand und ersetzte die zivilen Gouverneure durch Offiziere. Es war dabei von einem »gemeinsamen Kampf« (*Perjuangan Semesta,* abgekürzt: *Permesta*) der äußeren Provinzen gegen die Zentralregierung auf Java die Rede. Diese Rebellion besiegelte den Untergang der parlamentarischen Demokratie. Loyale Truppen unter der Führung des Generals Nasution bereiteten der Rebellion, die auch nach Sumatra übergegriffen hatte, bald ein Ende. Im Juli 1959 verkündete Sukarno die Restauration der Verfassung von 1945, nachdem er schon 1957 das neue System der »gelenkten Demokratie« eingeführt hatte. Das neue Parlament bestand aus Vertretern der »funktionalen Gruppen« (Armee, Arbeiter, Bauern etc.) und richtete sich nach Sukarnos Vorstellungen von Konsensusmanagement und gegenseitiger Hilfe (*gotong royong*), eine Praxis, auf der angeblich das harmonische Zusammenleben der Einwohner indonesischer Dörfer beruhte. Alle Abgeordneten wurden von Sukarno selbst ernannt. Im August 1960 ließ Sukarno mehrere Parteien verbieten, darunter die Masjumi und Sjahrirs sozialistische Partei PSI. Als 1962 ein Attentat auf Sukarno verübt wurde, dem er entkam, ließ er mehrere Parteiführer, darunter auch seinen alten Rivalen Sjahrir, verhaften.

Es ist müßig zu spekulieren, was geschehen wäre, wenn Sjahrir seinerzeit bei den Verhandlungen mit den Niederländern Erfolg gehabt hätte. Vielleicht hätten sie durch eine rasche und konfliktfreie Dekolonisierung einem Mann den Rücken stärken können, der sich wie Nehru in Indien der parlamentarischen Demokratie verpflichtet fühlte. Doch sie hatten anderes im Sinn und gaben damit politischen Tendenzen Auftrieb, die ihnen selbst noch schaden sollten. Sukarno wurde nicht müde, die niederländischen Imperialisten anzuprangern, und fand schließlich in einem Irredentismus, der sich auf das immer noch unter niederländischer Kolonialherrschaft verbliebene West-Neuguinea (*Irian Jaya*) bezog, einen Ansatzpunkt für radikale politische Reden.

Im Dezember 1961 wurde Sukarno in Verlegenheit gebracht, als Indien mit der Befreiung Goas von portugiesischer Kolonialherrschaft einen Schritt unternahm, der als Präzedenzfall für West-Neuguinea gelten konnte. Zwar waren die beiden Fälle im staatsrechtlichen Sinne nicht vergleichbar, denn *Irian Jaya* war integraler Bestandteil Niederländisch-Indiens gewesen, als dessen Rechtsnachfolger sich Indonesien betrachtete, aber das machte die Angelegenheit für Sukarno nur noch peinlicher. Er hatte sich kurz zuvor auf der Belgrader Konferenz der Bündnisfreien als Vorkämpfer des Antikolonialismus präsentiert, war bisher aber nicht einmal in der Lage gewesen, die Spuren des Kolonialismus in seinem eigenen Bereich zu tilgen. Auf eine entsprechende Frage reagierte Sukarno mit der skurrilen Antwort, er habe bereits einen Gouverneur von *Irian Jaya* ernannt, und der sei auch schon dort, nur werde sein Aufenthaltsort noch geheimgehalten. Erst 1962 wurde ein Kompromiß ausgehandelt, demzufolge die Niederländer *Irian Jaya* zunächst an die Vereinten Nationen abtreten und diese das Gebiet dann nach einer kurzen Übergangsfrist an Indonesien übergeben würden. Dabei mag den Niederländern die Bedenkzeit dadurch verkürzt worden sein, daß Sukarno bereits General Suharto den Befehl erteilt hatte, eine Invasion vorzubereiten.

Der Leidensweg Indochinas

Die Franzosen hatten ihr südostasiatisches Kolonialreich Indochina genannt, weil in dieser Region die kulturellen Einflüsse Indiens und Chinas in gleichem Maße bedeutsam waren. Die Errichtung der französischen Herrschaft hatte dort einer Entwicklung Einhalt geboten, die sich seit dem 14. Jahrhundert bemerkbar gemacht hatte. Die ursprünglich im Süden Chinas lebenden Thai und Vietnamesen hatten die Mon- und Khmervölker, die das Festland Südostasiens beherrschten, bei ihrem Vordringen nach Süden in die Zange genommen. Die Thai drangen im Westen vor, die Vietnamesen an der Ostküste, wo sie bereits die fruchtbare Reisebene an der Mündung des Mekong eingenommen hatten.[11] Ohne die französische Intervention wären die alten Königreiche von Kampuchea (Kambodscha) und Laos im Laufe der Zeit sicherlich von den Thai und den Vietnamesen absorbiert worden; unter französischer Herrschaft wurden sie nun quasi konserviert. Die Kolonialherren hatten zunächst das fruchtbare Land am unteren Mekong annektiert. Es wurde Cochinchina genannt und war die einzige »echte« Kolonie. Die anderen Gebiete Indochinas wurden Schritt für Schritt von dort aus erobert und unter französisches Protektorat gestellt. Um 1900 war jedoch das ganze Indochina mit einem Verwaltungsnetz nach französischem Muster überzogen worden. Es war streng zentralistisch und ließ die Grenzen zwischen Kolonie und Protektoraten weitgehend irrelevant werden.

Ansätze zum Nationalismus machten sich unter der schmalen französisch gebildeten Schicht schon früh bemerkbar. Als die Franzosen so kühn waren, 1907 in Hanoi eine Universität zu gründen, merkten sie bald, daß sie hier eine Brutstätte des Nationalismus ins Leben gerufen hatten, und schlossen sie im folgenden Jahr wieder. Erst nach einem Jahrzehnt wurde sie wiedereröffnet, erlangte aber keine große Bedeutung. Wer eine Universitätsbildung anstrebte, ging gleich nach Paris. Den Weg in die französische Hauptstadt hatte bereits während des Ersten Weltkriegs der junge Nguyen Ai Quoc (1890–1969) gefunden, der später unter dem Namen Ho Chi Minh bekannt wurde. Er arbeitete dort zunächst als Photograph und Retoucheur und war 1920 Gründungsmitglied der Kommunistischen Partei Frankreichs geworden. Später hielt er sich mehrere Jahre im Exil in Moskau und dann in China auf. Erst gegen Ende der Kolonialherrschaft kam seine große Stunde.

Daß dieser Exilpolitiker in Indochina keine bedeutenden Konkurrenten besaß, lag daran, daß die Franzosen dort mit harter Hand alle nationalistischen Bestrebungen im Keim erstickt hatten. Eine 1927 gegründete nationale Partei (*Vietnam Quoc Dan Dang*), die sich an der chinesischen *Kuomintang* orientierte, wurde nach einigen terroristischen Anschlägen, die ihr zur Last gelegt wurden, völlig ausgerottet. Ähnlich erging es den Kommunisten. Sie hatten sich einer Bauernrebellion angenommen, die 1930 ohne ihr Zutun in einer Gegend ausgebrochen war, in der die Ernte ausgefallen war, die Bauern aber dennoch die Kopfsteuer an die Kolonialherren zahlen mußten. Die Kommunisten organisierten diese Bauern in Räten nach sowjetischem Vorbild und hatten damit einigen Erfolg. Doch das forderte die Kolonialherren nur zu einer noch härteren Repression heraus als ohnehin üblich.[12]

Die Auswirkungen der Weltwirtschaftskrise trafen Vietnam in den folgenden Jahren noch härter als andere Gebiete Südostasiens. Die Franzosen hatten 1931 zu allem Überfluß den Piaster, die Währung Indochinas, an den Franc gebunden, der 1928 zum Goldstandard zurückgekehrt war. Dies geschah, um den Wert französischer Investitionen in Indochina zu sichern, führte aber zu einem rapiden internen Preisverfall, zumal der Export von Reis durch den neuen Wechselkurs völlig unmöglich gemacht wurde. Leicht hätte diese katastrophale Situation weitere Bauernunruhen auslösen können, doch waren die Bauern so verängstigt und außerdem jeder Führung beraubt, daß sie nicht mehr rebellieren konnten. In Südvietnam, das von großen Grundherren beherrscht wurde, führte die Krise sogar zu einer weiteren Stärkung dieser Schicht, die ihre Pächter zu Tagelöhnern herabdrücken konnte. Die Kolonialherren sorgten für politische Grabesruhe, aber die Unzufriedenheit schwelte wie ein unterirdisches Feuer weiter.

Nach Hitlers Sieg über Frankreich war das Vichy-Regime gezwungen, Japan die Türen Indochinas zu öffnen. Es schloß im September 1940 einen Vertrag mit den Japanern, der es ihnen erlaubte, Nordvietnam einschließlich Hanoi zu besetzen. Kurz darauf wurde es Thailand, das einen Freundschaftsvertrag mit Japan abgeschlossen hatte, erlaubt, die beiden westlichen Provinzen Kampucheas, Battambang und Siemreap, zu besetzen. Der deutsche Überfall auf die Sowjetunion im Juni 1941 ließ die Japaner kurz innehalten, doch als sich zeigte, daß Hitler auch hier mit einem Blitzkrieg Erfolg zu haben schien, besetzten die Japaner im Juli 1941 ganz Indochina. Es entstand ein merkwürdiges Kondominium. Die Vichy-Franzosen verwalteten Indochina im Auftrag der Japaner. Anders als in Indonesien hatten die Japaner hier keine Veranlassung, die Nationalisten zu fördern, politische Organisationen ins Leben zu rufen und eine nationale Armee aufzubauen. Den Franzosen wiederum gelang es, mit den mächtigen Japanern im Rücken die politische Grabesruhe in Indochina aufrechtzuerhalten.

Die Kollaboration von Tokio und Vichy dauerte bis zum 10. März 1945, dann kündigten die Japaner sie auf und übernahmen allein die Herrschaft über Indochina. Sie hatten bemerkt, daß eine Reihe französischer Beamter unter den Einfluß de Gaulles geraten waren und die Alliierten unterstützen wollten. Nun spielten die Japaner kurz vor Torschluß die nationalistische Karte aus und erklärten die französische Kolonialherrschaft über Indochina für beendet. Daraufhin proklamierte Bao Dai, Kaiser von Annam von Frankreichs Gnaden, die Unabhängigkeit – desgleichen die Könige vom Kampuchea und Laos. Ho Chi Minh, der in Nordvietnam bereits den bewaffneten Kampf gegen die Japaner begonnen hatte und dabei von Amerika unterstützt worden war, lehnte es ab, sich Bao Dai zu unterstellen und eroberte zur Zeit der japanischen Kapitulation Hanoi.[13]

Ho Chi Minh mußte lange auf seine große Stunde warten. Er hatte 1930 die Kommunistische Partei Indochinas in Hongkong gegründet. Auf dem achten Plenum dieser Partei wurde 1941 die vietnamesische Unabhängigkeitsliga (*Viet Nam Doc Lap Dong Minh Hoi,* abgekürzt: *Viet Minh*) gegründet. Sie war eine Frontorganisation der Kommunisten, die allen patriotischen Kräften ein Forum bieten sollte. Vo Nguyen Giap (geb. 1910) bildete im Auftrag dieser Organisation Guerillakämpfer aus, die sich bereits im Krieg gegen die Japaner bewährt hatten. Von diesen Truppen wurde schließlich Hanoi erobert. Nach der erfolgreichen »Augustrevolution« des Jahres 1945 erklärte Ho Chi Minh am 2. September 1945 – vierzehn Tage nach dem Schritt Sukarnos in Indonesien – die Unabhängigkeit der Republik Vietnam. Es stellt sich die Frage, weshalb Ho Chi Minh nicht eine »Republik Indochina« ausrief und sich von vornherein auf Vietnam beschränkte, das für ihn natürlich auch den Süden des Landes beinhaltete, nicht aber Kampuchea und Laos. Seine Partei hieß damals noch Kommunistische Partei Indochinas, so daß man an sich eine umfassendere Unabhängigkeitserklärung hätte erwarten können. Nur war eben das französische Indochina ein weit weniger kohärentes Gebilde als das niederländische Indonesien. Die vietnamesischen Nationalisten hatten schon lange den ethnischen Namen »Viet« betont, den der Kaiser Gia Long im 18. Jahrhundert in einer Auseinandersetzung mit dem chinesischen Kaiser durchgesetzt hatte. Der alte Name des Reiches Annam (Befriedeter Süden), der dem Land von den Chinesen gegeben worden war, wurde zwar von Ho Chi Minh selbst noch in früheren Jahren verwendet, aber schließlich hatte sogar der Gouverneur der Vichy-Franzosen von Vietnam gesprochen. Dieser Gouverneur hatte es sich zur Aufgabe gemacht, die kulturelle Tradition von Kampuchea, Laos und Vietnam gleichermaßen zu fördern. Vietnamesische Nationalisten, die einst gehofft hatten, die Vorherrschaft ihrer Nation über Indochina mit Hilfe der Franzosen zu begründen, wurden dadurch enttäuscht. Aber Ho Chi Minh wußte, daß solche Vorherrschaftsgelüste unrealistisch waren und daß Kampuchea und Laos mit einer Eingliederung nicht einverstanden gewesen wären. Überdies erstreckte sich seine Macht lediglich auf ein Drittel Vietnams, und die Befreiung des restlichen Gebietes sollte sich als eine sehr schwierige Aufgabe erweisen.

Während Ho Chi Minh in Hanoi die Republik Vietnam ausrief, hatten die Alliierten in Potsdam ganz andere Pläne für Indochina gemacht. Chinesische Truppen sollten Vietnam bis hinunter zum 16. Breitengrad besetzen. Britische Truppen waren für den Rest Indochinas zuständig. Sie besetzten Mitte September 1945 Saigon und halfen den zurückkehrenden französischen Kolonialherren in den Sattel. Im Norden dagegen ließen die Chinesen Ho Chi Minh an der Macht und verweigerten französischen Truppen den Einmarsch. Erst eine Vereinbarung zwischen Franzosen und Chinesen Ende Februar 1946 ermöglichte den französischen Truppen den Zugang zu Nordvietnam. Mit den Königen von Kampuchea und Laos wurden Vereinbarungen getroffen, die diesen Staaten zwar die interne Autonomie sicherten, sie aber französischen Gouverneuren unterstellten. Ho Chi Minhs Republik Vietnam wurde als freier Staat innerhalb einer Föderation von Frankreich und Indochina anerkannt.

Dieses Arrangement ähnelte sehr dem Abkommen, das die Niederländer im selben Jahr auf der Konferenz von Linggadjati mit der Republik Indonesien trafen. Es gab denn auch bald ähnliche Differenzen über den Status der Republik. Außerdem kam es zu Meinungsverschiedenheiten über den Status von Cochinchina. Zunächst war Vietnam dort ein Referendum über den Anschluß Cochinchinas an die Republik zugesichert worden. Doch während die Vertreter Vietnams im Juli 1946 in Fontainebleau mit der französischen Regierung konferierten, erreichte sie die Nachricht, der französische Hochkommissar D'Argenlieu habe auf einer Konferenz mit Delegierten von Kampuchea, Laos, Cochinchina und Süd-Annam, zu der die Republik Vietnam nicht eingeladen worden war, die Autonomie Cochinchinas verkündet. Von einem Referendum war keine Rede mehr. Georges-Thierry D'Argenlieu, ein früherer Priester, der in der französischen Marine zum Admiral aufgestiegen und 1945 als französischer Hochkommissar nach Indochina entsandt worden war, hatte die Anerkennung der Republik Vietnam verurteilt und sich um die Errichtung einer Republik Cochinchina, geführt von Kollaborateuren, bemüht. Er sabotierte die Konferenz von Fontainebleau bewußt, und die französische Regierung war offenbar nicht in der Lage, ihn zur Ordnung zu rufen. Die Vietnamesen verließen Fontainebleau, bald darauf kam es zu kriegerischen Konflikten.[14]

Im März 1947 erklärte Ho Chi Minh, er werde freundschaftlich mit den Franzosen zusammarbeiten, wenn sie dem Beispiel der Amerikaner auf den Philippinen und dem der Briten in Indien folgten. Die Franzosen antworteten darauf mit einem Hinweis auf die Souveränität der französischen Union und setzten nun auf Kaiser Bao Dai, der eine Regierung für ganz Vietnam bilden sollte. Damit wollte man Ho Chi Minh den Boden unter den Füßen entziehen. Natürlich gewährte Frankreich auch dem »Kaiser« keine Souveränität, und dieser zögerte zunächst, weil er sah, daß er den Franzosen lediglich die Kastanien aus dem Feuer holen sollte. Im März 1949 willigte er jedoch schließlich ein und übernahm Ende 1949 sein neues Amt. Im Februar 1950 wurde seine Regierung von den Briten und den Amerikanern anerkannt. Da diesem Schritt die Anerkennung der Republik Vietnam durch die Volksrepublik China, die Sowjetunion und zahlreiche osteuropäische Staaten vorausgegangen war, befand sich

Vietnam von diesem Zeitpunkt an unwiderruflich im Spannungsfeld des Kalten Krieges.

Bao Dai erwies sich übrigens nicht als die leicht zu handhabende Marionette, für die man ihn gehalten hatte. Er verlangte bald ebenso energisch die Gewährung der vollen Souveränität wie zuvor Ho Chi Minh. Die Könige von Kampuchea und Laos stimmten in diesen Chor mit ein. Doch die Franzosen erwiesen sich so lange als unbeugsam, bis ihnen die Armee der Republik Vietnam bei Dien Bien Phu die entscheidende militärische Niederlage beibrachte. Danach gewährten sie Bao Dai, was sie Ho Chi Minh einst verweigert hatten. Der Sieg bei Dien Bien Phu in der Nähe der Grenze von Laos am 7. Mai 1954 besiegelte das Ende der französischen Kolonialherrschaft in Südostasien. General Vo Nguyen Giap, der dort eine französische Festung mit schwerer Artillerie bezwang, hatte bewiesen, daß die Vietnamesen den Franzosen nicht nur im Guerillakrieg, sondern auch in einer konventionellen Schlacht überlegen waren. Frankreich mußte regelrecht kapitulieren. Die Genfer Konferenz von 1954 bestätigte dies und versuchte zugleich, den Indochinakonflikt durch die Einsetzung einer internationalen Kontrollkommission zu entschärfen. Das wurde jedoch durch die amerikanische Paktpolitik konterkariert, die im selben Jahr mit der Gründung der *South East Asia Treaty Organisation* (SEATO), die nach dem Vorbild der NATO konzipiert worden war, einen ganz neuen Kurs einschlug, der schließlich zum Vietnamkrieg führte.

Bao Dai, dem nun die volle Souveränität seines Staates zugestanden worden war, ernannte 1954 den katholischen Politiker Ngo Dinh Diem zum Premierminister, der den glücklosen Kaiser zum zweiten Mal seines Amtes enthob, nachdem er bereits zuvor einmal 1945 abgedankt hatte. Ngo hing weitgehend von der Unterstützung durch die USA ab, die aber immer weniger Gefallen an ihm fanden und es zuließen, daß er 1963 das Opfer eines Staatsstreichs wurde, der ihn nicht nur sein Amt, sondern auch das Leben kostete. Danach konnten rasch wechselnde, von den Amerikanern unterstützte Militärregime Südvietnam kaum noch über Wasser halten, und es drohte, letztlich doch, Ho Chi Minh in den Schoß zu fallen. Da nutzten die USA 1964 einen »Zwischenfall« in der Bucht von Tonkin, um Nordvietnam direkt anzugreifen. Die darauffolgende Eskalation des Krieges zog die USA tiefer und tiefer in die bisher größte militärische Katastrophe ihrer Geschichte hinein.

Kampuchea (Kambodscha) und Laos

Die beiden kleinen Königreiche Kampuchea und Laos waren sozusagen Schwundstufen älterer Reiche, die durch das Vorrücken der Vietnamesen im Osten und der Thai im Westen immer mehr in Bedrängnis gekommen waren. Ihre Könige wurden oft zu Klienten ihrer Nachbarn, die sich immer wieder in die internen Angelegenheiten der kleinen Länder einmischten – entweder als Invasoren oder nur als Königsmacher. Die Lao sind mit den Thai verwandt, die Khmer in Kampuchea dagegen ein eigenständiges Volk, das einst ein mächtiges Reich gegründet hatte, wovon noch heute die Ruinen von Angkor künden. Die Bildungsschicht beider Länder war unter französischer Herrschaft ziemlich schmal geblieben. Die politische Willensbildung bestimmten weitgehend die Könige und ihre Klientel. Die Befreiungsbewegungen von Kampuchea (*Khmer Issarak*) und Laos (*Lao Issara*) waren ebenso wie die der Thai in der japanischen Besatzungszeit von den Westmächten mit Geld und Waffen unterstützt worden. Die Japaner regierten auch hier mit der Hilfe der Vichy-Franzosen. Die japanische Kursänderung des Jahres 1945 kam auch den beiden kleinen Königreichen zugute. In Kampuchea erklärte der junge König Norodom Sihanouk (geb. 1922) im März 1945 die Unabhängigkeit seines Landes, König Sisavang Vong von Laos folgte diesem Vorbild einen Monat später. Die zurückkehrende französische Kolonialmacht erkannte diesen Schritt zunächst nicht an, sah sich aber durch den Druck der Befreiungsbewegungen schließlich dazu gezwungen, beiden Ländern 1949 eine noch sehr eingeschränkte Unabhängigkeit zu gewähren. Wirklich unabhängig im vollen rechtlichen Sinne wurden Kampuchea und Laos aber erst durch die Beschlüsse der Genfer Konferenz von 1954.

Die innenpolitische Entwicklung der beiden Länder ging unterschiedliche Wege. Der agile Norodom Sihanouk, der sich in Anspielung auf Saint Exupérys ›Kleinen Prinzen‹ gern selbst so bezeichnete, dankte 1955 als König ab, überließ seinem Vater wieder den Thron und begab sich als bürgerlicher Premier in die politische Arena. Er gründete dazu eine Partei, die *Sangkum Reastr Nium* (sozialistische Volksgemeinschaft), die bei den Wahlen von 1955 80 Prozent der Sitze gewann und dem »Kleinen Prinzen« fünfzehn Jahre lang die ungestörte Herrschaft in seinem Reich sicherte. Als sein Vater 1960 starb, übernahm er auch das Amt des Staatsoberhauptes, bestieg aber nicht wieder den Thron.

In Laos verlief die Entwicklung nicht so harmonisch. Dort gab es drei königliche Brüder, Prinz Phetsarath (geb. 1890), Prinz Sovannaphouma (geb. 1901) und Prinz Souphanouvong (geb. 1909), die auf sehr verschiedene Weise die Geschicke ihres Landes bestimmten. Sie hatten alle in Paris studiert und für ganz verschiedene Karrieren optiert. Phetsarath stieg unter den Franzosen zum führenden Verwaltungsbeamten des Köngreiches auf. Souvannaphouma war Architekt und Bauingenieur in Vientiane, und Souphanouvong, der meinte, daß Laos keine Zukunft habe, wurde Bauingenieur in französischen Diensten in Vietnam. Als der König von Laos im April 1945 von den Japanern aufgefordert wurde, die Unabhängigkeit seines Landes zu erklären, ernannte er seinen Neffen Phetsarath zum Premier, mußte ihn aber auf Druck der zurückgekehrten Franzosen nach einem halben Jahr schon wieder entlassen. Daraufhin rebellierte dieser gegen den König, setzte ihn ab und ließ sich von einer Volksversammlung in Vientiane zum Staatsoberhaupt machen. Inzwischen hatten amerikanische Agenten Souphanouvong, der in Zentralvietnam lebte, im September 1945 nach Hanoi eingeflogen, wo er von Ho Chi Minh begrüßt und mit Waffen versorgt wurde, um den Befreiungskampf in Laos aufzunehmen. Die Franzosen vertrieben Phetsaraths Regierung nach Thailand, wo sich die Befreiungsfront (*Lao Issara*) zersetzte, so daß Phetsarath bald keine politische Unterstützung mehr hatte. Es bildete sich nun ein rechter Flügel dieser Bewegung unter Souvannaphouma und ein linker unter Souphanouvong. Diese Spaltung beherrschte die politische Szene in den nächsten Jahren.

Als die Franzosen 1949 Laos die begrenzte Unabhängigkeit gewährten, kehrte Souvannaphouma dorthin zurück, wurde 1951 Premierminister und bemühte sich um einen Ausgleich mit den Franzosen. Souphanouvong aber bildete in Vietnam eine Exilregierung seiner nun *Pathet Lao* (Land Laos) genannten Bewegung und eroberte 1953 mit vietnamesischer Waffenhilfe zwei Provinzen im Norden von Laos. Die Genfer Konferenz versuchte, zwischen den feindlichen Brüdern zu vermitteln. Es kam zunächst zu einem Waffenstillstand und 1956 zu einer Koalitionsregierung. Aus der *Pathet Lao* wurde eine legale politische Partei unter dem Namen *Neo Lao Haksat*, und Souphanouvong wurde ein tatkräftiger Minister im Kabinett seines Bruders. Doch den Amerikanern wurde diese Koalition unbequem, und sie sorgten dafür, daß sie 1958 gestürzt und von einer Regierung ersetzt wurde, die ihnen genehm war.

In den folgenden Jahren gestalteten sich die politischen Verwicklungen in Laos immer komplizierter. Der Fallschirmjägerhauptmann Kong Le nahm mit seinen Truppen 1960 Vientiane ein und versuchte die Wiedereinsetzung der Koalitionsregierung zu erzwingen. Sein Versuch scheiterte, und die Amerikaner nahmen immer mehr Einfluß auf die laotische Politik. Als die Koalitionsregierung schließlich doch wieder installiert wurde, sollte sich Souvannaphouma als Gefolgsmann der Amerikaner erweisen. Er hatte seine frühere bündnisfreie Haltung wohl aufgegeben, weil er einsah, daß ohne die Amerikaner in Laos kein Fortkommen war. Souphanouvong verließ 1963 die Koalition, und der Bürgerkrieg begann erneut. Das kleine Land wurde nun in den Vietnamkrieg hineingezogen. Dasselbe Schicksal ereilte auch Kampuchea, das so lange im Frieden gelebt hatte. Als 1965 amerikanische Flugzeuge Dörfer in Nord-Kampuchea bombardierten, brach Sihanouk die diplomatischen Beziehungen zu den USA ab. Die Amerikaner setzten danach auf General Lon Nol, der zu ihrem Statthalter in Kampuchea während des Vietnamkrieges wurde.

Die Befreiung Myanmars (Birmas)

Birma war nach mehreren blutigen Kriegen unter britische Herrschaft gekommen. Die Briten annektierten 1852 den fruchtbaren Süden des Landes und erst 1885 den schwerer zugänglichen Norden, der das Zentrum der alten birmanischen Reiche war. Birma war nun zwar eine Provinz des britisch-indischen Reiches, aber der indische Nationalismus konnte dort keinen Einfluß gewinnen. Der indische Nationalkongreß verurteilte 1885 auf seiner Gründungssitzung die im gleichen Jahr erfolgte Annexion Oberbirmas ausdrücklich und betonte, daß Indien mit seinen Nachbarn in Frieden leben wolle und kein Interesse an der britischen Expansionspolitik habe.[15] Mehr tat der Nationalkongreß nicht für Birma, das in den nächsten Jahrzehnten in seinen Verhandlungen nicht wieder erwähnt wurde. Hinzu kam, daß die Inder in Birma nicht gern gesehen waren. Die tamilischen Chettiars, gerissene Geldleiher, die die birmanischen Bauern ausbeuteten, prägten das Bild der Inder dort.

Die britisch-indischen Verfassungsreformen galten freilich auch für Birma. Zwar versuchten die Briten, die Reform von 1919 nicht in Birma einzuführen, ernteten damit aber so starken Protest, daß sie dort schließlich sogar weiter gingen als in Indien. Birma erhielt 1923 eine stark erweiterte Legislative mit einem recht großzügig bemessenen Wahlrecht. Jeder Haushaltsvorstand, ganz gleich ob männlich oder weiblich, erhielt mit 18 Jahren das Wahlrecht. Vermutlich fanden es die britischen Behörden in Birma zu mühsam, die in Indien geltenden Besitzqualifikationen für den Erwerb des Wahlrechts auf ihre Provinz zu übertragen. Als bekannt wurde, daß im Rahmen der nächsten Verfassungsreformen die Provinz Birma von Indien abgetrennt werden sollte, wurde das in Birma keinesfalls begrüßt. Da die Briten schon 1919 versucht hatten, Birma vom Verfassungsfortschritt in Indien abzukoppeln und ihnen die Reform von 1923 abgetrotzt werden mußte, befürchtete man, die Abtrennung sollte wiederum der Abkopplung vom Verfassungsfortschritt dienen. Erst als feststand, daß Birma die gleichen Rechte bekommen sollte wie die Provinzen Britisch-Indiens, söhnten sich die birmanischen Nationalisten mit der Abtrennung aus. Sie waren ohnehin nicht aus Sympathie für Indien gegen die Abtrennung gewesen. Doch ehe es zu dieser Abtrennung kam, wurde Birma von einem großen Bauernaufstand erschüttert.

Dieser Aufstand – ausgeführt von dem charismatischen Saya San – wurde durch das Zusammenspiel von Chettiars und Briten ausgelöst. Die fruchtbare Reisebene Südbirmas produzierte für den Export und brachte den Briten gleich auf dreifache Weise Steuern ein. Die Bauern zahlten Grundsteuer und Kopfsteuer, im Hafen wurde dann noch eine Exportsteuer erhoben.[16] Die Kopfsteuer war stets vor der Ernte zu entrichten und verstärkte den Vermarktungsdruck. Die fortwährend verschuldeten Bauern liehen sich das Geld für die Kopfsteuer beim Chettiar, der dann als Getreidehändler ihre Ernte zu für ihn sehr günstigen Bedingungen aufkaufte. Unter dem Einfluß der Weltwirtschaftskrise kam es Ende 1930 zu einem unvermeidlichen Konflikt. Die Chettiars wußten aufgrund der internationalen Marktinformation schon im voraus, daß im Januar 1931, wenn der Winterreis auf den Markt kommen würde, mit einem enormen Preisverfall zu rechnen sei, und liehen den Bauern deswegen kein Geld mehr zur Bezahlung der Kopfsteuer, die von den Briten unnachsichtig eingetrieben wurde. Petitionen blieben unbeantwortet, und so kam es schließlich zu dem blutigsten Bauernaufstand der britisch-indischen Geschichte. Mehr als ein Jahr mußten die britisch-indischen Truppen gegen die Bauern kämpfen. Erst als Saya San im August 1931 verhaftet wurde, war der Widerstand gebrochen. Das Strafverfahren gegen ihn brachte seinem Verteidiger Dr. Ba Maw großen Ruhm ein und förderte seine politische Karriere, die ihn schließlich zum Amt des Präsidenten führte. Saya San aber wurde zum Tode verurteilt und 1937 hingerichtet.

Saya San war in seiner Jugend buddhistischer Mönch gewesen, hatte sich dann der noch jungen nationalistischen Bewegung angeschlossen und 1927 für sie eine Untersuchung der sozialen Lage der Bauern durchgeführt. Die Krise von 1930 hatte ihn wohl davon überzeugt, daß den Bauern mit legalen Mitteln nicht zu helfen war. Er hatte deshalb die volkstümliche Vorstellung vom gerechten buddhistischen König heraufbeschworen und sich selbst als ein solcher präsentiert. Der Buddhismus predigt zwar keine Gewalt, aber der gerechte König kann im Notfall das Recht auch mit Gewalt wiederherstellen. Die gepeinigten Bauern folgten Saya San bis in den Tod. Sein Ende bedeutete aber nicht das Ende der Hoffnungen auf einen gerechten König, und der militante Nationalist Aung San sollte sich später auf diese Idee berufen und dabei seine eigene Abstammung von einer birmanischen Dynastie ins Spiel bringen.

Die politische Entwicklung im Rahmen der Verfassungsreformen erreichte 1937 eine neue Etappe, als auch in Birma *provincial autonomy* eingeführt und Dr. Ba Maw, der sich als Verteidiger Saya Sans einen Namen gemacht hatte, zum Ministerpräsidenten gewählt wurde. Neben der Politik der nationalistischen Honoratioren meldeten sich jetzt aber auch militante junge Nationalisten zu Wort. Es gab eine Studentengruppe an der Universität Rangoon, zu der auch Aung San (1915–1947) gehörte.[17] Sie nannten sich *Thakin* (Herr), um damit gegenüber den Kolonialherren ihre Selbstachtung zum Ausdruck zu bringen. Zu ihnen gehörten auch der spätere Premierminister U Nu und der spätere General Ne-Win. Einige von ihnen beschlossen, sich in Japan militärisch ausbilden zu lassen. Dreißig Thakins, darunter Aung San und Ne-Win, gingen 1940 nach Japan und kehrten mit der von den Japanern geführten *Burmese Independence Army* 1942 nach Birma zurück. Die Japaner gestanden Aung San die Bildung einer eigenen *Burma National Army* zu und erklärten 1943 sogar, daß die britische Kolonialherrschaft beendet und Birma unabhängig sei. Zeitpunkt und Wortlaut der Erklärung waren identisch mit jener für die Philippinen.

Die neue Kompromißbereitschaft der Japaner in Birma wurde nicht zuletzt durch den Einsatz der britisch-indischen Armee im Nordosten des Landes erzwungen. Es war tragisch, daß in diesem Ringen um Birma indische Soldaten auf beiden Seiten beteiligt waren, denn Subhas Chandra Boses *Indian National Army* kämpfte in Birma an der Seite der Japaner. Von allen Kriegsschauplätzen des asiatisch-pazifischen Krieges war Birma wohl der, auf dem die blutigsten Schlachten ausgetragen wurden.

Im August 1943 wurde die Regierung des »unabhängigen« Birma mit Dr. Ba Maw als Präsidenten und Aung San als Verteidigungsminister gebildet. Aung San erkannte bald, daß Birmas Zukunft in den Händen der Japaner nicht gut aufgehoben war, und spielte seit Ende 1943 ein Doppelspiel. Einerseits unterstützte er Ba Maw in der Kollaboration mit den Japanern, andererseits nahm er ohne dessen Wissen Kontakte zum britischen Geheimdienst auf und brachte das Gewicht seiner *Burma National Army* ins Spiel. Lord Mountbatten, damals noch Oberkommandierender der Alliierten Streitkräfte in Südostasien, setzte offenbar schon früh auf Aung San, der dann im März 1945 zu den Alliierten übertrat. Er gehörte der bereits im August 1944 gegründeten *Anti-Fascist People's Freedom League* (AFPFL) an. Nach der japanischen Kapitulation durfte die *Burma National Army* mit eigenen Fahnen auf der Seite der Sieger an der Parade in Rangoon teilnehmen, während Präsident Ba Maw mit den Japanern floh. Von nun an war Aung San der Führer Birmas, da aber die zurückkehrenden britischen Kolonialherren nicht so einsichtig waren wie Lord Mountbatten, mußte die AFPFL zunächst in die Opposition gehen.

Im August 1946 wurde General Rance, der im Krieg enger Mitarbeiter Lord Mountbattens gewesen war und seine Ansichten teilte, zum Gouverneur von Birma ernannt. Es gelang ihm, Aung San für die Übernahme der Regierungsverantwortung zu gewinnen. Im Oktober 1946 wurde er Interimspremierminister, so wie drei Monate zuvor Nehru in Indien. Im Januar 1947 verhandelten Aung San und eine Delegation, zu der auch U Saw – vor der japanischen Besetzung Birmas Premierminister unter britischer Herrschaft – gehörte, mit Attlee in London. Aung San war offenbar von Attlees gutem Willen überzeugt und unterzeichnete eine Vereinbarung, die zwar noch nicht die von ihm zuvor angestrebte völlige Unabhängigkeit konzedierte, aber einen entscheidenden Schritt in diese Richtung bedeutete. U Saw, der sich wohl als der radikalere Politiker profilieren wollte, unterzeichnete die Vereinbarung nicht; auch andere Politiker Birmas meldeten Protest gegen die Vereinbarung an. Aber ein enormer Wahlsieg seiner AFPFL in den Wahlen vom April 1947 stärkten Aung Sans Position. Er hatte sich als überlegener Staatsmann erwiesen und gute Kontakte zu den verschiedenen ethnischen Minderheiten Birmas hergestellt. Er räumte den Minderheiten ein, daß sie selbst die sie betreffenden Passagen der neuen birmanischen Verfassung schreiben konnten, und war auf dem besten Wege, die verschiedenen Ethnien für die Republik zu gewinnen. Doch am 19. Juli 1947 wurde er mit sechs anderen Ministern bei einer Kabinettssitzung von Attentätern erschossen, die vermutlich von dem ehrgeizigen U Saw gedungen worden waren.[18]

General Rance ernannte umgehend den Vizepräsidenten der AFPFL, Thakin U Nu, zu Aung Sans Nachfolger. U Nu war ein frommer Buddhist, der nie nach Macht gestrebt hatte und sich nun plötzlich als Staatsmann bewähren mußte. Unter seiner Ägide wurde Birma am 17. Oktober 1947 in die Unbhängigkeit entlassen. Im Januar 1948 wurde die Verfassung der birmanischen Union verabschiedet, doch bald darauf brachen Aufstände der ethnischen Minderheiten aus. Danach blieb die Macht der Regierung auf die Hauptstadt Rangoon beschränkt. U Nus Bescheidenheit und Aufrichtigkeit trugen viel dazu bei, die Minderheiten zu besänftigen und die Republik zu retten. Andererseits konnte die Regierung kaum noch ein Steueraufkommen aus dem Land erwarten und lebte von der Reisexportsteuer, die im Hafen von Rangoon kassiert wurde. Da Birma der größte Reisexporteur der Welt war und zudem der Reispreis in der Zeit des Koreakrieges steil anstieg, standen die Überlebenschancen für U Nus Regierung zunächst günstig. Doch nach dem rapiden Verfall des Reispreises in den Jahren von 1954 bis 1956 geriet U Nu in wirtschaftliche Schwierigkeiten. Er sah sich gezwungen, 1958 sein Amt an General Ne Win zu übergeben, der sich als Erbe Aung Sans betrachtete. Es kam zur Spaltung der AFPFL in eine »reine« und eine »stabile« Fraktion. U Nu führte die »reine« Fraktion in den Wahlen von 1960. Er appellierte dabei besonders an den Respekt der Bevölkerung vor dem Buddhismus, den er zur Staatsreligion erklären lassen wollte. Er gewann die Wahlen auf diese Weise, stieß aber mit seiner Religionspolitik bei den mächtigen ethnischen Minderheiten auf Widerstand. Die Existenz der Republik stand wieder einmal auf dem Spiel. In dieser Situation übernahm General Ne Win am 2. März 1962 die Macht durch einen Staatsstreich. Damit war das Ende der parlamentarischen Demokratie in Birma gekommen. Von nun an blieb das Militär an der Macht, eine politische Armee, die wie in Indonesien vom japanischen Interegnum geprägt worden war.

Die verzögerte Entkolonisierung Malayas

Malaya, der auf der Malaiischen Halbinsel gelegene Westteil des heutigen Malaysia, war schon früh ein Objekt kolonialer Begierde geworden, weil sein wichtigster Hafen, Malacca, die Meeresenge beherrschte, die für den internationalen Seehandel von strategischer Bedeutung war. Der portugiesische Reisende Tomé Pires hatte schon 1515 in seinem Werk ›Suma Oriental‹ den berühmten Satz geschrieben: »Wer Malacca beherrscht, der hat seine Hand an der Kehle Venedigs.« So nahmen im 16. Jahrhundert die Portugiesen und im 17. Jahrhundert die Niederländer Malacca ein. Die Briten erschienen im 18. Jahrhundert ebenfalls hier und da an den Küsten Malayas, aber erst als sie zur Zeit der napoleonischen Kriege zeitweilig die niederländischen Kolonien in Südostasien besetzten, erlangte Malaya für sie größere Bedeutung. Stamford Raffles, der bis zur Rückgabe an die Niederlande für diese Kolonien zuständig war, entdeckte in dieser Zeit die Insel Singapur, die dem Sultan von Johore unterstand. Mit ihm schloß Raffles 1819 einen Vertrag, der den Briten die Errichtung einer Handelsstation gestattete. So wurde Singapur zur Keimzelle der britischen Kolonialherrschaft über Malaya.[19]

Malaya war ein Land, das sich kaum für irgendeine zentrale Herrschaft eignete. Das Landesinnere war von riesigen Wäldern bedeckt. Die kleinen Küstenstädte lagen weit auseinander. Sie bildeten Ansatzpunkte für eine Reihe kleiner Fürstentümer, jedes mit seinem eigenen Sultan. Die Ausbreitung der britischen Kolonialherrschaft verlief denn auch so, daß ein Sultan nach dem anderen die britische Oberherrschaft akzeptierte, weitgehende Autonomie behielt, sich aber von einem britischen Residenten an seinem Hof »beraten« lassen mußte. Diese Zähmung der malaiischen Sultanate ging in den siebziger und achtziger Jahren stetig voran, sie fand mit der Gründung der Föderation von vier Sultanaten 1896 ihren Abschluß. Frank Swettenham, der wesentlich zur Begründung dieser Art der Kolonialherrschaft in Malaya beigetragen hatte, wurde der erste General-Resident. Seine Hauptstadt wurde Kuala Lumpur. Der neugeschaffenen Föderation gehörten freilich nur die Sultanate Perak, Selangor, Negri Sembilan und Pahang im mittleren Teil Malayas an. Der Sultan von Johore, der Nachbar Singapurs, trat der Föderation nicht bei. Auch die vier nordmalaiischen Staaten Kedah, Perlis, Kelantan und Trengganu, die zuvor zu Thailand gehört hatten und erst 1909 unter britische Oberherschaft kamen, blieben außerhalb der Föderation. Staatsrechtlich gesehen war Malaya also ein merkwürdiger

Flickenteppich. Eine einheitliche politische Willensbildung nationalistischer Prägung war unter diesen Umständen kaum zu erwarten. Malaiische Nationalisten orientierten sich zunächst an den Bestrebungen Gleichgesinnter auf Sumatra. Sie sprachen in jedem Sinne des Wortes die gleiche Sprache.

Eine weitere Besonderheit Malayas war die dynamische Ausbreitung chinesischer Wirtschaftstätigkeit, die sich vor allem auf den Abbau von Zinnerz an der Westküste bezog. Die Unternehmer und die Arbeiter waren Chinesen; Inder, die ebenfalls in Scharen nach Malaya zogen, waren meistens als Kulis in den Kautschukplantagen tätig. Die Malaien standen für solche Arbeit nicht zur Verfügung. Ihre Zahl war vergleichsweise gering, und sie fanden in der Landwirtschaft ihr Auskommen. Nach und nach wurden sie fast zu einer Minderheit im eigenen Lande. Dies sollte später zu einer besonderen Betonung der Rechte der »Eingeborenen« (*bumiputra*) führen.

Im Februar 1942 nahm Japan die Halbinsel im Sturm und verfolgte die dort lebenden Chinesen besonders grausam. Ein Teil von ihnen flüchtete in die Wälder und bildete dort die *Malayan People's Anti-Japanese Army* (MPAJA). Sie wurden zunächst von den Briten unterstützt, die in den rund 7000 Partisanen der MPAJA eine nützliche Hilfstruppe sahen. Nach dem Krieg sollte sich dieses gute Verhältnis zu den Briten bald ändern. Nur ein Teil der MPAJA legte bei Kriegsende die Waffen nieder. Viele Partisanen blieben in den riesigen Wäldern verborgen und wurden von Sympathisanten unterstützt. Die chinesischen Kommunisten in Malaya waren aktiv in der Gewerkschaftsbewegung vertreten, und als ihre Position 1948 durch entsprechende Gesetzgebung bedroht schien, gingen sie zum bewaffneten Kampf über und machten gemeinsame Sache mit der MPAJA. Dadurch erhielt der Partisanenkampf Auftrieb, und die Briten erklärten den Notstand (*Emergency*), der von 1948 bis 1960 dauerte.[20] Allerdings war der Widerstand der Partisanen bereits 1955 gebrochen. Mit drakonischen Maßnahmen hatte die Kolonialregierung die außerhalb der Städte lebenden Chinesen in etwa fünfhundert neuen Dörfern angesiedelt, um den Kontakt zu den Partisanen zu unterbinden und ihnen den Nachschub abzuschneiden. Diese Strategie bewährte sich. Die auf diese Weise in Malaya gewonnenen Erfahrungen wurden auch zur Bekämpfung des Mau-Mau-Aufstandes in Kenia genutzt.

Es war aber nicht allein die *Emergency,* sondern auch die von den Malaien nach Ende des Zweiten Weltkrieges nicht gerade mit Begeisterung aufgenommenen britischen Pläne einer *Malayan Union,* die den Dekolonisierungsprozeß verzögerten. Nach diesen Plänen sollte Singapur von Malaya abgetrennt, die staatsbürgerlichen Rechte der Chinesen und Inder gesichert und die Macht der Sultane weitgehend beschnitten werden. Der Widerstand dagegen mündete in die Gründung der *United Malays National Organisation* (UMNO) ein, die bis heute die Politik Malaysias beherrscht. Großbritannien hatte seinerzeit rasch wieder von seinen Plänen Abstand genommen und statt dessen 1948 die *Federation of Malaya* errichtet, in der die Autonomie der Sultanate weitgehend erhalten blieb und die Sonderrechte der Malaien bewahrt wurden. An der Spitze der Regierung stand zunächst ein britischer Hochkommissar. Das Parlament bestand aus ernannten Abgeordneten, ab 1955 durfte die Hälfte dieser Abgeordneten gewählt werden. Die von den Malaien erkämpfte Eigenständigkeit der Sultane hat dazu geführt, daß bis heute einer von ihnen im Turnus als Staatsoberhaupt fungiert und während seiner Amtszeit als König von Malaysia bezeichnet wird.

Die separate Entwicklung Singapurs erlaubte zunächst einen etwas rascheren Fortschritt der Dekolonisierung, denn schon 1955 wurde dort eine Regierung mit David Marshall als *Chief Minister* gebildet. Marshall, ein irakischer Jude und patriotischer Bürger Singapurs, war ein stadtbekannter Rechtsanwalt, der durch seine Rolle als Verteidiger in dramatischen Strafprozessen Ruhm erworben hatte. Er machte auch als Regierungschef der Übergangszeit eine gute Figur, doch die chinesische Mehrheit stand bald hinter Lee Kuan Yew (geb. 1923), der 1959 der erste Premierminister Singapurs wurde. Seine Partei, die 1954 gegründete *People's Action Party* (PAP), beherrscht Singapur noch heute.

Malayas Weg zur Unabhängigkeit wurde nicht nur durch die *Emergency* und die britischen Unionspläne, sondern auch durch die Vielfalt der Ethnien behindert. Der Gründer der UMNO, Dato Onn bin Ja'afar (1895–1961) wollte die soziale Basis dieser Partei erweitern und auch Nichtmalaien die Mitgliedschaft gewähren. Doch damit stieß er bei den Malaien auf Widerstand und mußte 1951 als Parteipräsident zurücktreten. Die dann von ihm gegründete multiethnische *Independence of Malaya Party* (IMP) geriet bald ins politische Abseits. Dies war nun die Stunde von Tunku Abdul Rahman (geb.1903), der 1951 Präsident der UMNO wurde. Als Sohn des Sultans von Kedah hatte er von vornherein eine gute Position in der Gesellschaft Malayas. Seine Politik war es, die UMNO als rein malaiische Partei zu erhalten, dafür aber eine Allianz mit den anderen ethnischen Organisationen, der *Malayan Chinese Organisation* (gegründet 1949) und dem *Malayan Indian Congress* (gegründet 1946), anzustreben. Dieser Kurs bewährte sich, und Abdul Rahman konnte als Premierminister dieser Allianz 1957 die Unabhängigkeit für Malaya erlangen. Er hatte dieses Amt bis 1970 inne.

Abdul Rahmans kühner Plan, die weiteren britischen Kolonien, das heißt Singapur sowie Sarawak und Sabah auf Borneo, nach deren Unabhängigkeit mit Malaya zu einer Föderation Malaysia zusammenzuführen, wurde 1963 Wirklichkeit. Lee Kuan Yew hatte sich für diese Idee erwärmen können und 1962 ein Referendum in Singapur abgehalten, das den geplanten Anschluß an Malaysia ermöglichte. Er hatte dabei besondere Absichten gehegt, die sich aus der innenpolitischen Situation in Singapur ergaben. Eine sozialistische Front (*Barisan Socialis*) hatte sich von der PAP abgespalten und drohte, Lee Kuan Yews Machtbasis zu erschüttern. Er wollte die Disziplinierung dieser Herausforderer lieber einer malaysischen Zentralregierung überlassen und sah in dem konservativen Abdul Rahman einen willkommenen Bundesgenossen. Der Anschluß wurde denn auch 1963 vollzogen, aber das mehrheitlich chinesische Singapur drohte die delikate ethnische Balance Malaysias zu zerstören. Bereits 1965 wurde dieser Schritt wieder rückgängig gemacht. Bis dahin hatte aber Lee Kuan Yew seine politische Macht in Singapur konsolidiert; die *Barisan Socialis* war bedeutungslos geworden. Er konnte für seinen Stadtstaat nun ungestört eine energische Modernisierungspolitik verfolgen, die freilich recht autoritäre Züge hatte. Auch seine politischen Gegner erkannten jedoch lobend an, daß er jegliche Korruption ausgerottet und eine integre und effiziente Verwaltung eingeführt hatte.

In Malaysia staute sich der Unmut der Malaien gegen die anderen Ethnien auf, und das Ende der Amtszeit von Tunku Abdul Rahman wurde 1969 von Rassenunruhen überschattet. Die Malaien konnten schwer begreifen, daß sie zwar die politische, aber nicht die wirtschaftliche Macht in ihrem Lande besaßen und daß nicht einmal die Garantien der Sonderrechte für die »Söhne des Landes« (*bumiputra*) hinreichten, um ihnen den Reichtum zu sichern, den die Chinesen vor ihren Augen erwarben. Die multiethnische Harmonie, die es Abdul Rahman ermöglicht hatte, sein Land 1957 geradezu problemlos in die Unabhängigkeit zu führen und ihn dann dazu ermutigt hatte, auch noch Singapur zu vereinnahmen, war nicht von langer Dauer. Im späteren Verlauf der Geschichte Malaysias ließen sich diese Konflikte jedoch wieder beseitigen, und Abdul Rahmans Zukunftsvision erwies sich langfristig als zutreffend. Dazu mag beigetragen haben, daß die Malaien nach 1969 von der Wirtschaftspolitik der Regierung begünstigt wurden und so am Wirtschaftswachstum partizipieren konnten. Daher hielt sich ihr Neid auf den Reichtum der Chinesen in Grenzen.

Die USA und die Philippinen

Die Philippinen waren den USA durch ihren Sieg im spanisch-amerikanischen Krieg von 1898 in den Schoß gefallen. Es gab zu jener Zeit philippinische Nationalisten, welche die Befreiung vom spanischen Joch durch die Amerikaner begrüßten, die dann aber zutiefst enttäuscht waren, als sich diese als neue Kolonialherren etablierten und gar nicht daran dachten, den Philippinen die Freiheit zu gewähren. Die frühen Nationalisten waren durch die liberale Revolution in Spanien inspiriert worden, die 1868 zur Abdankung der Königin Isabella II. geführt hatte. Ihr prominentester Führer war José Rizal (1861–1896), der in Spanien und Deutschland studiert und sich als Schriftsteller einen Namen gemacht hatte.[21] Sein Roman ›Noli me tangere‹ wurde zu einem Manifest des philippinischen Nationalismus. Er übersetzte auch Schillers ›Wilhelm Tell‹ in die philippinische Sprache Tagalog. Rizal war 1892 heimgekehrt und hatte eine nationale Bewegung, die

Liga Filipina, ins Leben gerufen, hielt aber die Zeit für eine offene Rebellion gegen die Spanier noch nicht für gekommen. Als diese 1896 dennoch ausbrach, wurde er als angeblich Mitschuldiger verhaftet und hingerichtet. Anführer der Rebellen war Andres Bonifacio (1863–1897), der Gründer der Geheimgesellschaft *Katipunan.* [22] Da er aus armen Verhältnissen kam, wurde er von einigen Historikern zum proletarischen Revolutionär emporstilisiert, während Rizal das Bildungsbürgertum repräsentierte. Bonifacio führte die Aufständischen in der Provinz Cavite und konnte von den Spaniern nicht verhaftet werden, statt dessen fiel er bald darauf seinen Kampfgefährten zum Opfer. Er wurde von seinem Mitstreiter Emilio Aguinaldo (1869–1964) ausgeschaltet und als Verräter zum Tode verurteilt. Aguinaldo war ein fähiger militärischer Führer und ein guter Organisator, doch auch ihm gelang es nicht, die Spanier zu besiegen. Er schloß einen Waffenstillstand mit ihnen und ging 1897 mit seinen engsten Gefolgsleuten ins Exil nach Hong Kong. Von dort kehrte er 1898 auf einem amerikanischen Kriegsschiff in seine Heimat zurück, denn die Amerikaner sahen ihn als Bundesgenossen im Kampf gegen die Spanier. Im Juni 1898 proklamierte Aguinaldo die Unabhängigkeit der Philippinen. Als die Amerikaner dies nicht respektieren wollten, kam es zu einem erbitterten Krieg, der erst 1901 mit Aguinaldos Gefangennahme endete. Er schwor den USA die Treue und verbrachte den Rest seines langen Lebens gewissermaßen im politischen Vorruhestand.

Nun schlug die Stunde der zivilen Politiker, die auf dem Verhandlungswege Konzessionen von den Amerikanern erreichen wollten. An ihrer Spitze stand Manuel Luis Quezon (1878 bis 1944), der schließlich zum Präsidenten der 1935 gebildeten Regierung gewählt wurde. Die USA hatten 1934 den Philippinen die Unabhängigkeit gewährt, freilich mit der Bedingung, daß zuvor eine Übergangsfrist von einem Jahrzehnt vergehen müsse. Quezon wurde 1941 wiedergewählt, floh dann vor den Japanern und errichtete ein Kriegskabinett in Washington. Dort starb er, ehe er seine Heimat wiedersehen konnte. Seinen Bemühungen um die Erlangung der Unabhängigkeit auf dem Verhandlungswege kam zugute, daß es in den USA selbst viele kritische Stimmen gab, die die amerikanische Herrschaft in den Philippinen verurteilten. Dies geschah nicht in erster Linie aus selbstlosen Motiven, sondern weil philippinische Produkte, insbesondere der Zucker, mit amerikanischen Produkten konkurrierten. Besonders brisant wurde dieses Problem in der Weltwirtschaftskrise; man wäre die Philippinen nun lieber losgeworden. Roosevelt konnte sich auf solche Kräfte stützen, als er das bereits erwähnte Gesetz von 1934 unterzeichnete. In der zehnjährigen Übergangsfrist behielten die Philippinen freilich noch den freien Zugang zum amerikanischen Markt, was für die philippinische Wirtschaft in den Jahren der Krise von besonderer Bedeutung war.

Die japanische Besatzung war auch den Philippinen nicht erspart geblieben. Amerikanische und philippinische Truppen leisteten den Japanern erbitterten Widerstand, mußten aber am 9. Mai 1942 ihre letzte Stellung in der Nähe von Manila aufgeben – gegenüber Singapur, das schon im Februar, und Indonesien, das im März erobert wurde, ein später Sieg im südostasiatischen Blitzkrieg. Die Japaner setzten José Laurel (1891–1959) als Präsidenten ein, der auf ihr Geheiß den Alliierten den Krieg erklärte. Er war ein brillanter Rechtsgelehrter und hatte als Politiker stets im Schatten Quezons gestanden, daher erlag er wohl der Versuchung, Präsident von Japans Gnaden zu werden. Nach dem Krieg wurde er als Kollaborateur angeklagt, aber amnestiert. Im letzten Kriegsjahr waren die Philippinen Schauplatz einer großen amerikanischen Invasion. Amerikanische Truppen landeten bereits am 17. Oktober 1944 in Leyte im Ostteil der Philippinen und befreiten das Land noch vor der japanischen Kapitulation. Auf der Grundlage des Gesetzes von 1934 proklamierte Präsident Truman am 4. Juli 1946 die volle Unabhängigkeit der Philippinen. Präsident der unabhängigen Republik wurde Manuel Roxas (1892–1948), dem aber nur einen kurze Amtszeit vergönnt war.

Anders als in den meisten südostasiatischen Staaten war die innenpolitische Stabilität der jungen Republik weniger durch ethnische als durch soziale Probleme bedroht. Hier hatten sich die *Huks* (der Begriff leitet sich von *hukbo* [Armee] ab und bezog sich auf die antijapanische Volksarmee) formiert, um die Bauern gegen die Großgrundbesitzer zu verteidigen. In den während des Krieges von ihnen befreiten Gebieten hatten sie eine Bodenreform durchgeführt, die nach 1945 wieder rückgängig gemacht wurde. Die *Huks* bedrohten in den Jahren von 1946 bis 1954 den Frieden in weiten Gebieten des Landes. Die Regierung, die die Interessen der Grundbesitzer verteidigte, verteufelte sie als Kommunisten, obwohl ihre Kontakte zur Kommunistischen Partei der Philippinen sehr begrenzt waren. Der Führer der *Huks*, Luis Taruk, Sohn armer Teilpächter, hatte sich schon in den dreißiger Jahren als Bauernführer einen Namen gemacht. In den ersten Wahlen nach dem Krieg erlangte er 1946 ein Mandat im philippinischen Kongreß, doch die etablierten Parteien (Liberale und Nationalisten) sorgten dafür, daß es ihm wieder aberkannt wurde. Dies trug zum Ausbruch der *Huk*-Rebellion bei. Taruk wurde nach 1954 verhaftet und blieb bis 1968 im Gefängnis.

Die Amerikaner hatten sich bei der Gewährung der Unabhängigkeit viele Vorteile gesichert. So wurde den Philippinen etwa ein Handelsvertrag aufgenötigt, der die USA begünstigte, und die Verfassung mußte dahingehend abgeändert werden, daß amerikanische Bürger auf den Philippinen die gleichen Rechte hatten wie die eigene Bevölkerung. Später folgte dann die Errichtung von amerikanischen Militärbasen. Von allen zurückgekehrten Kolonialherren hatten die Amerikaner sich ohne Zweifel am geschicktesten verhalten und sich obendrein dauerhafte Vorteile gesichert. Die anderen Kolonialherren zahlten einen viel höheren Preis und büßten dann doch viel von ihrem Prestige ein. Es war ein Fehler und von einer Tragik eigener Art, daß sich die USA nach ihrem gelungenen Abschied von den Philippinen nur wenige Jahre später in den Indochinakrieg hineinziehen ließen.

Kapitel 4

Die arabischen Staaten vom Irak bis Marokko

Briten, Franzosen und »der kranke Mann am Bosporus«

A ls die Türken 1529 und 1683 vor Wien standen, lehrten sie Europa das Fürchten, doch im 19. Jahrhundert wurde der Kalif des Osmanischen Reiches bereits mitleidig belächelt; bald sprach man vom »kranken Mann am Bosporus«. Die arabischen Provinzen des »kranken Mannes« waren ein beliebtes Ziel der Begehrlichkeiten ausländischer Mächte. Das Osmanische Reich hatte sich diese Provinzen im 16. Jahrhundert in rascher Folge einverleibt. Es gehörte zu den sogenannten »Schießpulver-Imperien« oder – treffender gesagt – Feldartillerie-Staaten, die in den ersten Jahrzehnten des 16. Jahrhunderts eine atemberaubende Expansion erlebten. Neben dem Osmanischen Reich zählten dazu das Reich der Safawiden in Persien und das der Großmoguln in Indien. Die Nachfahren der Reiterkrieger, die in den Jahrhunderten davor das Gebiet vom Irak bis Marokko im Sturm genommen hatten, mußten vor der Feldartillerie kapitulieren. Viele Krieger, so auch die Herrscher von Syrien und Ägypten, hielten die neue Waffe für unritterlich. Selim I., genannt der Grausame, hatte leichtes Spiel mit ihnen. Seinen Sohn Süleiman II., den die Europäer den Prächtigen, seine eigenen Untertanen aber *Kanuni* (den Gesetzgeber) nannten, konsolidierte das gewaltige Reich in seiner langen Regierungszeit (1520–1566). Er war es auch, der 1529 Wien belagern ließ, 1534 Basra einnahm und damit den Irak in seiner Hand hatte und schließlich auch die arabischen Staaten an der südlichen Mittelmeerküste in den Griff bekam. Nur der Sultan von Marokko blieb noch lange Zeit unabhängig, doch mußte auch er 1582 einen Vertrag unterzeichnen, mit dem er die osmanische Oberhoheit anerkannte.

Istanbul war weit und der Einfluß des osmanischen Sultans oft sehr begrenzt. Der Irak wurde seiner Herrschaft sogar zeitweilig entrissen (1623–1639), aber insgesamt erwies sich das Reich als sehr zählebig und prägte mit seinen Institutionen auch die arabischen Provinzen. Das galt auch noch für die Verwaltungsreform (*Tansimat*), die ab 1839 eingeführt wurde. Man versprach sich dabei viel von einer modernen Erziehung, die mit europäischer Beratung eingeführt wurde. Doch Briten und Franzosen beschränkten sich nicht auf solche Aspekte der Einflußnahme, sie vertraten auch ihre Wirtschaftsinteressen recht nachdrücklich. Ein deutliches Signal dieser Interessen, die buchstäblich den osmanischen Machtbereich durchkreuzten, war der Bau des Suezkanals. Als er 1869 in Betrieb genommen wurde, rückte Indien Europa sehr viel näher. Dampfschiffe, die den Suezkanal passierten, beschleunigten und verbilligten den Gütertransport wesentlich. Dadurch wurden europäische Industriegüter in Indien erschwinglicher, ihre Herstellung dort verlor ihren Standortvorteil. Selbst britische Kohle war schließlich in Bombay billiger als die bengalische Kohle.

Der Bau des Suezkanals eröffnete dem europäischen Kolonialismus ein Einfallstor in das Osmanische Reich. Zunächst war er eine Angelegenheit des ägyptischen Khediven gewesen, die mit seinem Oberherrn, dem Kalifen, aber nur unzureichend abgesprochen war und zu ständigen Reibereien führen sollte. Bald stellte sich heraus, daß der Khedive sich finanziell übernommen hatte. Die Briten kauften ihm einen Teil seiner Aktien ab und sorgten schließlich dafür, daß Ägypten einer ausländischen Staatsschuldenverwaltung unterstellt wurde. Der Khedive wurde vom Kalifen abgesetzt. Taufik, der Sohn und Amtsnachfolger des Khediven, sah sich bald durch eine nationalistische Militärrevolte bedroht. Ihr Anführer, Oberst Ahmad Urabi, wurde von der Bevölkerung als Nationalheld gefeiert. Die Presse nannte ihn Beschützer des Islam und den Bismarck Ägyptens. Taufik intrigierte mit den Briten gegen Urabi. Bald erschien eine britische Flotte vor Alexandria. Das schüchterte die Ägypter jedoch nicht ein, sondern schürte die Wut des Volkes. Schließlich bombardierte die Flotte im Juli 1882 Alexandria, und britische Truppen besetzten Ägypten. Sie konnten dabei behaupten, dem Khediven zur Hilfe geeilt zu sein. Urabi wurde von den Briten vernichtend geschlagen und geriet in ihre Gefangenschaft. Der Khedive hätte den Oberst sicher gern hinrichten lassen, doch die Briten deportierten ihn nach Ceylon. Hatte der Kalif Urabi gegen den Khediven ausspielen wollen, so mußte er nun den Kürzeren ziehen. Taufik aber wurde von den Briten hofiert, beide waren aus dem Intrigenspiel als Gewinner hervorgegangen.[1]

Briten und Franzosen diente dieser Streich als Lehrstück dafür, wie das Osmanische Reich von Innen auszuhöhlen war. Die Franzosen waren den Briten in dieser Hinsicht sogar zuvorgekommen. Sie hatten dort, wo das Osmanische Reich schon früher den Rückzug angetreten hatte, sehr bald ihre Herrschaft etabliert. Tunesien war 1871 vom Kalifen die Autonomie gewährt worden, 1881 wurde es französisches Protektorat. Algier hatten die Franzosen schon 1830 erobert und in den folgenden Jahrzehnten ganz Algerien unter ihre Herrschaft gebracht. Während des deutsch-französischen Krieges 1870/71 kam es zu einem Rückschlag. Rebellen brachten das ganze Land unter ihre Kontrolle, doch die Franzosen eroberten es zurück und etablierten ihre Kolonialherrschaft gründlicher als zuvor. Noch vor dem Ersten Weltkrieg wurde 1912 auch das benachbarte Marokko ein französisches Protektorat.

Die Niederlage des Osmanischen Reiches im Ersten Weltkrieg gab dann den Briten und Franzosen die Gelegenheit, das Erbe des »kranken Mannes am Bosporus« zu übernehmen. Sie sicherten sich als Mandatsmächte die arabischen Provinzen und machten damit die Hoffnungen arabischer Nationalisten zunichte, denen sie während des Krieges manche Versprechen gegeben hatten, um sie auf ihre Seite zu bringen. Das Mandatssystem war eine neue Version kolonialer Kontrolle. Es soll hier ausführlicher beschrieben werden, weil es nicht nur für die arabischen Provinzen des Osmanischen Reiches, sondern auch für die ehemaligen deutschen Kolonien in Afrika von Bedeutung war.

Das Mandatssystem des Völkerbundes

Bereits in den ersten Kriegsjahren hatten sich Großbritannien und Frankreich in Geheimverträgen darüber geeinigt, wie sie die Provinzen des Osmanischen Reiches und die deutschen Kolonien untereinander aufteilen wollten. Hätten sie den Krieg aus eigenen Kräften gewinnen können, dann hätten sie die in den Geheimverträgen enthaltenen Bestimmungen nach dem Krieg ungestört umsetzen können. Im August 1914 hatten sie sich bereits über die künftige Aufteilung von Togo und Kamerun geeinigt. Im April 1915 war in London ein Vertrag geschlossen worden, den außer Großbritannien und Frankreich auch Rußland und Italien unterschrieben hatten und der die Aufteilung der Kolonien betraf. Das Sykes-Picot-Abkommen vom Mai 1916 regelte die Aufteilung der arabischen Provinzen des Osmanischen Reiches unter Briten und Franzosen. Dieses Abkommen war mit den Versprechen, die die Briten den Arabern gegeben hatten, unvereinbar. Der britische Diplomat Mark Sykes, der das Abkommen konzipiert hatte, mag das anders gesehen haben. Er dachte nicht an permanente Annexion, sondern an eine vorübergehende Schutzherrschaft über die arabischen Gebiete im Zusammenwirken mit Frankreich. Dieses Zusammenwirken war ihm wichtig, weil er die britisch-französische Entente auch nach dem Krieg bewahren wollte. Die Franzosen haben dies sicher begrüßt, ob sie aber auch sonst die Ansichten Sykes teilten und nur an eine vorübergehende Schutzherrschaft dachten, ist fraglich. Die Nachkriegszeit war auf diesem Gebiet jedenfalls eher von britisch-französischer Rivalität als von einer harmonischen Zusammenarbeit gekennzeichnet.

Ein weiterer Geheimvertrag betraf die deutschen Kolonien im Pazifik, die London Japan zusicherte. Bei all diesen Geheimverträgen hatten freilich die Alliierten die Rechnung sozusagen ohne den Wirt gemacht, was sie freilich zu jener Zeit noch nicht wissen konnten. Mit dem Kriegseintritt der USA wurden sie jedoch bald von ihrem großen amerikanischen Bundesgenossen abhängig, und der hatte seine eigenen Vorstellungen, wie mit all diesen Gebieten zu verfahren sei. Präsident Wilson betonte das Selbstbestimmungsrecht der Völker und war nicht gesonnen, Großbritannien und Frankreich eine Abrundung ihres Kolonialbesitzes zu gestatten. Da die unmittelbare Umsetzung des Selbstbestimmungsrechts praktische Probleme aufwarf, war er bereit, einer Art Vormundschaft zuzustimmen, die dann aber von kleineren europäischen Staaten ausgeübt werden sollte und nicht von den Kolonialmächten. Zugleich bemühte sich Wilson um die Gründung eines Völkerbundes, der künftig den Frieden wahren sollte. Die Wahrnehmung der Vormundschaft sollte im Sinne eines Treuhandverhältnisses im Rahmen des Völkerbundes gestaltet werden. Dieses Treuhandverhältnis wurde in den betreffenden Debatten bald als »Mandat« bezeichnet.[2]

Der südafrikanische General Jan Christian Smuts publizierte im Dezember 1918 ein Traktat mit dem Titel ›The League of Nations: A Practical Suggestion‹ in dem er vorschlug, wie der Völkerbund die Mandate verteilen sollte. Smuts war unmittelbar an dieser Sache interessiert, denn er hatte Deutsch-Südwestafrika erobert und suchte nach einer international akzeptablen Formel für die Annexion dieses Gebiets. Als Mitglied des britischen Kriegskabinetts hatte er eine einflußreiche Position und konnte schließlich seine Vorstellungen durchsetzen, als es darum ging, einen Kompromiß mit Wilson zu erreichen, der diesem erlaubte, sein Gesicht zu wahren, obwohl er in der Sache den kolonialen Forderungen seiner Verbündeten nachgab. Sie erklärten sich bereit, dem Völkerbund beizutreten und durften ihn dann als Feigenblatt für ihre sonst allzu nackten Annexionspläne benutzen.

Die Charta des Völkerbundes enthielt als Artikel 22 die Geburtsurkunde des Mandatssystems. Es war darin von der heiligen Verpflichtung der zivilisierten Völker die Rede, die die Verantwortung für die Völker übernehmen sollten, die unter den harten Bedingungen der modernen Welt noch nicht allein für sich stehen könnten und erst unter der Aufsicht fortgeschrittener Nationen heranreifen mußten. Zu diesem Zweck wurden die Mandatsgebiete nach ihrem »Reifegrad« in drei Klassen aufgeteilt. In Klasse A befanden sich die arabischen Provinzen des ehemaligen Osmanischen Reiches. Ihnen traute man eine baldige erfolgreiche Entlassung in die Unabhängigkeit zu. Die ehemaligen deutschen Kolonien in Afrika wurde in die Klasse B eingestuft. Ihre Eignung für eine baldige Gewährung der Unabhängigkeit wurde bezweifelt. Ihre »Lehrmeister« sollten für ihre Entwicklung sorgen und konnten weitgehend selbst bestimmen, welchen »Reifegrad« sie ihnen zubilligten. Klasse C umfaßte die Gebiete, die zur direkten Annexion freigegeben wurden. Die Mandatsmächte durften sie als integrale Bestandteile ihrer Herrschaftsgebiete betrachten. Zur Klasse C gehörte Deutsch-Südwestafrika; General Smuts »praktische Vorschläge« hatten sich für Südafrika ausgezahlt.

Es war bezeichnend, daß im Versailler Friedensvertrag vom Völkerbund und den Mandaten nicht die Rede war, sondern daß es dort nur kurz und bündig hieß, daß die Kolonien den Siegermächten übertragen werden. Daß diese sich der Form der Völkerbundsmandate bedienten, um die Beute unter sich aufzuteilen, stand buchstäblich auf einem anderen Blatt, das die Besiegten nichts anging. Der Völkerbund als Institution wirkte an der Verteilung der Mandate übrigens nicht mit, sondern gab ihr nur seinen Segen. Die Aufteilung erfolgte nach den geheimen Verträgen, von denen die meisten übrigens seit 1917 bereits aller Welt bekannt waren, weil die Bolschewisten nach der Revolution das Archiv des Zaren geöffnet und die Abmachungen publiziert hatten.

Die einzige Besonderheit, die Mandatsgebiete von gewöhnlichen Kolonien unterschied, war die periodische Berichtspflicht an den Völkerbund. Doch da der amerikanische Senat die Zustimmung zum Beitritt der USA zum Völkerbund verweigert hatte, waren die europäischen Mächte im Völkerbund wieder unter sich. Das änderte sich erst, als nach dem Zweiten Weltkrieg die Vereinten Nationen an die Stelle des Völkerbundes traten. Sie waren eher dazu geneigt, die Berichtspflicht ernst zu nehmen und sich in die inneren Angelegenheiten der Mandatsgebiete einzumischen. Außerdem sahen die Vereinten Nationen in ihrem Treuhandsystem nicht nur eine Berichtspflicht der Mandatsmächte vor, sondern auch ein Visitationsrecht, das die Entsendung von Untersuchungskommissionen erlaubte.

Im Hinblick auf die Mandatsgebiete der Klasse A hatten die Mandatsträger mit Schwierigkeiten gerechnet, denn die Türkei blieb ja unmittelbarer Nachbar dieser Gebiete und war mit ihnen durch die gemeinsame Religion verbunden. Die religiöse Autorität des Kalifen hätte leicht zu einem Störfaktor für die neuen Machthaber werden können. Doch die Türkei entledigte sich sehr rasch der Trümmer des zusammengebrochenen Osmanischen Reiches und betonte ihre Eigenständigkeit als republikanischer Nationalstaat. In diesem Staat brauchte man weder Sultan noch Kalifen. Nachdem sie den Sultan abgesetzt hatten, zögerten die Türken kurzzeitig mit der Abschaffung des religiösen Amts des Kalifen und wählten einen osmanischen Prinzen. Doch 1924 gaben sie auch das Kalifat auf.[3] Die Türkei betrachtete sich als säkularen Staat und hatte keine Verwendung mehr dafür. Diese radikale Vergangenheitsbewältigung gab allerdings den arabischen Nationalisten in den vielen Nachfolgestaaten des Osmanischen Reiches ein Beispiel, das den europäischen Mandatsmächten gar nicht gefallen konnte. Sie hielten es lieber mit folgsamen Herrschern, die – wie einst der Khedive Taufik – für die Etablierung ihrer Macht nützlich waren. Die Briten hatten während des Ersten Weltkrieges auf den Hashimiten Hussein, den Scherif von Mekka, gesetzt, der als Führer eines islamisch orientierten panarabischen Nationalismus für ihre Pläne geeignet erschien. Hussein machte sich Hoffnungen darauf, nach dem Krieg Herrscher eines geeinten arabischen Nationalstaates zu werden. Darin war er 1915 durch ein Abkommen mit Großbritannien bestärkt worden. Doch nach dem Krieg war keine Rede mehr davon, statt dessen teilten sich Briten und Franzosen die Beute. In diesem Sinne hatten sie bereits in dem Geheimabkommen von 1916 vereinbart, daß die Briten den Irak, die Franzosen Syrien bekommen sollten.

Die Enttäuschung der Araber nach dem Krieg war groß. Husseins Sohn Faisal versuchte ein Stück des erträumten Staates zu erringen, indem er sich 1918 zum Emir von Syrien machte. Doch die Franzosen hatten keine Verwendung für ihn und vertrieben ihn 1920 aus Damaskus. Den Briten kam der arbeitslose König jedoch wie gerufen. Sie hatten im Irak mit großen Unruhen unter der enttäuschten Bevölkerung zu kämpfen und machten Faisal kurzerhand zum König von Irak. Im Juni 1930 gewährten sie dem Land dann die formelle Unabhängigkeit, doch die britische Militärpräsenz blieb bestehen, genauso wie in dem bereits seit 1922 formell unabhängigen Ägypten. In Syrien und Libanon, wo die Franzosen ohne kooperative Herrscher auskommen mußten, gab es immer wieder Aufstände. Es war daher schwierig, einen Vertragspartner zu finden, mit dem man über die formelle Unabhängigkeit und Garantien für ein Fortbestehen der militärischen Präsenz reden konnte. Schließlich legte Paris 1936 Verträge für Syrien und Libanon vor, in denen die Entlassung in die Unabhängigkeit nach drei Jahren vorgesehen war; sie wurden jedoch nicht ratifiziert. Bald nach Beginn des Zweiten Weltkrieges wurden Syrien und Libanon von alliierten Streitkräften besetzt, um einer Invasion der Achsenmächte zuvorzukommen. Das bedeutete, daß nun die Briten für dieses Gebiet zuständig waren, eine Tatsache, die das »Freie Frankreich« unter de Gaulle nicht untätig hinnehmen wollte. So erschien denn 1941 ein Abgesandter de Gaulles in Syrien und versprach dem Land die Unabhängigkeit.

Diese Daten der formellen Unabhängigkeit haben freilich mit der Gewährung einer tatsächlichen politischen Unabhängigkeit nicht allzuviel zu tun. Daß die Unabhängigkeit zunächst nur auf dem Papier stand, zeigt das Beispiel Ägypten, wo der britische Botschafter 1942 mit Panzerwagen vor den Palast des Königs fuhr und ihn vor die Wahl stellte, entweder abzudanken oder eine Regierung einzusetzen, die den Briten genehm war.[4] Bei der folgenden Beschreibung des Dekolonisierungsprozesses können wir Saudi-Arabien aussparen, dem die Unabhängigkeit nicht gewährt zu werden brauchte, weil es sie durch einen Eroberungsfeldzug errungen hatte. Abdal Asis Ibn Saud hatte 1926 den Hashimiten Hussein, der stolz auf seine Zugehörigkeit zur Familie des Propheten war und sich im Ersten Weltkrieg nicht nur zum König aller Araber, sondern 1920 auch noch zum Kalifen hatte ausrufen lassen, kurzerhand vertrieben und seines Landes beraubt. Diese Usurpation wurde von London toleriert. Im Krieg war ihnen Hussein als Bundesgenosse willkommen gewesen, danach war er ihnen unbequem geworden.

Irak und Transjordanien: Briten und Hashimiten

Die Hashimiten waren von vornherein Herrscher von Großbritanniens Gnaden. Durch ihre Abkunft hatten sie eine gewisse Legitimation, das wußten die Briten zu nutzen. Mit Faisal im Irak und seinem jüngeren Bruder Abdallah, den die Briten zum Emir von Transjordanien gemacht hatten, reichte der hashimitische Block von Mesopotamien bis fast ans Mittelmeer und sicherte den Briten Einfluß und Militärpräsenz in der ganzen Region. Die formelle Unabhängigkeit, die dem Irak 1930 gewährt wurde, war mit einem Militärvertrag verbunden, der Großbritannien weitgehenden Einfluß auf die Sicherheitspolitik und die irakische Armee einräumte. In Transjordanien, das seine Unabhängigkeit erst 1946 erhielt, stand die berühmte Arabische Legion, eine Spezialtruppe von 1200 Soldaten unter dem Oberbefehl des britischen Generals Sir John Glubb, der diesen Posten bis zum März 1956 innehatte, als Abdallahs Enkel Hussein ihn auf Druck Nassers entlassen mußte.[5] Die Briten nahmen dies Nasser sehr übel. Die Entlassung Glubbs zählte sicher zu den Gründen, die Anthony Eden bald darauf zu dem Entschluß führten, Nasser anzugreifen.

Wie wichtig die britische Unterstützung für das hashimitische Regime war, hatte sich im Zweiten Weltkrieg gezeigt, als 1941 irakische Offiziere, die mit Hitler sympathisierten, unter der Führung von Rashid al-Gailani putschten. Die Briten sorgten dafür, daß der Putsch niedergeschlagen und das hashimitische Regime wiederhergestellt wurde. Doch dürfen die Hashimiten durchaus nicht nur als willfährige Erfüllungsgehilfen der britischen Politik im arabischen Raum gesehen werden. Sie entwickelten vielmehr einen beträchtlichen Ehrgeiz und hegten großarabische Pläne. Im Mittelpunkt ihrer Bemühungen stand Syrien. Mit König Faisal I. war sein enger Mitarbeiter und Generalstabchef Nuri al-Said nach Bagdad gekommen. Nuri stammte aus dem Irak, hatte als Offizier im osmanischen Heer gedient und wurde zur Schlüsselfigur der irakischen Politik. Er war ein arabischer Nationalist, aber die jüngere Generation der Nationalisten hielt ihn für einen Handlanger der Briten, die sich in der Tat auf ihn verlassen konnten. Nuri bemühte sich immer wieder um eine Föderation von Irak und Syrien, selbstverständlich unter hashimitischer Führung.[6] König Faisal war 1933 gestorben, sein Nachfolger Ghazi fiel 1939 einem Autounfall zum Opfer, ihm folgte der noch unmündige Faisal II. Nuri setzte seine Bemühungen im Einvernehmen mit dessen hashimitischen Regenten fort. Wenn Nuri gerade nicht aktiv war, konnte man sich darauf verlassen, daß Abdallah sich den Syrern als König empfahl und damit immer wieder die republikanischen Politiker dort verunsicherte.

Mit Saudi-Arabien standen die Hashimiten naturgemäß in einem Spannungsverhältnis, denn schließlich waren sie von Ibn Saud aus ihrem Stammland vertrieben worden. Dieser hatte zwar ihre Herrschaft im Irak und Transjordanien anerkannt, doch er konnte sich als Usurpator nie ganz sicher sein, ob sie nicht Pläne schmiedeten, sich an ihm zu rächen und ihn auszuschalten. Für die Ägypter bestand zunächst kein Anlaß, sich mit den Hashimiten anzulegen, aber da sie selbst in Gegensatz zu den Briten gerieten und zugleich panarabische Führungsansprüche anmeldeten, war der Konflikt mit den Hashimiten nicht zu vermeiden. Es bildete sich daher eine lose antihashimitische Front, in der sich Syrien, Ägypten und Saudi-Arabien zusammenfanden. Die Frontbildungen wirkten sich auch auf die Zusammenarbeit der arabischen Staaten in der Arabischen Liga aus. Sie wurde 1945 gegründet; als langjähriger Generalsekretär fungierte der Ägypter Abdarrahman Azzam, wie Nuri ehedem Offizier im Osmanischen Reich. Auch er war arabischer Nationalist, aber grundsätzlich gegen Nuris hashimitische Einigungspläne und wurde daher zu dessen Gegenspieler auf dem Minenfeld der arabischen Politik. Es wurde oft vermutet, daß die Arabische Liga aufgrund einer britischen Initiative gegründet worden sei. Doch die Briten waren zu vorsichtig, um sich auf solche Weise festzulegen. Die ägyptische Initiative hatte den Ausschlag gegeben, und deshalb galt auch der ägyptische Premierminister Mustafa al-Nahhas Pasha als ein Rivale Nuris. Selbstverständlich ging man höflich miteinander um, versuchte aber stets die Gegenseite auszumanövrieren. Für die Koordination der arabischen Politik gegenüber Israel bedeuteten diese Interessenkonflikte, über die man ja auch in Israel sehr gut Bescheid wußte, ein schweres Handicap.

Als Ägypten unter die Herrschaft Gamal Abd-el Nassers geriet, machten sich die Spannungen des Kalten Krieges auch in der arabischen Welt immer stärker und unmittelbarer bemerkbar. Nasser engagierte sich für afro-asiatische Solidarität und Bündnisfreiheit. Nuri aber versuchte, den Irak als Gegengewicht zu Nassers Ägypten in eine Allianz mit dem Westen einzubringen. Er hatte schon mehrfach dafür plädiert, die Türkei in ein regionales Sicherheitskonzept einzubeziehen. Schließlich wurden seine Bemühungen mit dem Abschluß des Bagdadpaktes im Februar 1955 von Erfolg gekrönt, ein freilich sehr begrenzter Erfolg, denn von den arabischen Staaten trat nur der Irak dem Pakt bei. Die Türkei und Pakistan und die alte Schutzmacht Großbritannien waren mit dabei. Da der Irak mit Großbritannien ohnehin schon seit langem verbunden war, kam Nuris Bagdadpakt letztlich einen Pyrrhussieg gleich. Er hatte sich nun in der arabischen Welt völlig isoliert und wurde auch im eigenen Land zur Zielscheibe der Kritik. Im März 1958 sollte wenigstens noch eine Föderation der hashimitischen Staaten Irak und Jordanien entstehen. Dort war Abdallah 1951 von Palästinensern aus dem Umfeld des Großmuftis von Jerusalem ermordet worden, sein Enkel Hussein hatte einen schweren Stand gegenüber Nasser, und der Schulterschluß mit dem Irak schien ratsam. Doch ehe es zu dieser Föderation kommen konnte, putschten irakische Offiziere und ermordeten Nuri und den jungen Faisal II. und dessen Familie. König Hussein von Jordanien blieb als einziger hashimitischer Monarch übrig und sollte noch viele Krisen überdauern.

Die Putschisten im Irak gerieten bald miteinander in Konflikt. General Kassem, der zunächst die Macht übernommen hatte, wurde von General Aref, einem Bewunderer Nassers, im Frühjahr 1963 entmachtet und getötet. Da zu dieser Zeit in Syrien Anhänger der Baath-Partei durch einen Militärputsch an die Macht kamen, schien nun die Möglichkeit gegeben, die alten Einigungspläne Nuris auf einer ganz anderen Grundlage zu verwirklichen. Doch auch diesmal wurde schließlich nichts daraus.

Syrien und Libanon: Republiken von Frankreichs Gnaden

Die beiden französischen Mandatsgebiete verdankten ihren republikanischen Status in einer monarchisch geprägten arabischen Welt ihren französischen Mandatsherren. Sie hatten König Faisal verjagt, dazu die Provinz Libanon vergrößert, von Syrien abgetrennt und als separate Republik etabliert. Beide Republiken zeichneten sich durch eine große ethnische Vielfalt aus, und die Franzosen hatten nicht gerade eine glückliche Hand im Umgang mit den verschiedenen aufmüpfigen Bevölkerungsgruppen. Besondere Schwierigkeiten machten ihnen die Drusen. Diese gehören einer im 11. Jahrhundert entstandenen häretischen islamischen Sekte an, die die Gesetzesreligion ablehnt. Sie wurde von vielen islamischen Machthabern verfolgt, konnte sich lange Zeit nur in den Bergen des Libanon halten und dehnte sich dann auch nach Syrien aus. Dort schlugen die Franzosen 1925/26 einen Drusenaufstand nieder. Um sich gegen weitere Volksaufstände abzusichern, oktroyierten sie den Syrern eine republikanische Verfassung, die nach der Bildung moderner Parteien auch tatsächlich mit politischem Leben erfüllt wurde.

Eine Partei besonderer Art war die von dem syrischen Christen Michel Aflak 1940 gegründete Baath-Partei.[7] Baath bedeutet Erweckung im Sinne einer Wiedergeburt und bezieht sich auf die Idee des arabischen Nationalismus, der in sozialistischer Richtung weiterentwickelt werden sollte. Die Partei, deren soziale Basis sich im Laufe der Zeit wandelte, war auf einen säkularistischen Nationalismus eingeschworen und gewann unter Gebildeten, aber auch in Kreisen junger Offiziere begeisterte Anhänger. Schließlich fand sie besonders bei den alawitischen Schiiten Syriens eine große Gefolgschaft. Die Alawiten hatten in der Feudalzeit zu den unteren Schichten gehört, waren aber im Zuge der Modernisierung des Landes aufgestiegen. Viele von ihnen hatten durch ihren Dienst in der Armee ihren sozialen Status verbessern können.

Die Franzosen hegten gegenüber ihrem Ziehkind, dem syrischen und libanesischen Republikanismus, gemischte Gefühle, bot dieser doch auch dem Nationalismus einen guten Nährboden. Als während des Zweiten Weltkrieges der Abgesandte de Gaulles 1941 Syrien und dem Libanon die Unabhängigkeit zusagte, konnten sich die Nationalisten berechtigte Hoffnungen machen. Zunächst sah es auch so aus, als ob Frankreich konsequent den Plan verfolge, die beiden unabhängigen Republiken in die Weltgemeinschaft einzuführen. Sie wurden auf Frankreichs Betreiben zur Gründungsversammlung der Vereinten Nationen eingeladen. Großbritannien, das gegen Kriegsende noch beträchtliche Truppenkontingente in Syrien und Libanon stationiert hatte, stand mit Frankreich im Wettbewerb um den künftigen Einfluß auf die arabischen Staaten. Es war daher gar nicht begeistert, als im Mai 1945, zum Zeitpunkt der deutschen Kapitulation, französische Truppen landeten, um hier für eine Übergangszeit für »Ruhe und Ordnung« zu sorgen. Die Franzosen beschossen dabei sogar Damaskus und konnten nur durch britischen Druck davon abgehalten werden, noch mehr Schaden anzurichten. Beide Kontrahenten behaupteten jedoch nach wie vor, daß sie die Unabhängigkeit Syriens und Libanons respektierten. Schließlich einigten sich Briten und Franzosen darauf, im April 1946 gleichzeitig ihre Truppen abzuziehen. Erst danach konnte man wirklich von einer echten Unabhängigkeit der beiden Staaten sprechen.

Die Politik beider Staaten war durch vielfache Konflikte gekennzeichnet, die, wie in vielen anderen arabischen Staaten, zur Errichtung von Militärdiktaturen führten. Syrien suchte schließlich in der Vereinigung mit Nassers Ägypten sein Heil. Im Libanon blieb es zunächst lange Zeit ruhig, weil die verschiedenen religiösen Gemeinschaften hier einen Proporz ausgehandelt hatten, demzufolge immer ein Christ Präsident und ein Muslim Premierminister werden mußte. Doch auch hier wurde wie in anderen Staaten der Region die Honoratiorenpolitik bald durch radikalere Strömungen abgelöst. Schließlich brach 1958 im Libanon ein Bürgerkrieg aus. Auslöser waren Befürchtungen der Muslims, der amtierende christliche Präsident Camille Chamoun wolle seine Wiederwahl durch eine Verfassungsänderung sichern. Chamouns Regierung hatte 1957 die Eisenhower-Doktrin ausdrücklich begrüßt und in diesem Sinne amerikanische Militärhilfe angefordert und bekommen. Nach dem Abzug der ame-

rikanischen Truppen wurde auf allgemeinen Wunsch der Ober-
kommandierende der libanesischen Armee, General Fuad
Shihab, zum Präsidenten gewählt. Damit wurde die alte Pro-
porzregel aufgegeben. Der Friede unter den libanesischen Religionsgemeinschaften rückte in weitere Ferne, das unglückliche
Land sollte in der Folgezeit immer wieder zum Schauplatz bluti-
ger Bürgerkriege werden.

Palästina und Israel: Die Quadratur des Kreises

Palästina war im Ersten Weltkrieg von britischen Truppen unter
General Allenby und den arabischen Truppen des hashimitischen Fürsten Faisal besetzt worden. Nach dem Krieg hatten sich
Briten und Franzosen ihre Mandatsgebiete nach eigenem Gut-
dünken geteilt. Der zuvor zu Syrien gehörende Bezirk Mossul
wurde dem britischen Irak zugeschlagen, Palästina von Syrien
abgetrennt und 1920 ebenfalls den Briten als Mandatsgebiet
zugewiesen. In Palästina wollten aber auch Zionisten einen
jüdischen Staat errichten, wobei zunächst nur von ländlichen
Siedlungen die Rede war und von einer Koexistenz mit den Palästinensern. Die Zionisten konnten sich auf die Erklärung des britischen Außenministers Arthur James Balfour berufen, der
schon im November 1917, als die Briten noch um Palästina
kämpften, den Juden hier eine neue Heimstatt versprochen hatte.
Die Balfour-Erklärung wurde in der Folgezeit Gegenstand un-
terschiedlichster Interpretationen, denn die Zusage einer Heimstatt für die Juden war staatsrechtlich nicht präzisiert worden,
und jede Seite konnte sich ihren eigenen Reim darauf machen.
Daß die Balfour-Erklärung so vage war, lag an den Umständen,
denen sie ihre Entstehung verdankte. Sie sollte einerseits einer
deutschen Sympathieerklärung zuvorkommen, andererseits den
Zionistenführer Lord Rothschild beeindrucken und dazu dienen, die amerikanischen Juden zur Unterstützung des britischen
Kriegseinsatzes zu bewegen. Nach dem Krieg entfiel dieses Motiv und damit erst recht die Notwendigkeit, die Deklaration im
nachhinein zu präzisieren.

Die Bestimmungen des Mandats, mit dem Großbritannien die

Herrschaft über Palästina antrat, waren genauso vage wie die ursprüngliche Erklärung selbst. Die Ansiedlung von Juden wurde gestattet, zugleich sollten alle Rechte der Palästinenser gewahrt bleiben – eine Quadratur des Kreises. Zunächst hielt sich die Einwanderung der Juden in Grenzen. Erst Hitlers Judenverfolgung ließ die Zahl der jüdischen Einwanderer anwachsen. Ende der dreißiger Jahre kam es zu gewalttätigen Reaktionen der Palästinenser, die die britische Mandatsmacht zum Handeln nötigten. Die Briten erklärten nun das Ziel für erreicht, die Juden hätten in Palästina eine Heimstatt gefunden. Ein Weißbuch von 1939 stellte fest, eine weitere Einwanderung sei nur bis 1944 vorgesehen, danach solle das arabische Veto berücksichtigt werden. Die Palästinenser gaben sich damit zunächst zufrieden. Während des Zweiten Weltkrieges hielten britische Streitkräfte Palästina unter strikter Kontrolle, aber nach Kriegsende gerieten die Dinge rasch wieder in Bewegung. Der britischen Mandatsverwaltung begannen die Probleme über den Kopf zu wachsen. Sie versuchte mit allerlei Plänen der unmöglichen Aufgabe, die Heimstatt der Juden zu schützen und dabei gleichzeitig die Rechte der Palästinenser zu wahren, gerecht zu werden. Bereits 1937 hatte eine britische Untersuchungskommission eine Teilung Palästinas vorgeschlagen. Darauf kam man jetzt zurück. In Großbritannien machten die grauenvollen Berichte über das deutsche Konzentrationslager Bergen-Belsen, das von britischen Truppen befreit worden war, nachhaltigen Eindruck auf die Öffentlichkeit. Die Sympathie für die Zionisten nahm zu. In Palästina verübten jüdische Terroristen, geführt von Menachem Begin, Anschläge auf britische Posten. Eine Teilung des Landes schien nun entgegen dem ursprünglichen Mandat unvermeidlich.

Die Briten befanden sich als Mandatsmacht aus verschiedenen Gründen in einer hoffnungslosen Situation, unter anderem war die politische und finanzielle Kapazität Großbritanniens durch den Krieg so geschwächt, daß es sich gar nicht mehr leisten konnte, als Weltmacht aufzutreten. Das Land war stark von den USA abhängig, die sich zwar bedeckt hielten, aber auch keinen Hehl aus ihrer Sympathie für die zionistischen Pläne machten. Während die Zionisten recht genau wußten, was sie wollten, und sich nicht scheuten, ihre Ziele mit Gewalt durchzusetzen, waren die Palästinenser nicht Subjekt, sondern hilfloses Objekt der großen Politik. Eine organisierte nationale Bewegung gab es bei ihnen nicht. Panarabische und großsyrische Ideen hatten ihre Eliten beeinflußt und sie von der Aufgabe abgelenkt, sich auf die Konsolidierung ihres eigenen Territoriums zu konzentrieren. Außerdem hatte die Mandatsmacht die Bewaffnung der Palästinenser wirksam verhindert, was sie bei den Zionisten nicht konnte und wohl auch nicht wollte. Die Staaten der Arabischen Liga hatten sich zwar in einigen Konferenzen mit dem Schicksal Palästinas beschäftigt, sahen sich aber auch nicht in der Lage, eine Garantie für die Erhaltung des palästinensischen Territoriums zu geben.

Der britische Außenminister Ernest Bevin ließ Anfang 1947 das Palästinaproblem auf die Tagesordnung der Vereinten Nationen setzen und versprach sich davon offenbar eine Atempause. Er hatte wohl nicht damit gerechnet, daß die Vereinten Nationen nun ihrerseits einen Teilungsplan vorlegten, der aber unverbindlich blieb und von Großbritannien hätte umgesetzt werden müssen. Die Briten fühlten sich von den Amerikanern im Stich gelassen und gaben zur allgemeinen Überraschung im September 1947 bekannt, daß sie ihr Mandat zum Mai 1948 aufkündigten, aber nicht bereit seien, irgendeiner Seite unannehmbare Bedingungen aufzunötigen. Die Vereinten Nationen verabschiedeten im November 1947 ihren Teilungsbeschluß, über dessen Durchsetzung äußerten sie sich aber nicht. Die arabischen Staaten waren von dieser Entwicklung so schockiert, daß sie die Briten baten, ihr Mandat solange zu behalten, bis eine akzeptable Lösung gefunden sei.[8] Der Teilungsplan der Vereinten Nationen war in der Tat äußerst unbefriedigend. Er glich einem Flickenteppich. Der Judenstaat sollte aus drei Teilen bestehen: dem Küstenstreifen zwischen Haifa und Tel Aviv, einem kleinen Gebiet östlich von Nazareth sowie der Wüste Negev im Süden. Das Gebiet um Jerusalem und Bethlehem sollte zur internationalen Zone erklärt werden. Das Westjordanland von Beersheba im Süden bis Jenin im Norden sollte den Palästinensern vorbehalten bleiben, ebenso der Gazastreifen an der Südküste und der größte Teil Galiläas im Norden. Da andere Bestimmungen fehlten, war dies praktisch eine Einladung an die Juden, unmittelbar nach Beendigung der

Mandatszeit den Staat Israel auszurufen, und an Abdallah, sich das Westjordanland anzueignen, hatten die Palästinenser doch gar nicht die Macht, ihr Recht auf Selbstbestimmung durchzusetzen.

Am 14. Mai 1948, am Abend nach dem Abzug der britischen Truppen, rief David Ben-Gurion den Staat Israel aus, der von den USA und der Sowjetunion umgehend anerkannt wurde. Die Truppen der arabischen Staaten marschierten zur gleichen Zeit ein und kämpften mit beträchtlichen Erfolgen gegen die Israelis. Die wichtigsten Beteiligten waren Transjordanien und Ägypten, wobei Transjordanien andere Ziele verfolgte als die Ägypter.[9] Abdallah ging es um die Eroberung des Westjordanlandes. Er hatte bereits geheime Kontakte zu den Israelis gehabt, die es wohl gar nicht ungern sahen, daß er die Palästinenser vereinnahmte, die ihnen auf die Dauer nur Schwierigkeiten machen konnten. Abdallah verfügte über die Arabische Legion unter dem Kommando des britischen Generals Sir John Glubb, die beste Truppe weit und breit. Er hatte seine Ziele sicher nicht nur mit den Israelis, sondern auch mit London abgesprochen. Kurz vor Beginn der Kampfhandlungen hatte Abdallah bei seinen arabischen Bundesgenossen durchgesetzt, daß er persönlich zum Oberbefehlshaber der arabischen Streitkräfte bestellt wurde, und er hatte die strategischen Pläne so revidiert, daß sie seinen Zielen der Landnahme entsprachen und nicht auf die Vernichtung Israels ausgerichtet waren. Als bereits die erste Runde der Kampfhandlungen zu seinen Gunsten ausging, wurde er ein eifriger Verfechter des von den Vereinten Nationen angeordneten Waffenstillstands, und die Kampfeslust der arabischen Bundesbrüder kam ihm sehr ungelegen. Als sie wieder losschlagen wollten, diktierte Abdallah dem UN-Vermittler, dem schwedischen Grafen Bernadotte, die Resolution, die der Sicherheitsrat verabschieden sollte, um die Kampfhandlungen umgehend wieder einzustellen.[10] Diese Resolution wurde am 15. Juli 1948 verabschiedet. Den Briten waren die Alleingänge Abdallahs geradezu peinlich. Sie wollten verhindern, daß er aus dem Konsens seiner arabischen Bundesgenossen ausscherte, doch er ließ sich nicht bremsen – und wußte wohl auch, daß die Briten sonst niemanden hatten, auf den sie sich verlassen konnten.

Nachdem Abdallah seine Ziele erreicht hatte, wollte er am liebsten einen Separatfrieden mit den Israelis unterzeichnen, doch die Arabische Liga drohte ihm mit dem Ausschluß. Die Briten rieten ihm ebenfalls zur Mäßigung, und so ließ er erst einmal Wahlen in Transjordanien und in dem von ihm vereinnahmten Westjordanland abhalten. Das zu gleichen Teilen aus Abgeordneten Transjordaniens und des Westjordanlandes bestehende neue Parlament schuf dann vollendete Tatsachen. Die Annexion wurde auch ohne Separatfrieden mit Israel vollzogen. Damit waren die Bestrebungen der Palästinenser, eine eigene Regierung zu bilden, vom Tisch. Die Palästinenser hatten ausgerechnet den Mufti von Jerusalem zu ihrem Präsidenten erkoren. Der Mufti wurde von den Hashimiten verachtet, weil er sich in der Kriegszeit mit Hitler eingelassen hatte und 1941 zu der kurzfristigen Entmachtung des hashimitischen Regimes im Irak durch Rashid al-Gailani beigetragen hatte. Auch die Briten waren dem Mufti deshalb nicht wohlgesonnen. Wieder einmal deckten sich ihre Interessen mit denen ihrer hashimitischen Klienten.

Großbritannien konnte zunächst mit dem Verlauf der Ereignisse in Palästina durchaus zufrieden sein. Es hatte sich durch die Aufkündigung des Mandats rechtzeitig der Aufgabe entzogen, die Quadratur des Kreises zu bewältigen. Israel war mit britischer Duldung gegründet und anerkannt worden. Der getreue Abdallah hatte zunächst einmal das Palästinenserproblem gelöst. Die meisten Palästinenser, fast eine Million, waren aus ihrer Heimat, die jetzt dem Staat Israel gehörte, geflohen. Die Israelis vertrieben viele von ihnen und zerstörten ihre Dörfer. Flüchtlinge und Vertriebene wurden rasch durch nun in Scharen einwandernde Juden ersetzt. Von 1870 bis 1947 waren nur 216 israelische Siedlungen in Palästina errichtet worden, von 1948 bis 1950 kamen 246 hinzu, von 1951 bis 1957 nochmals 131.[11] Der Staat Israel konsolidierte sich sehr rasch, während die palästinensischen Flüchtlinge das Nachsehen hatten. Abdallah konnte ihnen kaum eine neue Heimat bieten. Sie verstreuten sich über alle arabischen Staaten der Nachbarschaft und hielten den Gedanken daran wach, daß es die Aufgabe der arabischen Staaten sei, Rache an Israel zu nehmen.

Bei seiner Aufnahme in die Vereinten Nationen 1949 hatte Israel zwar ausdrücklich deren Resolution anerkannt, die eine Rückführung der Flüchtlinge vorsah, ergriff aber nicht ausreichende Maßnahmen. Die Spannungen in der Region mehrten sich im Laufe der Zeit, insbesondere nachdem sich Ägypten unter Nasser zum Fürsprecher der Palästinenser gemacht hatte. Israel war daher gern bereit, Nasser eine Lektion zu erteilen und 1956 mit Briten und Franzosen gemeinsame Sache gegen ihn zu machen. Nasser gab sein Engagement für die Palästinenser jedoch auch danach nicht auf, und auf sein Betreiben wurde auf einer Konferenz in Kairo 1964 die Palästinensische Befreiungsorganisation (PLO) gegründet.

Ägypten: Vom Liberalismus zur Militärdiktatur

Nach dem Ersten Weltkrieg war auch in Ägypten das Erwachen aus dem im Krieg von den Briten geförderten arabischen Traum sehr ernüchternd. Der liberale Nationalist Saad Saghlul wollte zumindest mit einer offiziellen ägyptischen Delegation (*wafd*) zur Friedenskonferenz nach Versailles kommen, doch gestatteten die Briten das nicht. Die Delegation reiste daraufhin inoffiziell nach Frankreich, fand aber auf der Friedenskonferenz kein Gehör. Ihre Mitglieder bildeten den Kern der Wafd-Partei, die aus diesem Anlaß gegründet wurde. Sie bestimmte lange Zeit die politische Willensbildung des Landes, blieb jedoch eine Honoratiorenpartei, die keine politische Partizipation der Massen ermutigte, aber stets Wahlerfolge zu verbuchen hatte, wohl nicht zuletzt deshalb, weil Saghlul ein charismatischer Volkstribun war, der in seiner Jugend noch den Putsch Urabis erlebt und bewundert hatte.

Der britische Hochkommissar General Allenby wollte dem nationalen Unmut der Ägypter die Spitze nehmen, indem er in London durchsetzte, daß er 1922 ohne weitere Verhandlungen mit der ägyptischen Seite die Unabhängigkeit Ägyptens erklären durfte. Was diese Unabhängigkeit wert war, demonstrierte er allerdings selbst drei Jahre später, als er nach der Ermordung des britischen Kommandeurs der ägyptischen Armee drakonische Maßnahmen ergriff und zudem noch Saghlul, den ersten Premierminister des »unabhängigen« Landes, für das Attentat verantwortlich machte.[12] Saghlul trat zurück, und Allenby sorgte dafür, daß er durch einen gefügigen Premierminister ersetzt wurde. Der jungen ägyptischen Demokratie wurde auf diese Weise bereits kurz nach ihrer Geburt erheblicher Schaden zugefügt. Saghlul kam nicht wieder an die Macht, obwohl die Wafd-Partei 1925 die Wahlen erneut gewann. König Fuad, der sich eigentlich als konstitutioneller Monarch nicht in die Parteipolitik einmischen sollte, war gegen die Wafd-Partei. Saghlul starb 1927 als enttäuschter Mann, die Wafd-Partei verlor so ihren bedeutendsten Führer. Sein Nachfolger wurde Mustafa al-Nahhas Pasha, der aber weder den Briten noch dem König zu dieser Zeit genehm war. Die Wafd-Partei errang 1929 wieder einen großen Wahlsieg, Nahhas wurde jedoch bald darauf zum Rücktritt gezwungen.

Es folgten Verfassungskrisen und eine Reihe autoritär regierender Premierminister. Keinem gelang es, die Briten dazu zu bewegen, einen Vertrag mit Ägypten abzuschließen, der die britische Militärpräsenz einschränkte und der »Unabhängigkeit« des Landes konkretere Formen gab. Erst als die Italiener 1936 Äthiopien eroberten, suchten die Briten die Ägypter für sich zu gewinnen. Sie schlossen einen auf 25 Jahre befristeten Vertrag ab, der ihre Militärpräsenz auf die Kanalzone beschränkte und im übrigen den Charakter eines Beistandspaktes hatte. Ägypten konnte nun Mitglied des Völkerbundes werden und diplomatische Vertretungen einrichten.

Doch der Schein trog, das zeigte die bereits erwähnte Episode des Jahres 1942, als der britische Botschafter Miles Lampson durch Androhung von Gewalt den König zwang, eine den Briten genehme Regierung zu ernennen. Churchill imponierte der schneidige Einsatz Lampsons so sehr, daß er ihn 1943 am liebsten als Vizekönig nach Indien entsandt hätte. Die ägyptische Regierung, die Lampson einsetzen ließ, war eine Regierung der Wafd-Partei, erneut unter Nahhas als Premierminister. Die Briten befürchteten nämlich, daß Politiker, die mit den Achsenmächten liebäugelten, in Ägypten an Einfluß gewinnen könnten, und über diesen Verdacht war die Wafd-Partei erhaben. Gestützt von den Briten versuchte sich Nahhas in den folgenden Jahren als Vorkämpfer arabischer Einigungsbestrebungen zu profilieren, wobei er – wie bereits erwähnt – mit Nuri und dem Irak rivalisierte. Die Kollaboration mit den Briten im Krieg schadete der Wafd-Partei schließlich mehr, als sie ihr nützte. Sie verlor ihre alte nationalistische Aura. Nach dem Krieg wirkte sie bereits wie eine Partei von gestern. Die junge Generation hatte andere Ziele als die Sicherung des liberalen Konstitutionalismus.

Die Briten hielten nach dem Krieg unverändert an ihrer Präsenz in der Kanalzone fest. Das blieb für Ägypten der Stein des Anstoßes, und schon Anfang 1946 kam es zu Massendemonstrationen und Streiks. Britische Panzerwagen schossen auf die Demonstranten, und es gab Tote und Verletzte. Das Nationalkomitee der Arbeiter und Studenten, das die Demonstration organisiert hatte, wurde in den folgenden Monaten von der ägyptischen Regierung verfolgt, die sich dadurch nicht beliebter machte. Doch Premierminister Sidqi, der dafür verantwortlich war, konnte bald darauf einen Verhandlungserfolg in London verbuchen. Ein neuer Vertrag wurde unterzeichnet, der besagte, daß die britischen Truppen nach drei Jahren abgezogen werden sollten. Schließlich zeichnete sich eine Rückkehr zur alten nationalliberalen Politik ab, als die Wafd-Partei unter Nahhas 1950 für zwei Jahre an die Macht zurückkehrte. Wie sich bald herausstellen sollte, war dies jedoch der Schwanengesang der alten Ordnung. Da die Briten das Versprechen, ihre Truppen abzuziehen, nicht erfüllen wollten, kündigte Nahhas 1951 den Vertrag von 1936 auf. Doch damit bereitete er politischen Kräften den Weg, die er nicht mehr kontrollieren konnte.

Radikale Gruppen organisierten nach der Aufkündigung des Vertrags den Guerillakampf gegen die britischen Stützpunkte in der Kanalzone. Im Januar 1952 kam es zu einem Gefecht britischer Truppen mit den Guerillas beim Stützpunkt Tel al-Kabir, bei dem über fünfzig Ägypter starben. Als diese Nachricht Kairo erreichte, kam es dort zu schweren Ausschreitungen. Der König entließ die Regierung der Wafd-Partei. Vier ohnmächtige Regierungen folgten in kurzer Zeit aufeinander, bis im Juli 1952 ein Militärputsch dem alten Regime ein Ende setzte. Die Führer des Putsches nannten sich »Freie Offiziere«. Ihr prominentester Vertreter war der junge Oberst Gamal Abdel Nasser. Doch die

»Freien Offiziere«, die sich jetzt »Revolutionärer Kommandorat« nannten, hoben zunächst einmal den populären General Muhammad Naguib auf den Schild. König Faruk, der 1936 seinem Vater Fuad gefolgt war, mußte abdanken und ins Exil gehen. Ägypten wurde 1953 Republik, der bisherige Premierminister Naguib Präsident. Der General wollte die parlamentarische Demokratie wiederherstellen und geriet darüber mit Nasser und seinen radikalen Gesinnungsgenossen unter den Offizieren aneinander. Im Sommer 1954 stürzte Nasser General Naguib und trat an seine Stelle. Er rang den Briten ein neues Abkommen ab, demzufolge die britischen Truppen innerhalb von zwanzig Monaten abgezogen werden sollten.

Seinen ersten großen internationalen Auftritt hatte Nasser auf der Bandung-Konferenz von 1955. In dieser Zeit bildete sich das Triumvirat Nasser-Nehru-Tito, das sich für eine Politik der Bündnisfreiheit einsetzte. Diese Politik hielt Nasser freilich nicht davon ab, gute Beziehungen zur Sowjetunion zu unterhalten. Dadurch macht er sich bei den Westmächten unbeliebt, die ihm die finanzielle Unterstützung für sein ehrgeiziges Großprojekt, den Bau des Assuan-Dammes, versagten. Nasser reagierte darauf mit der Verstaatlichung der Suezkanal-Gesellschaft. Premierminister Anthony Eden entschied sich für eine militärische Intervention und gewann auch die Franzosen dafür, die Nasser wegen seiner Unterstützung der Freiheitskämpfer in Algerien bestrafen wollten. Großbritannien und Frankreich hatten nicht damit gerechnet, daß Präsident Eisenhower mit Empörung auf diese Intervention reagieren würde. Für Eisenhower war die Eigenmächtigkeit der Israelis besonders peinlich, weil die USA als Schutzmacht Israels galt und die Entscheidung des Schützlings, im Bunde mit Briten und Franzosen einen Krieg gegen Nasser vom Zaun zu brechen, ohne ihn zu konsultieren, einen Gesichtsverlust bedeutete. Die Israelis aber hatten den raschen Aufstieg Nassers mit Furcht und Schrecken beobachtet. Bisher waren ihre arabischen Gegner uneins und schlecht organisiert gewesen, unter Nassers Führung änderte sich das. Ein Präventivschlag gegen Nasser im Bunde mit Briten und Franzosen war für Israel eine Gelegenheit, die es sich nicht entgehen lassen durfte. Zugleich besorgten die Israelis durch ihren Angriff auf Nasser den Briten und Franzosen ein Alibi, denn sie konnten so tun, als ob sie in den Kampf nur eingriffen, um die Region zu »befrieden«. Das mußte Eisenhower als besonders perfider Trick erscheinen. Er pfiff die Briten und Franzosen zurück und rettete damit Ägypten, das zwar eine militärische Niederlage erlitt, aber einen diplomatischen Erfolg verbuchen konnte. Die Suezkanal-Gesellschaft blieb verstaatlicht, ihre Eigner wurden entschädigt. Der Kanal wurde mit Hilfe der Vereinten Nationen repariert, die Schiffe Israels durften ihn aber nicht mehr passieren.

Großbritannien mußte eine weltpolitische Schlappe hinnehmen. Die Eskapade von 1956 gemahnte an den Anfang des Engagements in Ägypten, als die britische Flotte 1882 vor Alexandria erschienen war. Diese Ära war nun vorüber. Aus dem Debakel ergaben sich personelle Konsequenzen: Anthony Eden wurde von Harold Macmillan abgelöst. Nassers Prestige hatte dagegen enorm zugenommen. Er wurde zum umjubelten Führer der arabischen Welt, 1958 wurde sogar eine Vereinigte Arabische Republik gegründet, zu der sich Ägypten und Syrien zusammenschlossen. Freilich wurde dieser Staat bereits 1961 wieder aufgelöst, und beide Partner gingen danach ihre eigenen Wege. Nasser stand in diesen Jahren auf der Höhe seiner Macht. Sein Abstieg begann mit der Niederlage im Juni-Krieg 1967 gegen Israel. Er überlebte diese Niederlage nur noch wenige Jahre und starb 1970.

Libyen: Das Reich des frommen Königs Idris

Das Ende der Kolonialherrschaft kam für Libyen früher als für seine westlichen Nachbarstaaten, wobei die Briten, die nach dem Verzicht Italiens 1947 eine führende Rolle spielten, ihre eigenen Pläne verfolgten. Sie wollten hier eine strategische Basis als Ersatz für ihre Position in Ägypten aufbauen, falls sie sich dort nicht länger würden halten können. Großbritannien hatte einige der wichtigsten Schlachten des Zweiten Weltkrieges in Libyen geschlagen. Die Amerikaner betrieben dort einen bedeutenden Militärflugplatz, Wheelus Field, an dessen weiterem Besitz sie interessiert waren. Die antikolonialistische Richtung der amerikanischen Politik überschnitt sich hier mit ihren Sicherheitsinteressen. Die Briten versuchten in diesem Spannungsfeld ihre Interessen zu wahren, denn sie waren nach wie vor davon überzeugt, daß sie in der arabischen Welt eine Großmachtrolle zu spielen hatten.

Der rasche Weg Libyens zur Unabhängigkeit war durch Komplikationen gezeichnet, die sich aus der Struktur Libyens einerseits und dem Geplänkel der ausländischen Mächte andererseits ergaben. Libyen war Grenzprovinz des Osmanischen Reiches gewesen, die Italien 1911 an sich gerissen hatte. Der italienische Einfluß konzentrierte sich auf Tripolitanien, den attraktivsten Teil Libyens, in dem zwei Drittel der Bevölkerung lebten. Dort ließen sich bald auch italienische Siedler nieder. Nach dem Ersten Weltkrieg gründeten Nationalisten eine kurzlebige Republik, ein erstes Anzeichen für die politischen Ambitionen einer städtischen Bildungsschicht. Der Osten des Landes, die Cyrenaika, war von ganz anderen Kräften geprägt. Hier hatte sich im 19. Jahrhundert ein aus Algerien stammender islamischer Ordensgründer niedergelassen, dessen Anhänger nach seinem Familiennamen *Sanusi* genannt wurden.[13] Die *Sanusi* waren kein Stamm, sondern eine aus mehreren Wüstenstämmen bestehende Glaubensgemeinschaft. Den Italienern leisteten die *Sanusi* Widerstand, von den Briten, die die Italiener vertrieben, versprachen sie sich dagegen Unterstützung für ihre Ziele. Die Familie des Ordensgründers hatte sich inzwischen in eine Dynastie verwandelt. Ihr Oberhaupt, Idris, war 1944 aus dem ägyptischen Exil nach Libyen zurückgekehrt. London setzte auf ihn und wollte unter seiner Herrschaft einen Cyrenaika-Staat errichten, der den Briten jene militärische Präsenz ermöglichen sollte, die sie für die Erhaltung ihrer Machtstellung in der Region für unverzichtbar hielten.

Libyen stand seit Ende des Zweiten Weltkrieges unter der Treuhandschaft der Vereinten Nationen. Daher konnten die Briten ihre Pläne nicht ohne ein Votum der Generalversammlung verwirklichen. Dort aber zählten nun auch die Stimmen antikolonialistischer Staaten. Der britische Außenminister Ernest Bevin, der sich der Libyenfrage persönlich annahm, hätte das potentiell aufmüpfige Tripolitanien lieber den Italienern überlassen,

um in der Cyrenaika seine Schäfchen unter ihrem Hirten Idris ins
Trockene zu bringen. Doch in Tripolitanien kam es zu großen
Protestdemonstrationen, als man Wind davon bekam, daß die
Italiener zurückkehren sollten. Die USA hatten sich von Groß-
britannien für eine Resolution gewinnen lassen, die eine Teilung
Libyens und die Rückkehr der Italiener nach Tripolitanien vor-
sah, doch die Generalversammlung der Vereinten Nationen
lehnte diese Resolution im Mai 1949 mit knapper Mehrheit ab.
Die ganze Angelegenheit war auch deswegen verwickelt, weil
sich die Sowjetunion ebenfalls um Treuhandpflichten in Libyen
beworben hatte. Kurz vor der Abstimmung hatte sich Idris zum
Emir der Cyrenaika ernannt, vermutlich unter britischem
Druck, denn er selbst sympathisierte nicht mit dieser »kleinen
Lösung«, wie seine späteren Äußerungen gegenüber britischen
Beamten zeigten.[14] Seine Proklamation verfehlte jedoch ihre
Wirkung auf die Generalversammlung, die schließlich im No-
vember 1949 eine Resolution verabschiedete, derzufolge Libyen
bis spätestens 1953 ungeteilt in die Unabhängigkeit zu entlassen
sei.

Nach dem Scheitern der Teilungs-Resolution vom Mai 1949
änderte Außenminister Bevin seinen Kurs sofort und arbeitete
nun auf einen libyschen Bundesstaat unter König Idris hin. Hierbei kam ihm zunächst ein Meinungsumschwung des tripolitani-
schen Nationalistenführers Beshir Saadawi zugute, der im Juli
1950 plötzlich seine Unterstützung für die Bildung eines Bundesstaates unter Idris verkündete, nachdem er zuvor für einen republikanischen Einheitsstaat votiert hatte. Doch Ende des Jahres
änderte Beshir seine Meinung neuerlich und organisierte De-
monstrationen gegen die Briten und Amerikaner. Es hieß, er
stehe im Sold Ägyptens. Die Briten hätten Beshir gern auf die
eine oder andere Weise beseitigt, doch sie scheuten das politische
Risiko. Erst Idris ließ ihn 1952 deportieren.

Im März 1951 wurde eine Interimsregierung installiert, und
Ende 1951 durfte König Idris die Unabhängigkeit proklamieren,
doch von wirklicher Unabhängigkeit konnte kaum die Rede sein,
denn der neue Staat war völlig auf die Subsidien angewiesen, die
Briten und Amerikaner als Gegenleistung für die Erhaltung ihrer
Militärstützpunkte zahlten. Daß Libyen eines Tages ein Ölstaat

werden würde, war noch nicht abzusehen. Idris wurde in den britischen Akten oft als schwacher Mann und unsicherer Kantonist bezeichnet, man hätte sich lieber einen modernen Nationalisten als Vertragspartner statt des Oberhaupts einer mystischen islamischen Bruderschaft gewünscht. Doch letztlich konnte man mit Idris zufrieden sein. Er hielt das Land ruhig und sicherte die britische Präsenz in der Region – genau wie es Bevin erhofft hatte. Idris war sich der Problematik seiner Rolle bewußt. Die Ermordung des Königs Abdallah von Jordanien im Juli 1951 erschütterte ihn sehr. Er sah die Parallele deutlich und glaubte, er käme als nächster an die Reihe, doch überlebte er auch noch das Jahr 1969, in dem libysche Revolutionäre ihn von seinem Thron verjagten.

Tunesien: Die Republik des Habib Bourguiba

Das benachbarte Tunesien wurde von der frühen Unabhängigkeit Libyens zu Hoffnungen angeregt, die sich nicht so rasch erfüllen sollten. In Tunesien regierte der Bey von Tunis, dessen Vorfahren Statthalter des Osmanischen Reiches gewesen waren. Bereits 1881 bis 1883 war in diesem Land nach vorhergehenden französischen Investitionen ein französisches Protektorat errichtet worden – gewissermaßen zu deren Sicherung. London hatte dazu seinen Segen gegeben, und die Franzosen durchdrangen das Land mehr und mehr. Französische und italienische Siedler ließen sich hier nieder. Der Bey hatte schon im 19. Jahrhundert eine Art Volksvertretung mit beschränkten Befugnissen eingerichtet, und die städtische Bürgerschaft konnte im 20. Jahrhundert ein Nationalbewußtsein entwickeln. Bereits 1934 setzte sich durch Spaltung der alten Destour-Partei eine radikale Richtung unter der Führung von Habib Bourguiba durch. Seine Neo-Destour-Partei wurde zur bedeutendsten politischen Kraft des Landes. Bourguiba bestimmte die Geschicke Tunesiens, bis ihn 1987 ein Staatsstreich sein Amt kostete.

Bourguiba war ein moderater Staatsmann, der dem französischen Ideal des »assimilierten« Kolonialbürgers entsprach. Er bot sich den Franzosen als Verhandlungspartner an, mit dem man eigentlich rasch zu einer vernünftigen Regelung hätte kommen können. So dachte wohl auch der französische Außenminister Robert Schuman, als Bourguiba 1950 Paris besuchte und dort recht moderate Forderungen stellte. Schuman entsandte einen aufgeschlossenen französischen Residenten nach Tunis, der aber nicht mehr als einige bescheidene Reformen erreichen konnte.[15] Nachdem im Juni 1951 die Wahlen in Frankreich zu einem Rechtsruck führten, wurde die Reformpolitik auf Eis gelegt. Zwar blieb Schuman Außenminister, doch während die Rechten ihm freie Hand in der Europapolitik ließen, nötigten sie ihn zum Verzicht auf Zugeständnisse in der Kolonialpolitik. Außerdem intervenierten nun auch die französischen Siedler, die jeden Verfassungsfortschritt in Tunesien als Vaterlandsverrat bezeichneten.

Eine neue Konstellation ergab sich erst im Sommer 1954, als die dramatische Niederlage in Vietnam das französische Selbstbewußtsein erschütterte. Es war Ministerpräsident Pierre Mendès-France (Radikalsozialistische Partei), der die Krise nutzte, um entscheidende Fortschritte in der Dekolonisierung zu machen. Zwar traten die Radikalsozialisten weit weniger radikal auf, als es ihr Name nahelegt, doch Mendès-France war in vieler Hinsicht eine Ausnahme. Ihm war denn auch nur eine kurze Zeit als Premierminister vergönnt. Er akzeptierte das Resultat der Genfer Konferenz in bezug auf Indochina. Er dekolonisierte die noch bestehenden französischen Kolonien in Indien und beugte damit einer gewaltsamen Lösung vor, die den Portugiesen 1961 nicht erspart blieb, als indische Truppen Goa einnahmen. Und er eröffnete mit einer dramatischen Geste Tunesiens Weg in die Unabhängigkeit: Er flog ohne vorherige Ankündigung dorthin und verkündete, daß die französische Regierung der vollen internen Autonomie des Landes zustimme. Seinem Kabinett hatte er nur wenige Stunden vor seinem Abflug einen entsprechenden Beschluß abgenötigt. Es war ihm gelungen, den konservativen Gouverneur von Marokko, Marschall Juin, zu bewegen, mit ihm zu fliegen.

Mit dieser Blitzaktion hatte Mendès-France ohne Zweifel Schlimmeres verhütet, denn eine Guerillabewegung war bereits in Tunesien in Stellung gegangen. Bourguiba war verhaftet worden, und kein tunesischer Politiker fand sich mehr bereit, die politische Verantwortung zu übernehmen. Nun aber lieferten die Guerillas ihre Waffen ab, und Bourguiba wurde wieder zum Verhandlungspartner. In Frankreich dankte man Mendès-France nicht für diese kühne Tat; im Februar 1955 wurde er gestürzt. Bourguiba aber begnügte sich mit der inneren Autonomie als ersten Schritt zur Unabhängigkeit, die dann vollends im März 1956 erlangt wurde. Er hatte es nicht leicht gehabt, sich gegen den radikalen Flügel seiner Partei durchzusetzen, der sofortige Unabhängigkeit forderte. Aber der Erfolg gab ihm recht; die Unabhängigkeit kam früher als erwartet. Im April 1956 wurde Bourguiba zum Ministerpräsidenten gewählt, 1957 setzte er den Bey ab und erklärte Tunesien zur Republik. Bourguiba wurde nun Präsident und die Neo-Destour-Partei zur einzigen zugelassenen Partei.

Der friedlichen Erlangung der Unabhängigkeit sollte freilich noch ein gewalttätiges Nachspiel folgen, als Tunesien mit Frankreich wegen der Unterstützung der algerischen Unabhängigkeitsbewegung aneinandergeriet. Frankreich hatte noch einen Militärstützpunkt (Biserta) in Tunesien unterhalten und war den tunesischen Forderungen nach Abzug der Truppen nicht nachgekommen. Im Februar 1958 bombardierten französische Flugzeuge sogar tunesische Stellungen. Wieder einmal geriet Bourguiba ins Kreuzfeuer der Kritik radikalnationalistischer Gruppen. Er reagierte darauf einerseits mit der Verfolgung seiner Gegner, andererseits mit noch energischeren Forderungen an die Franzosen, ihre Truppen endlich abzuziehen. Doch erst 1963 wurde Biserta endgültig geräumt. Damit war für Bourguiba der Weg frei, die Enteignung der ausländischen Grundbesitzer zu betreiben. Er gab sich ab 1964 betont sozialistisch und taufte die Neo-Destour-Partei in Sozialistische Destour-Partei um. Die Auseinandersetzungen um Algerien hatten ohne Zweifel zu dieser Radikalisierung Bourguibas beigetragen. Dabei war diese Radikalisierung wohl auch eine Reaktion auf die Entwicklung der politischen Willensbildung der Bevölkerung. Zwar herrschte Bourguiba seit 1959 zunehmend autokratischer und ließ Kritiker ausschalten, aber als erfahrener Politiker wußte er sich dem Zeitgeist anzupassen.

Marokko: Der Sultan als Nationalheld

Ebenso wie Tunesien war Marokko schon vor dem Ersten Weltkrieg zum französischen Protektorat geworden. Der Sultan von Marokko hatte aber eine stärkere Stellung als der Bey von Tunis. Mit nationalistischen Strömungen konnte Sultan Mohammed V. sich arrangieren. Die 1943 gegründete Istiklal-Partei, die sich für die Erlangung der Unabhängigkeit einsetzte, stimmte mit dem Sultan in der Hoffnung überein, daß Marokko dieser Schritt nach dem Krieg gelingen würde. Doch wurden diese Hoffnungen enttäuscht, obwohl der Sultan de Gaulles »Freies Frankreich« unterstützt hatte. An die Erlangung der Unabhängigkeit war trotz der Forderungen der Istiklal-Partei nicht zu denken. Aber ausgerechnet ein von ultrarechten Kräften – französischen Siedlern im Zusammenwirken mit dem Pascha von Marrakesch – angezettelter Putsch gegen den König, der ihn zwang, 1953 ins Exil zu gehen, setzte eine Kette von Ereignissen in Gang, die dann früher als allgemein erwartet zur Gewährung der Unabhängigkeit führen sollte.

Die französische Regierung hatte den Putsch weder öffentlich unterstützt noch verurteilt. François Mitterrand nahm dies zum Anlaß, als Minister zurückzutreten. Sein Kabinettskollege Edgar Faure äußerte öffentlich seinen Protest. Doch die Regierung tat nichts, um den Sultan, der nach Madagaskar geflohen war, aber nicht abgedankt hatte, zurückzuholen. Sie sorgte statt dessen dafür, daß er durch seinen Onkel Mohammed Ben Arafa ersetzt wurde. Daraufhin setzte eine nationale Erhebung ein, der sich auch die Berberstämme anschlossen, die die Franzosen zuvor auf ihre Seite zu ziehen versucht hatten. Bald wurde der französischen Regierung klar, daß Marokko nur durch die Rückkehr des Sultans wieder zu befrieden war. Doch dazu mußten sie Ben Arafa ohne Gesichtsverlust wieder loswerden.

Mendès-France konnte sich während seiner kurzen Amtszeit dieses Problems nicht mehr annehmen. Diese Aufgabe fiel seinem Nachfolger Edgar Faure zu, der protestiert hatte, als die Regierung nichts gegen die Vertreibung des Sultan unternommen hatte. Faure besuchte Marokko persönlich und war von den Gesprächen mit den Nationalisten, die er dort traf, zutiefst beeindruckt. Für ihn repräsentierten eher sie die französischen Kultur als die reaktionären Putschisten.[16] Es gelang ihm, Ben Arafa zum freiwilligen Rücktritt zu bewegen. Im November 1955 kehrte der Sultan zurück. Im März 1956 wurde ein Abkommen geschlossen, das den Protektoratsvertrag aufhob und damit Marokko die Unabhängigkeit gewährte.

Der Sultan, der auf diese Weise zum Nationalhelden geworden war, arbeitete mit der Istiklal-Partei zusammen, um Reformen einzuleiten. Gleichzeitig suchte er aber auch seine Position zu stärken und nahm 1957 den Titel »König« an. Die Istiklal-Partei spaltete sich daraufhin in einen gemäßigten und einen radikalen Flügel auf. Der König setzte weiterhin auf eine autoritäre Herrschaft und übernahm 1960 die Regierung. Als er 1961 starb, setzte sein Sohn Hassan II. diese Form der Herrschaft getreulich fort und trieb damit 1963 auch die gemäßigten Kräfte der Istiklal-Partei in die Opposition.

Auf verlorenem Posten: »L'Algérie française«

Die rasche Dekolonisierung von Tunis und Marokko unter den Premierministern Mendès-France und Faure konnte den Eindruck erwecken, als habe Frankreich aus der schmerzlichen Lektion seines Krieges in Vietnam gelernt und sei nun überall auf Schadensbegrenzung bedacht. Doch war in dem Jahr, als sich die Franzosen aus Indochina zurückziehen mußten, in Algerien ein weiterer Kolonialkrieg ausgebrochen, der sich noch katastrophaler auswirken sollte als der in Indochina. Weil der Krieg bereits im Gange war, hatten Mendès-France und Faure in Algerien nichts ausrichten können. Frankreich wurde zu jener Zeit geradezu von einer nationalen Hysterie erfaßt. Wenn man 1955 Paris besuchte, sah man an vielen Häuserwänden das Schlagwort »*L'Algérie française*«. Kam man mit Franzosen darüber ins Gespräch und versuchte sie davon zu überzeugen, daß die Sache hoffnungslos sei und Frankreich früher oder später Algerien doch die Unabhängigkeit gewähren müsse, erhielt man mitunter die Antwort: »*C'est la décadence de la France.*« Es war damals eine nationale Ehrensache, an Algerien festzuhalten. Das Land, in dem 1,5 Millionen französische Siedler lebten, galt als integraler Bestandteil des französischen Staates. Für die Politiker der Rechten war Algerien daher keine Kolonie im eigentlichen Sinne. Für sie war ein Rückzug aus Algerien etwa mit einer Abtretung der Provence zu vergleichen. Doch die etwa 9 Millionen Algerier strebten nach nationaler Selbstbestimmung.

Algerien, wo die Franzosen schon 1830 eingedrungen waren, gehörte zu den ältesten Kolonien. Im Laufe der Zeit wuchs nicht nur die Zahl der europäischen Siedler, es entstand auch eine einheimische Bildungsschicht, die zunächst großes Vertrauen in die französische Assimilationspolitik setzte, doch nach und nach enttäuscht wurde. Unter Führung von Ferhat Abbas entstand 1930 eine Vereinigung der westlich gebildeten Muslims. Als der sozialistische Premierminister Léon Blum 1938 der französischen Nationalversammlung ein Gesetz vorlegte, mit dem 30000 Algeriern die französische Staatsbürgerschaft gewährt werden sollte, scheiterte er damit. Das war ein deutliches Signal für Ferhat Abbas und seine Gesinnungsgenossen. In der Assimilation sahen sie keine Hoffnung mehr. Als Algerien im Krieg von den Alliierten besetzt wurde, publizierte eine Reihe prominenter Nationalisten ein Manifest, in dem die Autonomie Algeriens gefordert wurde. De Gaulle versuchte darauf, diese Nationalisten für das »Freie Frankreich« zu gewinnen und versprach, 50000 Algeriern die französische Staatsbürgerschaft zu verleihen. Doch diese allzu verspätete Geste wurde von den Nationalisten als ungenügend zurückgewiesen. Als im Mai 1945 der Krieg in Europa endete, kam es zu einem Aufstand der Nationalisten, der von den Franzosen blutig niedergeschlagen wurde. Ferhat Abbas wurde ins Gefängnis geworfen.

Die französische Nachkriegsverfassung erklärte Algerien zum integralen Bestandteil Frankreichs. Mit einem besonderen Algerienstatut von 1947 versuchte die französische Regierung, den Algeriern entgegenzukommen.[17] Alle erhielten die französische Staatsbürgerschaft, und es wurde ein Parlament gebildet, in dem die europäischen Siedler und die Algerier mit je sechzig Sitzen paritätisch vertreten waren. Die Verleihung der Staatsbürgerschaft und die diskriminierende Parität standen freilich im Widerspruch zueinander. Die gemäßigten Nationalisten um Ferhat

Abbas gerieten ins politische Abseits, die militanten Freiheitskämpfer gingen in den Untergrund. Als ihr Führer profilierte sich Ahmed Ben Bella, der schon 1949 einen Terroranschlag auf Oran unternahm. Als 1954 die französischen Siedler alle weiteren Zugeständnisse an die Algerier ablehnten, fanden sich die Nationalisten in der Nationalen Befreiungsfront (FLN) zusammen und riefen zum bewaffneten Aufstand auf. Damit begann der Algerienkrieg, der bis 1962 andauerte, enorme Opfer forderte und fast zum Zusammenbruch des französischen Staats geführt hätte. *La décadence de la France* war in greifbare Nähe gerückt.

Die französische Regierung wurde im Spannungsfeld der Algerienpolitik aufgerieben. Premierminister wurden gestürzt oder dankten ab. Doch in allen diesen Wirren ließ sich diese Regierung sogar noch zum Abenteuer der Suez-Intervention im Herbst 1956 hinreißen. Algeriens Nachbarn Marokko und Tunesien, die nun unabhängig waren, unterstützten die algerischen Freiheitskämpfer, versuchten aber auch zwischen ihnen und Frankreich zu vermitteln. Es kam 1957 zu Geheimverhandlungen, die jedoch zu keinem Ergebnis führen konnten, weil Ben Bella und mehrere FLN-Führer entführt und in Frankreich interniert wurden. Dieser groteske Handstreich erinnerte an den Putsch gegen den Sultan von Marokko vier Jahre zuvor und erwies sich ebenso als Bumerang. Ihm folgte bald eine weitere Wahnsinnstat: der Putsch der Algerienfranzosen gegen die französische Regierung im Mai 1958, der von der französischen Armee unterstützt wurde und auf Frankreich überzugreifen drohte.[18]

Diese Krise führte das Ende der Vierten Republik herbei. General de Gaulle erschien als Retter in der Not, wurde Premierminister der sich auflösenden Vierten und dann Präsident der Fünften Republik. Er schien eine neue Algerienpolitik im Auge zu haben. Unmittelbar nach seiner Amtsübernahme als Premierminister reiste er nach Algerien und hielt dort eine zündende Rede. Seine Worte »Ich habe euch verstanden« wurden von den Algerienfranzosen in ihrem Sinne ausgelegt und ließ sie vergessen, daß er ihnen keine konkreten Zusagen gemacht hatte. Er wollte zunächst einmal Zeit gewinnen und nicht aus einer Position der Schwäche heraus verhandeln, deshalb erhöhte er die

Truppenstärke in Algerien. Schließlich standen etwa 500 000 Mann in Algerien, ein Großeinsatz, den sich das wirtschaftlich angeschlagene Frankreich kaum leisten konnte. Als de Gaulle im September 1959 in einem spektakulären Schachzug öffentlich das Recht der Algerier auf Selbstbestimmung betonte, rebellierten die französischen Siedler wieder. Doch da sie diesmal nicht von der Armee unterstützt wurden, brach ihr Widerstand rasch zusammen. De Gaulle setzte seine neue Algerienpolitik unbeirrt fort, auch als abtrünnige Teile der Armee diese Politik mit Terrorakten buchstäblich zu torpedieren versuchten. Schließlich unterzeichnete er im März 1962 mit den algerischen Freiheitskämpfern das Abkommen von Evian, das einen Waffenstillstand und die Gewährung der Unabhängigkeit vorsah. Es enthielt auch Garantien für die Algerienfranzosen, doch deren Terrorakte gegen das Abkommen riefen den Gegenterror der Algerier hervor; schließlich mußten alle französischen Siedler fliehen.

In Algerien brachen unmittelbar nach diesem Sieg die Konflikte unter den Freiheitskämpfern auf. Eine besondere Rolle spielte dabei Houari Boumedienne, der Befehlshaber der algerischen Streitkräfte, die in Tunesien und Marokko stationiert waren und dort sozusagen Gewehr bei Fuß standen. Sie hatten kaum Verluste gehabt und waren in guter Verfassung. Als nun die Nationalisten in Algerien eine starke Zentralregierung errichten wollten und den unbequemen Boumedienne entließen, marschierte dieser im Verein mit Ben Bella in Algerien ein. Als eigentlicher Gewinner dieses Handstreichs ging jedoch Ben Bella hervor, der bald darauf zum Premierminister und schließlich 1963 zum Staatspräsidenten gewählt und damit auch Oberbefehlshaber der Streitkräfte wurde. Ben Bella machte Boumedienne zum Verteidigungsminister, der sich aber so nicht abspeisen lassen wollte und sich 1965 rächte, als er Ben Bella durch einen Staatsstreich entmachtete und unter Hausarrest stellen ließ. So endete eine Befreiungsbewegung, die Frankreich in die Schranken gewiesen und die Hoffnungen der demokratischen Nationalisten beflügelt hatte, letztlich auch in der Errichtung einer Militärdiktatur.

Kapitel 5

Wind of change:
Die Emanzipation Schwarzafrikas

De Gaulle und Macmillan in Afrika

Briten und Franzosen hatten Schwarzafrika im 19. Jahrhundert weitgehend unter sich aufgeteilt. Die deutsche Kolonialherrschaft blieb eine Episode, die bereits mit dem Ersten Weltkrieg ein rasches Ende fand. Die Belgier verließen 1960 fluchtartig Schwarzafrika, während Portugal bis 1974 unbeirrt an seinen Kolonien festhielt. Sein Sonderweg soll hier unberücksichtigt bleiben. Nahezu alle Kolonialgebiete waren willkürlich demarkiert worden, und nur in den wenigsten Fällen folgten ihre Grenzen afrikanischen Gegebenheiten, eher reflektierten sie die Zufälligkeiten im Verlauf der Landnahme. Die Penetration der Küstengebiete war dabei der Kontrolle des jeweiligen Hinterlandes weit vorausgegangen, und die Unterschiede in der Dauer und Intensität der Durchdringung der Kolonialgebiete prägte die Sozialstruktur nachhaltig. An den Küsten entwickelten sich anglophone oder frankophone einheimische Eliten und Händlerschichten, im Hinterland herrschten Häuptlinge und Fürsten, auf die sich die Kolonialherren stützten. Die Zusammenarbeit mit den Briten und Franzosen machte diese Häuptlinge jedoch unbeliebt, zumal wenn sie ihre Stellung nicht mehr der Legitimation durch einheimische soziale Institutionen, sondern der Ernennung durch die Kolonialherren verdankten.

Einen bedeutenden Einfluß auf die Kolonisierung Afrikas hatten die christlichen Missionen der verschiedensten europäischen Konfessionen gehabt. Die Zahl der Bekehrten war in Afrika sehr viel größer als in Asien, wo etablierte Hochreligionen dem Christentum entgegentraten. Die unzähligen Stammesreligionen Afrikas waren dem Einfluß des Christentums nicht gewachsen. Es kam hinzu, daß für die Afrikaner die Annahme der

Religion des »weißen Mannes« ein Mittel des sozialen Aufstiegs war. Das wichtigste Instrument der Mission waren die Missionsschulen, die überall in Afrika entstanden und junge Menschen anzogen. Der Unterricht erfolgte selbstverständlich in der Muttersprache der Missionare. Nur in ganz wenigen Fällen versuchten die Missionare, eine afrikanische Sprache als Unterrichtssprache einzusetzen, so etwa die deutschen Missionare in Ostafrika, die das Suaheli förderten. Die Kolonialregierungen kümmerten sich kaum um die Bildung ihrer schwarzen Untertanen. Die Entstehung eines »anglophonen« und eines »frankophonen« Afrika war daher fast ausschließlich den Missionaren zu verdanken. Unter den afrikanischen Christen regten sich dann freilich auch einheimische Bewegungen, die christliche Erlösungsvorstellungen mit afrikanischen Mythen verbanden. Oft wurden solche Bewegungen später im Freiheitskampf gegen die Kolonialherren von Bedeutung.

Die Verwaltungsstrukturen innerhalb der Kolonialgebiete waren sehr unterschiedlich, ein Umstand, der eng mit der Art der Besteuerung zusammenhing. Kopf- oder Hüttensteuer, deren Eintreibung die Kolonialherren zum Ausbau der inneren Verwaltung zwangen, gab es nur in einigen Kolonien.[1] Eine Grundsteuer, wie sie in den asiatischen Kolonien erhoben wurde, war in Afrika weitgehend unbekannt. Die wichtigsten Einnahmen der Kolonialherren in Afrika waren Exportzölle und in geringerem Umfang auch Importzölle. Solche Zölle wurden in den Hafenstädten erhoben, im Inland war der Verwaltungsaufwand dementsprechend gering. Damit entfiel die Notwendigkeit, Scharen von einheimischen Verwaltungsangestellten und Rechtsanwälten in Bildungsinstitutionen vor Ort auszubilden. Die Trägergruppen für einen afrikanischen Nationalismus waren daher sehr klein. Herausforderungen der Kolonialherren ergaben sich hier eher durch sporadische soziale Unruhen, insbesondere beim Preisverfall der Exportprodukte, aber sie ließen sich im Notfall durch Einsatz des Militärs unterdrücken.

Die Entwicklung einheimischer Volksvertretungen stand in Afrika ebenfalls erst in ihren Anfängen, als die Kolonialmächte infolge ihrer Schwächung durch den Zweiten Weltkrieg gezwungen waren, Schwarzafrika zu »dekolonisieren«. Dabei gab es für

Franzosen und Briten grundverschiedene Ausgangspositionen. Die Franzosen hatten lange Zeit an der Fiktion festgehalten, die Kolonien seien integrale Bestandteile ihres Staates und in diesem Sinne den afrikanischen Volksvertretern einige Sitze im französischen Parlament eingeräumt. Etliche afrikanische Politiker wurden auf diese Weise zu Ministern in französischen Kabinetten. Eine wirkliche Integration war natürlich unmöglich, denn sie hätte zwangsläufig dazu führen müssen, daß Frankreich von den zahlenmäßig überlegenen Afrikanern majorisiert worden wäre. Die Briten hatten sich auf dergleichen nie eingelassen. Die ganz wenigen Parlamentsabgeordneten aus Übersee, die je in das britische Parlament gewählt worden waren, verdankten dies der ungewöhnlichen Tatsache, daß sie einen britischen Wahlkreis erobert hatten. Für die Briten war deshalb die Dekolonisierung Afrikas ebenso wie in Asien eine Frage des *transfer of power* an geeignete einheimische Regierungen. Wie das indische Beispiel lehrte, ging ein solcher jedoch als Resultat aus einem Ringen hervor, das durch vielerlei Umstände bedingt wurde. In Afrika hatte ein solches Ringen kaum erst begonnen, als Briten und Franzosen sich durch weltpolitische Entwicklungen dazu gezwungen sahen, die Flucht nach vorn anzutreten und ihre afrikanischen Kolonien aufzugeben. Dabei kam es zu einem regelrechten Wettlauf dieser beiden europäischen Mittelmächte, die im Suezkrieg 1956 noch gemeinsame Sache gemacht hatten und dabei erfahren mußten, daß solche Unternehmungen nach Kolonialherrenart nicht mehr möglich waren.

Der britische Premierminister Harold Macmillan verdankte sein Amt unmittelbar der Niederlage im Suezkrieg, da sein Vorgänger Anthony Eden, der diesen Krieg vom Zaun gebrochen hatte, nach der Niederlage abdankte. General de Gaulle kam nur wenig später an die Macht. Er hatte seinen Aufstieg der Entwicklung in Algerien zu verdanken. Beide ergriffen auf ihre Weise Initiativen in Afrika, die verhüten sollten, daß ihnen das Gesetz des Handelns von anderer Seite aufgezwungen würde. Sie begaben sich dazu auf spektakuläre Afrikareisen, um vor Ort für ihre Vorstellungen zu werben. Dabei war General de Gaulle dem britischen Premierminister zunächst voraus. Er hielt im September 1958 eine Volksabstimmung über die von ihm vorgelegte neue französische Verfassung der Fünften Republik ab, an der auch die Bevölkerung der französischen Kolonien in Afrika beteiligt wurde. Es gab dort seit dem Rahmengesetz (*loi cadre*) von 1956 bereits das allgemeine Wahlrecht. So waren Millionen von Afrikanern aufgerufen, an diesem Referendum teilzunehmen. Vom 20. bis 29. August 1958 unternahm de Gaulle eine Blitzreise, die ihn zuerst nach Fort Lamy (N'Djamena), der Hauptstadt des Tschad, damals zugleich auch die Hauptstadt Französisch-Zentralafrikas, führte.[2] Im Krieg hatte sich der Gouverneur dort als erster auf die Seite de Gaulles geschlagen. Danach besuchte der General Madagaskar und traf am 23. August bereits in Brazzaville ein, der Hauptstadt von Französisch-Kongo. Von dort aus hatte er im Krieg im Namen des Freien Frankreich die afrikanischen Kolonien weitgehend unter sein Kommando gebracht. In Brazzaville verkündete er nun, daß Kolonien, die beim Referendum mit »Nein« stimmten, unverzüglich in die Unabhängigkeit entlassen würden, wobei sie damit aber auch jeden Anspruch auf französische Hilfe verlören und ganz auf sich allein gestellt blieben. Er machte damit sehr deutlich, daß er keine Nein-Stimmen erwartete, aber sich nicht nachsagen lassen wollte, er habe den Kolonien die Unabhängigkeit verweigert. Am nächsten Tag war de Gaulle bereits in Abidjan, der Hauptstadt der Elfenbeinküste, wo er auf keinerlei Widerspruch stieß im Gegensatz zu seinem Besuch in Conakry (Guinea), bei dem er schon aus der Rede Sékou Tourés entnehmen konnte, daß hier mit Nein-Stimmen zu rechnen sei. In Dakar, der Hauptstadt Senegals und der westafrikanischen Föderation hoffte er wieder auf Zustimmung, doch Leopold Sédar Senghor, der führende Politiker dort, hatte sich gerade nach Frankreich begeben, wohl um de Gaulle auszuweichen. Ein deutliches Bekenntnis dieses berühmten Mannes zum »Ja« wäre für de Gaulle hilfreich gewesen, aber Senghor wollte sich nicht festlegen, zumal Leute in seiner Umgebung dazu neigten, mit »Nein« zu stimmen.

Guinea stimmte im September 1958 mehrheitlich mit »Nein« und wurde von de Gaulle mit eiskalter Verachtung gestraft. Er glaubte, der junge Staat werde alsbald im Chaos versinken und damit beweisen, daß es lebensgefährlich sei, sich von der französischen Union loszusagen.[3] Doch das geschah nicht, und de

Gaulle sah sich im Hinblick auf die anderen Kolonien zum Einlenken gezwungen. Im Dezember 1959 gab er auf einer weiteren Afrikareise in Dakar die unerwartete Erklärung ab, er sei nun auch bereit, Staaten, die für die Unabhängigkeit optierten, als Mitglieder der französischen Union zu akzeptieren. Er sicherte ihnen weitere Wirtschaftshilfe und Unterstützung zu. Diese Erklärung des Staatschefs war praktisch eine Einladung an alle französischen Kolonien in Afrika, sich umgehend für die Unabhängigkeit zu entscheiden. Sie taten das im Jahr 1960 denn auch in rascher Folge, und so wurde 1960 zu einem Schicksalsjahr Afrikas. Die »unabhängigen« Staaten schlossen dann mit Paris in der Regel Kooperationsverträge ab, die Frankreich weiterhin einen beträchtlichen Einfluß auf Verteidigung, Wirtschaft und Bildungspolitik der früheren Kolonien sicherten. Nicht ohne Berechtigung sprachen Kritiker in diesem Zusammenhang von »Neokolonialismus«. Die Führer der jungen Staaten nahmen dies in Kauf, weil sie sich von der alten Kolonialmacht eine Stabilisierung ihrer oft sehr unsicheren Position erhofften.

Im Januar 1960 erschien der britische Premier Macmillan in Afrika. Die Briten hatten mit der Entlassung der Goldküste (Ghana) in die Unabhängigkeit 1957 einen Vorsprung vor den Franzosen gehabt. Danach jedoch war es keiner weiteren britischen Kolonie gelungen, deutliche Fortschritte auf dem Weg zur Unabhängigkeit zu machen. Macmillan konnte sich ausrechnen, welche Folgen de Gaulles Erklärung vom Dezember 1959 haben würde und mußte schleunigst nachziehen. Die erste Station seiner Afrikareise war Accra, die Hauptstadt Ghanas, wo er am 10. Januar die vielzitierte Rede hielt, in der er von dem *wind of change* sprach, der durch Afrika wehe.[4] Er betonte, die afrikanischen Länder seien nun auf dem Wege, Nationen zu werden, und es sei wichtig, diese Entwicklung mitzumachen. Ähnlich sprach er in Lagos, der Hauptstadt Nigerias, danach besuchte er die Föderation von Rhodesien und Njassaland, die sich gerade in einer politischen Krise befand. Hier konnte er nicht mit Zustimmung zu seiner Botschaft vom *wind of change* rechnen, der von der dortigen, von den Weißen dominierten politischen Führung eher als ein drohender Orkan empfunden wurde. In Südafrika, wo er wenige Tage später unverdrossen seine *wind of change*-Rede hielt, stieß er auf Unverständnis. Wie wenig man dort von solchem Wandel hielt, zeigte sich bald darauf bei dem Massaker von Sharpeville. Es setzte ein Signal für alle afrikanischen Nationalisten, das in scharfem Gegensatz zu Macmillans hoffnungsvoller Botschaft stand.

Trotz Macmillans Initiative wurden im Jahr 1960, in dem fast alle französischen Kolonien die Unabhängigkeit erlangten, nur zwei weitere britische Kolonien frei: Somalia und Nigeria. Die britischen Kolonien im Osten und Süden Afrikas, in denen weiße Minderheiten politisch den Ton angaben, stellten Macmillan vor gewaltige Probleme. Hier verzögerte sich der Dekolonisierungsprozeß um viele Jahre. Nun lag de Gaulle im Wettlauf um die Emanzipation Schwarzafrikas vor Macmillan, dessen *wind of change*-Rede wohl eher dazu gedient hatte, beschwörend auf die Kräfte einzuwirken, die sich ihm entgegenstellten, als bereits einen Erfolg auf diesem Gebiet zu verkünden.

Im folgenden soll die Dekolonisierung Afrikas in ihren typischen Verlaufsmustern beschrieben werden. Es wird dabei kein Anspruch auf enzyklopädische Vollständigkeit erhoben.

Die Avantgarde: Ghana und Guinea

Die Goldküste, wie Ghana zur Zeit der Kolonialherrschaft hieß, war schon früh Gegenstand europäischer Begehrlichkeit.[5] Noch heute zeugen die Festungen, die Portugiesen, Holländer, Dänen und schließlich die Briten an dieser Küste errichteten, von dieser frühen Zeit. Fort Elmina, die älteste Festung dieser Art, wurde von den Portugiesen errichtet und geriet dann in den Besitz der Holländer. An die Dänen erinnert das Fort Christianborg, später Sitz der britischen Gouverneure. Von hier aus regierte nach der Erlangung der Unabhängigkeit Kwame Nkrumah das Land und widmete sich seinen Träumen von einem vereinten Afrika.

Die Küste stand stets in einem gespannten Verhältnis zu den mächtigen Ashanti, die das Hinterland beherrschten. In Kumasi, rund 200 Kilometer von der Küste entfernt, residierte ihr Oberhäuptling, der Asantehene. Im frühen 19. Jahrhundert hatten seine Armeen die Küste mehrfach in ihre Gewalt gebracht. Erst

1896 wurde das Land der Ashanti britisches Protektorat.[6] Während der Reichtum der Ashanti in früheren Zeiten vom Sklavenhandel und der Gewinnung von Gold stammte, waren sie im 20. Jahrhundert durch den Anbau von Kakao zu Wohlstand gelangt, damit aber auch von den Preisschwankungen auf dem Weltmarkt und von der Kolonialregierung und den Händlern an der Küste abhängig geworden. Hinter dem Ashantiland lagen die nördlichen Territorien mit der Provinzhauptstadt Tamale. Es war dies eine sehr arme Region, ihre Bevölkerung bestand überwiegend aus Muslims, von denen viele als Soldaten und Polizisten im Dienst der Kolonialherren standen.

Die politische Willensbildung wurde von der Bildungsschicht der Küstenkolonie geprägt. Dort gab es auch eine der frühesten und bedeutendsten Bildungsinstitutionen Afrikas, das Prince of Wales College in Achimota, das 1925 gegründet worden war. Die »Bildungsbürger« der Goldküste waren es denn auch, die 1947 eine politische Partei, die *United Gold Coast Convention,* gründeten. Auf der Suche nach einem geeigneten Generalsekretär für ihre Partei fanden sie schließlich Kwame Nkrumah (geb. 1901), der zwölf Jahre in Großbritannien und den USA studiert hatte. Nkrumah war ein Gefolgsmann des panafrikanischen Ideologen George Padmore, ein Schwarzer aus Jamaica, der für viele afrikanische Politiker ein Vorbild war.[7] Zunächst hatte der radikale Nationalist Nkrumah Vorbehalte gegenüber der Honoratiorenpartei gehegt, die ihn als Generalsekretär anstellen wollte, doch im Dezember 1947 sagte er zu, weil er so einen Einstieg in das politische Leben seiner Heimat zu finden hoffte. Das gelang ihm in der Tat so gut, daß er sich schon zwei Jahre später von seinen moderaten Arbeitgebern verabschiedete und eine eigene Partei, die *Convention Peoples Party* (CPP), gründete. Diese Partei schlug radikale Töne an, wandte sich gegen Häuptlinge und Honoratioren und zog die frustrierte Jugend an, die in dem engen, durch die kolonialen Verhältnisse gezogenen Rahmen keine Zukunft für sich sah.

Nkrumah hatte seine Partei zum richtigen Zeitpunkt gegründet, denn 1950 wurde eine Verfassungreform durchgeführt, die eine erweiterte Legislative mit 75 Abgeordneten vorsah, von denen 37 die Küste und je 19 das Ashantiland und die nördlichen Territorien vertraten. Noch vor den Wahlen von 1951 hatte

Nkrumah seine Gefolgschaft zu *positive action* aufgerufen. Es kam zu Unruhen, und Nkrumah landete im Gefängnis. Bei den Wahlen erlangte die CPP eine überwältigende Mehrheit, und Nkrumah wurde aus dem Gefängnis entlassen und mit der Bildung einer Regierung beauftragt. Er war nun *de facto* Premierminister, bekam den Titel jedoch erst 1952 zuerkannt. Es war für Nkrumahs politische Karriere sehr förderlich, daß der britische Gouverneur Charles Arden-Clark hinter ihm stand und ihn auf Gedeih und Verderb unterstützte. Ganz im Sinne der Doktrin des *transfer of power* glaubte der Gouverneur, allein Nkrumah biete die Gewähr für eine solche erfolgreiche Machtübergabe. Er setzte alles daran, noch in seiner Amtszeit für diese Machtübergabe zu sorgen, und hatte daher kein Interesse daran, eine Opposition gegen Nkrumah zu fördern.[8]

Zunächst erschien es so, als erfreue sich Nkrumah allgemeiner Beliebtheit und Unterstützung, doch bald sollte es zur Konfrontation mit den Ashanti kommen. Er selbst stammte von der Küste und hatte daher keine gesellschaftlichen Beziehungen zu den Ashanti. Diese fühlten sich unterrepräsentiert und hatten zudem handfeste ökonomische Gründe für ihre Unzufriedenheit mit Nkrumahs Regierung.[9] Dabei ging es um den Preis für die Kakaofrüchte, der von der Regierung gesetzlich festgeschrieben wurde und weit unter dem Weltmarktpreis lag. Im Krieg hatten die Briten einen *Marketing Board* eingeführt, der für den Aufkauf und die Vermarktung des Kakao zuständig war. Nkrumah hatte diese Zwangswirtschaftsbehörde nicht nur nicht abgeschafft, sondern dazu noch eine Kakaogesellschaft (*Cocoa Purchasing Company*) gegründet, die von der CPP kontrolliert wurde und sich zu Lasten der Ashanti bereicherte. Diese Machenschaften trafen nicht etwa nur eine kleine Schicht reicher Grundbesitzer, sondern fast alle Ashanti, waren doch viele von ihnen Teilpächter und ganz besonders von der Gestaltung des Kakaopreises abhängig. Als die Regierung im August 1954 den Preis auf 72 Schilling für 60 Pfund Kakao festsetzte, wurden die Ashanti rebellisch. Viele von ihnen wandten sich von der CPP ab und wurden Mitglieder des im September 1954 gegründeten *National Liberation Movement* (NLM), das sich bald zu einer großen Oppositionspartei entwickelte.

Das NLM wurde zunächst von den gleichen Kräften getragen, die auch der CPP zum Aufstieg verholfen hatten. Viele der Rebellen waren zuvor CPP-Gefolgsleute gewesen und hatten auf diese Weise gelernt, wie man sich politisch organisiert. Die Ashanti-Jugend beteiligte sich bald an militanten Aktionen gegen die Regierung. Zugleich gelang es den Organisatoren, an die Ashanti-Solidarität zu appellieren und sogar den Asantehene für ihre Sache zu gewinnen. Der Oberhäuptling, der probritisch eingestellt war, verabscheute jedoch alle verfassungswidrigen Aktivitäten und trachtete danach, die Bewegung in konstitutionelle Bahnen zu lenken. Dazu bot sich eine gute Gelegenheit, als drei prominente CPP-Abgeordnete der Ashanti ihre Partei verließen und zum NLM übertraten. Einer von ihnen wurde auf Geheiß des Asantehene sofort zum Generalsekretär des NLM ernannt. Im Verein mit diesen Überläufern gelang es dem Asantehene das NLM vom Weg des militanten Widerstandes abzubringen und auf den parlamentarischen Pfad zu führen. Da aber das Ashantiland keine ausreichende Basis für eine Oppositionspartei mit Erfolgsaussichten bot, wurden Beziehungen zu den nördlichen Territorien und zu den marginalisierten Honoratioren der Küste geknüpft. Es sah fast so aus, als könne die neue Partei eine ernsthafte Gefahr für die CPP bedeuten. Die Losung der Opposition, den zentralistischen CPP-Staat durch eine Föderation mit weitgehender Autonomie der drei Teilstaaten (Küste, Ashanti, Norden) zu ersetzen, klang vernünftig und fand auch in London Beachtung. Es gab bereits Drohungen des NLM, die Briten hätten mit einem zweiten Pakistan zu rechnen, wenn sie die Föderationspläne ablehnten. Großbritannien sah sich schließlich gezwungen, 1956 erneut Wahlen abhalten zu lassen, ehe es dem Land die Unabhängigkeit gewährte, obwohl doch erst 1954 Wahlen stattgefunden hatten, aus denen Nkrumah mit großer Mehrheit als Sieger hervorgegangen war.

Nkrumah ging daraufhin zum Gegenangriff über. Im August 1955 ließ er ein Gesetz verabschieden, daß es Häuptlingen, die vom Asantehene abgesetzt worden waren, ermöglichte, sich direkt an die Regierung zu wenden, um ihre Wiedereinsetzung zu erwirken.[10] Zunächst erschien dies als eine unnötige Provokation des Asantehene und seiner Gefolgschaft, doch die Regierung

hatte die Spannungen innerhalb der Ashantigesellschaft richtig
eingeschätzt und trieb mit dieser Gesetzgebung einen Keil in die
Solidarität der Ashanti. Das Ergebnis der Wahlen von 1956 war,
daß die CPP 71 der 104 Sitze errang, das NLM aber nur 33, davon
keinen an der Küste; im Ashantiland waren es nur 13 Sitze, während es die CPP dort immerhin auf 8 Sitze brachte. Für Nkrumah
war es ein Glück, daß sich das NLM auf den parlamentarischen
Pfad begeben hatte, denn nun mußte es das Wahlergebnis akzeptieren und konnte nicht wieder auf militante Ausschreitungen
verfallen. Der Weg zur raschen Erlangung der Unabhängigkeit
war frei. Sie wurde Ghana im März 1957 gewährt.

Durch das Wahlergebnis legitimiert, konnte Nkrumah am
Zentralstaat festhalten und brauchte sich auf keine weiteren Föderationspläne einzulassen. Leider sah er sich auf diese Weise
auch dazu berechtigt, einen Einparteistaat zu errichten und für
sich selbst diktatorische Vollmachten in Anspruch zu nehmen. In
seinem Amtsitz Fort Christianborg empfing er nun die nationalistischen Politiker aller Länder Afrikas, erteilte ihnen Ratschläge
und unterstützte sie zum Teil auch finanziell. Doch nicht alle
afrikanischen Politiker reihten sich in seine Gefolgschaft ein.
Sein Traum, zum Gründer der Vereinigten Staaten von Afrika zu
werden, ging nicht in Erfüllung. Es reichte allenfalls zur Gründung der *Organisation of African Unity* (OAU), die jedoch nur
ein schwaches Abbild seiner weit ehrgeizigeren Träume und eigentlich gegen seinen Willen errichtet worden war.

Je mehr er sich in seinen Hoffnungen frustriert sah, desto
mehr neigte er zur Großmannssucht und entfremdete sich den
Realitäten seiner Nation. Von den Einigungsplänen war schließlich nur eine Union mit Guinea übriggeblieben. Als Nkrumah
1966 zu einem Staatsbesuch in Nord-Vietnam weilte, wurde er
zu Hause durch einen Militärputsch seines Amtes enthoben. Sein
Freund und Gesinnungsgenosse Sékou Touré gewährte ihm Asyl
und gab ihm sogar das Amt eines stellvertretenden Präsidenten,
doch politisch aktiv war Nkrumah in den sechs Jahren, die ihm
noch verblieben, nicht mehr.

In Guinea hatte Sékou Touré auf ganz ähnliche Weise den
Volkstribun gespielt wie Nkrumah in Ghana.[11] Samory Touré,
von dem es hieß, er sei Sékou Tourés Großvater gewesen, hatte

noch im späten 19. Jahrhundert ein großes Reich erobert, das über die Grenzen Guineas hinausreichte. Die Kolonialherrschaft war daher jung und labil. Weil die Kolonie über wichtige Bodenschätze verfügte, die von französischen Gesellschaften abgebaut wurden, gab es eine zahlreiche Arbeiterschaft und auch Gewerkschaften, die Touré mobilisieren konnte. Einer seiner großen Erfolge lag in der Organisation eines über zwei Monate währenden Streiks zur Durchsetzung der Vierzig-Stunden-Woche im Jahre 1953 begründet. Die Gewerkschaften waren mit der französischen kommunistischen Gewerkschaft CGT verbunden, die auch die *Parti Démocratique de Guinée* (PDG) unterstützte, deren Generalsekretär Touré seit 1952 war. Die PDG war eine Sektion des *Rassemblement Démocratique Africain* (RDA), einer Sammlungsbewegung, die Félix Houphuet-Boigny 1946 ins Leben gerufen hatte. Doch während dieser 1950 mit den französischen Kommunisten gebrochen hatte, blieb Touré weiter in Kontakt mit ihnen.

Die Kolonialverwaltung tat alles, um Sékou Tourés Aufstieg zu blockieren, trug aber gerade dadurch zu seiner Popularität bei. Guinea wurde vom Juli 1954 bis zum Februar 1955 durch schwere Unruhen erschüttert, dann wieder im Herbst 1956 und schließlich im Frühjahr 1958. Grund der Ausschreitungen waren zumeist die von den Franzosen eingesetzten Bezirkshäuptlinge (*chefferie*), die ihre Macht nicht selten mißbraucht und nun die Rache der Bevölkerung zu fürchten hatten. Die Häuptlinge hatten ihre Untergebenen oft schamlos ausgebeutet. Die Anschaffung eines teuren Autos oder die Kosten für eine Pilgerreise nach Mekka lasteten sie ganz selbstverständlich diesen Untergebenen auf. Das Recht war weitgehend in ihrer Hand, und sie konnten sich auf die Macht der Kolonialherren verlassen, die ihrerseits auf ihre Unterstützung angewiesen waren. Die im März 1957 unter dem *loi cadre* von 1956 abgehaltenen Wahlen brachten der PDG einen überwältigenden Erfolg, der die Kolonialverwaltung und ihre Handlanger in Schrecken versetzte, weil Touré nun Regierungschef wurde. Er erreichte es, daß Ende 1957 die Institution der *chefferie* mit Zustimmung der Kolonialherren abgeschafft wurde. Damit hatten die Franzosen aber ihre wichtigste Stütze verloren und hingen nun völlig vom guten Willen Sékou Tourés ab. Die Tatsache, daß beim Referendum vom September 1958 über eine Million Wähler mit »Nein« und nur rund 50000 mit »Ja« stimmten, zeigte diese Umkehrung der Machtverhältnisse sehr deutlich.

Sékou Touré hatte die Drohung von General de Gaulle, auf ein »Nein« beim Referendum mit dem sofortigen Abzug zu reagieren, wohl für Bluff gehalten. Er hatte gehofft, aus einer Position der Stärke mit den Franzosen zu verhandeln. Jede Konzession, die er dabei erreicht hätte, wäre vermutlich den anderen französischen Kolonien in Afrika zugute gekommen. Das wußte auch de Gaulle und reagierte deshalb auf das »Nein« mit konsequenter Härte. Alle Franzosen verließen schlagartig das Land, selbst die Uniformen der Soldaten und alle medizinischen Vorräte wurden mitgenommen. In diplomatischer Hinsicht zeigte sich de Gaulle ebenfalls kleinlich und rachsüchtig. Er konnte zwar nicht verhindern, daß das unabhängige Guinea von anderen Nationen anerkannt wurde, aber er versuchte die Herstellung diplomatischer Beziehungen zu verhindern, insbesondere auch die Aufnahme Guineas in die Vereinten Nationen hinauszuzögern. Doch gerade deshalb erreichte Guinea seine Aufnahme in die Weltorganisation rascher als jedes andere frühere Kolonialland.[12] Die Lektion, die de Gaulle Guinea erteilen wollte, war wie ein Bumerang auf ihn selbst zurückgekommen. Schon wenige Monate später reagierte er im Falle Senegals ganz anders und baute den afrikanischen Nationalisten goldene Brücken.

Touré verhielt sich nach der auf demokratische Weise gewonnenen Unabhängigkeit ähnlich wie Nkrumah. Er schaffte die Demokratie ab, errichtete einen Einparteistaat und hielt sich als Präsident und Diktator bis zu seinem Tod im Jahre 1984 an der Macht.

Die frankophilen Nachzügler: Senegal und die Elfenbeinküste

Senegal bot das Kontrastprogramm zur abrupten Emanzipation Guineas. Das war in erster Linie dem frankophilen Nationalisten Léopold Sédar Senghor zu verdanken, der in Frankreich als großer Gelehrter verehrt wurde. Er sollte 1984 in hohem Alter zum Mitglied der *Académie française* gewählt werden. Als einer der vierzig »Unsterblichen« vertrat er damit die geistige Größe Frankreichs. Man konnte dort stolz auf ihn sein. Er hatte den Franzosen durchaus nicht immer nach dem Munde geredet und ihrem zivilisatorischen Sendungsbewußtsein die Botschaft der *négritude* entgegengesetzt. Seine Beredtsamkeit und seine eleganten französischen Gedichte waren berühmt, doch wenn es sein mußte, konnte er auch schweigen und seine politischen Gegner zum Opfer ihrer eigenen Intrigen werden lassen. Als er einmal gefragt wurde, weshalb er zu einer bestimmten politischen Angelegenheit nicht schon früher Stellung genommen hatte, antwortete er mit der Volksweisheit: »Der Jäger auf der Pirsch hustet nicht.«[13]

Senegal war eine der ältesten französischen Kolonien und hatte eine sehr eigentümliche politische Struktur. Die Bürger von vier Städten galten als *citoyens* und durften Abgeordnete ins französische Parlament entsenden. Die Menschen auf dem Lande dagegen galten als Untertanen (*sujets*) und hatten dieses Recht nicht. Senghor kam vom Lande und galt als *sujet,* was ihm zu Beginn seiner politischen Karriere zum Vorteil gereichen sollte. An eine solche Karriere hatte er nie gedacht, denn sein Lebensziel war es, Professor in Frankreich zu werden und sich von jeder Politik fernzuhalten. Er erhielt ein Stipendium der Kolonialregierung und studierte in den zwanziger Jahren in Paris Linguistik, wo er sich schließlich als erster Schwarzer habilitierte (*agrégation*). An sich entsprach er geradezu dem Idealbild des »Assimilierten«, der die Segnungen der französischen Zivilisation aufgenommen und vom Barbaren zum Gebildeten herangereift war. Doch gerade gegen diese Assimilation wehrte sich Senghor. Er war sich in Paris der Tatsache bewußt geworden, daß er ein Schwarzer war und blieb. Statt dies als Makel zu empfinden, verkündete er die Vorzüge der *négritude.* Das Wort war von seinem schwarzen, westindischen Dichterfreund Aimé Césaire in Diskussionen mit ihm geprägt worden, doch Senghor wurde der eigentliche Prophet der *négritude.* Er war dabei von den Ideen des deutschen Ethnologen Leo Frobenius beeinflußt, der die Eigenständigkeit und den hohen Wert afrikanischer Kulturen hervorgehoben hatte. So übernahm Senghor auch den Gegensatz der Begriffe Kultur und Zivilisation und argumentierte gegen die zivilisatorische Einbahnstraße, auf die das französische Sendungsbewußtsein hinauslief. Der Begriff der *négritude* hatte freilich auch problematische Aspekte. Senghor setzte sich dem Vorwurf aus, diesen Kulturbegriff biologisch-rassistisch zu begründen. Wenn *négritude* alle Schwarzen umfassen sollte, dann mußte diese Idee auch mit dem an sich pluralistischen Kulturbegriff in Konflikt geraten, der von Frobenius betont wurde. Die Lektüre der Werke Goethes in deutscher Kriegsgefangenschaft führte Senghor zu einem humanistischen Universalismus, und als er später in Senegal eine Parteizeitschrift herausgab, nannte er sie nicht ›Négritude‹ sondern ›La Condition Humaine‹.[14]

Der Wandel Senghors vom Gelehrten zum Politiker vollzog sich plötzlich und unerwartet. Der senegalesische Abgeordnete Lamine Guèye, ein alter Freund der Familie Senghor, der schon lange im französischen Parlament saß und dort die Bürger der Städte Senegals vertrat, suchte nach einem geeigneten Partner, nachdem eine Wahlrechtsreform auch den »Untertanen« auf dem Lande einen Sitz zugestand. Aufgrund seines großen Ansehens war Senghor der richtige Mann dafür. Senghor gab seine akademische Karriere nur ungern auf, ließ sich aber überreden und zog 1945 als sozialistischer Abgeordneter ins französische Parlament ein. Zunächst blieb er im Windschatten seines Mentors Guèye und nahm ebenso wie dieser nicht an der Gründung des mit den Kommunisten verbundenen *Rassemblement Démocratique Africain* in Bamako im Herbst 1946 teil. Der Organisator dieser neuen Bewegung war Félix Houphuet-Boigny von der Elfenbeinküste, der zu einem Rivalen Senghors auf der politischen Bühne werden sollte.

Als politischer Novize war Senghor seinem Mentor Guèye zunächst treu ergeben, doch im Oktober 1948 brach er mit ihm. Guèye war in den alten Bahnen der Patronagepolitik als Abgeordneter der senegalesischen Städte geblieben, Senghors Wähler aber lebten auf dem Lande. Er besuchte die Dörfer und identifizierte sich mit den Menschen dort. Seine Kindheit auf dem Dorf war ihm noch in lebhafter Erinnerung. Senghors ländliche Orientierung kam ihm sehr zugute, als die Kolonialregierung die

Zahl der Wahlberechtigten auf dem Lande stark heraufsetzte, nachdem sie zuvor immer die Städte begünstigt hatte. Senghors politisches Gewicht nahm enorm zu. So gelang es ihm 1952 nicht nur, selbst ins französische Parlament wiedergewählt zu werden, sondern einem bisher unbekannten Politiker aus Dakar das Mandat der Städte zu sichern und damit Guèye aus dem Sattel zu heben. Die Unterstützung der ländlichen Muslimbruderschaften war für Senghor bei den Wahlen immer von großer Bedeutung. Als Angehöriger der katholischen Minderheit konnte Senghor den Häuptern dieser Bruderschaften nicht gefährlich werden; sie wußten, daß er von ihnen abhängig war.

Ebenfalls zugute kam Senghor das durch das *loi cadre* gewährte allgemeine Wahlrecht. Es gelang ihm schließlich sogar, aus seiner Partei eine neue Einheitspartei, den *Bloc Populaire Sénégalais,* zu schaffen und selbst Lamine Guèye einzubeziehen, den er zuvor entmachtet hatte. Senghor war ein Meister des Kompromisses. In diesem Sinne vermied er auch die Konfrontation mit de Gaulle und setzte sich beim Referendum nachdrücklich für ein »Ja« Senegals ein. Bald darauf brachte er jedoch den General in eine Zwickmühle, die zu dessen dramatischem Stellungswechsel entscheidend beitrug. Die Logik des *loi cadre* hatte die direkten Beziehungen Frankreichs zu den einzelnen Kolonien verstärkt und die alten übergreifenden Strukturen, so auch die westafrikanische Föderation mit ihrem Sitz in Dakar, entwertet. Ähnlich wie Nkrumah war Senghor jedoch davon überzeugt, daß die Balkanisierung Afrikas von Übel sei und man neue übergeordnete Strukturen schaffen müsse. Diese Gelegenheit ergab sich, als sich die politische Führung des französischen Sudan zu einer Föderation mit Senegal unter dem gemeinsamen Namen Mali bereit erklärte. Mali war der Name eines früheren Königreiches, das von einem Ahnherrn des Modibo Keita gegründet worden war, der nun Premierminister des Sudan war. Weitere Föderationswillige fanden sich nicht, insbesondere Houphuet-Boigny fürchtete, daß seine reiche Elfenbeinküste in einer Föderation nur Opfer bringen müsse, ohne Vorteile zu haben. Im September 1959 stellten Keita und Senghor an die französische Regierung den Antrag zur Errichtung eines unabhängigen Bundesstaates Mali. Damit geriet de Gaulle in Zugzwang. Die Gründung einer Föderation lief nämlich der französischen Absicht zuwider, afrikanische Kleinstaaten zu schaffen, die auch als »unabhängige« Staaten an Frankreich gebunden bleiben sollten. Die Forderung nach sofortiger Gewährung der Unabhängigkeit wiederum war peinlich, weil doch erst kurz zuvor Guinea von de Gaulle exemplarisch bestraft worden war. In dieser Situation entschloß sich der General, die Flucht nach vorn anzutreten und im Dezember 1959 in Dakar nach einer freundlichen Rede Senghors zu verkünden, daß die Unabhängigkeit mit einer weiteren Verbindung mit Frankreich vereinbar sei. Senghor hatte sein Ziel erreicht. Die Unabhängigkeit wurde im freundlichen Einvernehmen mit Frankreich erlangt.

Die Föderation Mali bestand allerdings nicht sehr lange. Modibo Keita, der als Präsident der Föderation in Dakar residierte, wurde übermächtig. Es hieß, er wolle Senghor durch einen Staatsstreich entmachten, um allein herrschen zu können.[15] Es ging dabei nicht nur um einen persönlichen Machtkonflikt, sondern auch um politische Richtungskämpfe. Keita war wesentlich radikaler als der frankophile Senghor, und Frankreich betrachtete Keitas Machtzuwachs mit Sorge. Schließlich kam Senghor den Staatsstreichplänen Keitas zuvor, ließ ihn verhaften und mit seiner Gefolgschaft in einem versiegelten Sonderzug nach Bamako zurückschicken. Der »Jäger auf der Pirsch« war wachsam gewesen. Nun war Senegal wieder Senegal, Mali aber blieb Mali und trug nun allein den Namen, den Senghor dem gemeinsamen neuen Staat gegeben hatte.

In Senegal errichtete Senghor einen Einparteistaat nach dem neuen afrikanischen Muster. Nur war seine Diktatur wesentlich milder als andernorts und seine Begabung, Kompromisse zu schließen, versöhnte alle. Das harte Regierungsgeschäft erledigte der Senghor zunächst treu ergebene Premierminister Mamadou Dia. Dia war ein frommer Muslim, aber gerade deshalb den Häuptern der Muslimbruderschaften gefährlich. Er setzte sich für die Gründung von Agrargenossenschaften ein, welche die quasifeudale Struktur der Muslimbruderschaften unterminiert hätten. Auch nahm Dia die Losung vom »afrikanischen Sozialismus« ernst, die Senghor ausgegeben, aber nicht sehr entschieden verfolgt hatte. Davon wurden wiederum die französischen Wirtschaftsinteressen betroffen, die auch im unabhängigen Senegal ihren gewohnten Lauf nahmen. Die unzufriedene Jugend sah in Senghor bald nur noch einen alten Mann, der die ideologischen Formeln, die er erfunden hatte, unaufhörlich wiederholte, aber nur den Status quo bewahrte. Sie erwartete mehr von Dia; doch als der unvermeidliche Konflikt kam, blieb der alte »Jäger auf der Pirsch« wieder einmal der Sieger, und Dia wurde zu einer langen Haftstrafe verurteilt.[16] Es wurde ihm die Beteiligung an einem Putschversuch zur Last gelegt. Wenn Senghor es gewollt hätte, wäre es ihm wohl möglich gewesen, Dia in Schutz zu nehmen, aber er betrachtete ihn wohl als Rivalen. Erst 1980 räumte Senghor das Feld und machte einen Mann seiner Wahl zum Präsidenten. In seinem Land verblaßte sein Ruhm jedoch bald. Seinen jüngeren und radikaleren Mitbürgern galt er schon lange als ein neokolonialistischer Kollaborateur der Franzosen. Für sie repräsentierte er die Vergangenheit und nicht die Zukunft Afrikas.

Félix Houphuet-Boigny, der Rivale Senghors auf dem Gebiet der afrikanischen Politik, führte die Elfenbeinküste auf ganz ähnliche Weise zur Unabhängigkeit wie Senghor Senegal. Er war kein Gelehrter, sondern ein Vollblutpolitiker, aber auch ein Mann vom Lande. Als ein Häuptling des Volkes der Baoulé, die hier eine ähnliche Rolle spielten wie die Ashanti in Ghana, vertrat er die Interessen der afrikanischen Bauern, die Kaffee und Kakao anbauten, gegenüber den französischen Pflanzern an der Küste und den europäischen Handelsgesellschaften. Bereits 1944 hatte er das *Syndicat Africain Agricole,* einen modern organisierten Bauernverband, gegründet. Er war aber nicht nur Häuptling und Bauernverbandsführer, sondern als Arzt auch Angehöriger der französischen Bildungsschicht. Er wurde später als Parlamentsabgeordneter der Elfenbeinküste Minister in mehreren französischen Kabinetten und damit gleichsam zum schwarzen Paradepferd der Assimilationspolitik. Doch war er keineswegs ein gehorsamer Jasager. Lange Zeit unterhielt er ein gespanntes Verhältnis mit der französischen Kolonialverwaltung.

Zu Beginn seiner politischen Karriere hatte Houphuet-Boigny das Glück gehabt, daß der erste französische Nachkriegsgouverneur, André Latrille, der Kommunistischen Partei nahestand und damit einverstanden war, daß Houphuet 1946 das

Rassemblement Démocratique Africain mit Unterstützung der französischen Kommunisten gründete. Er war selbst kein Kommunist, hatte auch keine Beziehung zu Gewerkschaften, seine Gefolgschaft waren die Bauern. Als er später an die Macht kam, vertrat er einen ausgesprochenen Wirtschaftsliberalismus. Der konservative Nachfolger Latrilles sah in ihm dennoch den Kommunistenfreund und behinderte seine politische Tätigkeit nach Kräften. Damit tat er Houphuet aber eher einen Gefallen, denn dieser konnte sich in der Opposition profilieren. Ende 1950 brach er mit den Kommunisten und verfolgte von nun an eine unabhängige Politik. Als Erbe seines Bündnisses mit den Kommunisten blieb ihm aber die Kaderorganisation seiner Partei, die so gut funktionierte, daß er es sich leisten konnte, lange Zeit als Minister im fernen Paris zu weilen. Dort wirkte er auch entscheidend an dem *loi cadre* von 1956 mit. Der Geist dieses Gesetzes entsprach seinen Vorstellungen von einer französischen Union aus autonomen Einzelstaaten. Dementsprechend stimmte denn auch die Elfenbeinküste beim Referendum von 1958 fast ausnahmslos mit »Ja«. Autonomie, aber nicht Unabhängigkeit war Houphuets Ziel, und noch 1959 sagte er, man werde nicht in die Falle der Briten gehen und unabhängige afrikanische Staaten in die Welt setzen. In dieser Hinsicht wurde er von den Ereignissen überholt. Die Kehrtwendung de Gaulles im Dezember 1959 überraschte ihn, doch beantragte er 1960 wie so viele andere französische Kolonien die Gewährung der Unabhängigkeit. Bald darauf führte Houphuet eine Präsidialverfassung ein und errichtete einen Einparteistaat nach dem gängigen Muster. Mit seiner gut organisierten Kaderpartei war dies kein Problem für ihn.[17]

Da Houphuet sich von vornherein auf Bauern und nicht auf Arbeiter stützte, blieb die Gewerkschaftsbewegung auch in der unabhängigen Elfenbeinküste unterentwickelt. Sein pragamatischer Liberalismus führte die Elfenbeinküste zu wirtschaftlicher Blüte, von der freilich nach wie vor auch französische Wirtschaftsinteressen profitierten. Houphuet standen weiterhin französische Mitarbeiter zur Seite, einige erhielten sogar Ministerposten. In diesem Punkt mußte er allerdings nationalistische Meinungen berücksichtigen und solche Minister schließlich in »Berater« verwandeln. Seine Herrschaft blieb lange Zeit unangefochten. 1963 überstand er einen Putschversuch, und nach 1971 knüpfte er mit seinem alten Rivalen Senghor gute Beziehungen an. Anders als dieser klebte er jedoch an seinem Präsidentensessel und hielt sich noch im hohen Alter für unentbehrlich.

Das geteilte Togo

Togoland war von dem Afrikaforscher und Generalkonsul Gustav Nachtigal 1884 im Namen des Deutschen Reiches in Besitz genommen worden. Nach dem Ersten Weltkrieg wurde es in ein britisches und ein französisches Mandatsgebiet aufgeteilt. Der britische Teil wurde gemeinsam mit der Goldküste (Ghana) verwaltet und nahm daher unmittelbaren Anteil an der politischen Entwicklung dieses Gebietes. Daraus ergaben sich politische Einflüsse auf das benachbarte französische Gebiet, in dem die Möglichkeiten der politischen Partizipation zunächst begrenzter waren. Eine entscheidende Rolle spielte bei den grenzübergreifenden Kontakten das Volk der Ewe, das in beiden Teilen Togos und auch in Ghana siedelte.

Die Ewe waren mobil und aktiv. Um 1600 hatten viele von ihnen ihr Kernland um Notsie verlassen, um der tyrannischen Herrschaft ihres Königs Agokoli zu entkommen, und waren nach Westen gewandert.[18] Sie beteiligten sich intensiv am Sklavenhandel, waren aber auch gute Bauern und Handwerker. In der Zeit nach dem Ersten Weltkrieg versorgten die Ewe die benachbarten, auf Nutzfruchtanbau spezialisierten Gebiete mit Nahrungsmitteln und verdienten zugleich am Schmuggel der Nutzfrüchte, die in der Hafenstadt Lomé nicht mit den in den Häfen der Goldküste üblichen Exportsteuern belastet waren. Die Ewe-Bourgeoisie brachte aktive Politiker hervor, und schon bald nach dem Zweiten Weltkrieg appellierten diese an die Vereinten Nationen, die nun für die Mandatsverwaltung zuständig waren, mit dem Ziel, die Wiedervereinigung ihrer Nation zu erlangen. Die zuständige UN-Kommission zeigte Sympathie für ihr Anliegen, aber die Briten waren prinzipiell gegen jegliche Zugeständnisse an ethnische Gruppen und konnten auch darauf verweisen, daß die Ewe nur eine Minderheit seien, die in den beiden Mandatsgebieten nur je ein Fünftel der Bevölkerung ausmachten. Als 1956 eine Volksabstimmung im britischen Mandatsgebiet über den Anschluß an Ghana abgehalten wurde, ergab sich eine Mehrheit für den Anschluß. Im Süden, im Siedlungsgebiet der Ewe, war man freilich dagegen.

Im französischen Mandatsgebiet ließen die Ewe nach und nach von ihren Wiedervereinigungsbestrebungen ab, weil abzusehen war, daß ein eigener Ewestaat nicht zustande kommen würde und der Zusammenschluß der Ewe nur unter der Ägide Nkrumahs möglich sein würde, von dessen diktatorischen Neigungen man nicht gerade begeistert war. Die Franzosen, die in ihren anderen afrikanischen Kolonialgebieten mit Verfassungsreformen noch sehr zögerten, bemühten sich nun darum, in Togo den politischen Emanzipationsbestrebungen entgegenzukommen. Die beiden prominentesten politischen Führer waren Nicolas Grunitzky und Sylvanus Olympio, die sich als Rivalen gegenüberstanden und einander mehrfach in verschiedenen Positionen ablösten. Viele Mitglieder der Elite von Togo waren Mischlinge, auch Grunitzky hatte seinen Namen von einem deutschen Großvater geerbt. Er hatte 1946 die Wahl für einen Sitz im französischen Abgeordnetenhaus verloren, blieb aber weiterhin ein Favorit der Franzosen, während Olympio bei ihnen als britischer Agent suspekt war. Er vertrat die britische *United Africa Company* in Lomé, bis die Franzosen 1952 dafür sorgten, daß er diesen Posten verlor. Olympio hatte sich als Sprecher der Ewe vor den Vereinten Nationen einen Namen gemacht, und auch das hatte die Franzosen gegen ihn eingenommen. Als die Chancen einer Wiedervereinigung der Ewe schwanden, änderte Olympio seinen Kurs und forderte bereits 1951 die Entlassung Togos in die Unabhängigkeit innerhalb von fünf Jahren. Statt einer Wiedervereinigung der Ewe stand nun die Wiedervereinigung beider Teile Togos auf dem Programm.[19]

Die Franzosen ergriffen nun ihrerseits die Initiative und versuchten, die Nationalisten durch eine rasche Ausdehnung der Wählerschaft zu überholen. Es kam daher zu dem ungewöhnlichen Schauspiel, daß ausgerechnet die Nationalisten gegen diese Maßnahme protestierten. Daß ihre Befürchtungen berechtigt waren, sollte sich bald zeigen, denn die Mehrheit der auf diese

Weise angeschwollenen Wählerschaft unterstützte die gemäßigten Frankophilen. Nun begann der Siegeszug Grunitzkys, der sowohl 1951 als auch 1956 die Wahl für das französische Abgeordnetenhaus gewann und im September 1956 Premierminister eines »autonomen« Togo wurde. Dieses Togo sollte Mitglied der Französischen Union bleiben. Eine Beendigung der Mandatsverwaltung wurde von Frankreich noch nicht beantragt. In den Vereinten Nationen gab es einigen Protest gegen die französischen Reformen in Togo, die offenbar zum Ziel hatten, Togo weiter an Frankreich zu binden und die Gewährung der Unabhängigkeit hinauszuzögern. Schließlich kündigte Frankreich an, man werde Neuwahlen abhalten und 1958 die Aufhebung des Mandats beantragen. Olympio griff Frankreich vor den Vereinten Nationen wegen seiner willkürlichen Reformpolitik an, doch er hatte keinen Erfolg damit. Die Wahlen des Jahres 1958, die ersten mit allgemeinem Wahlrecht, verliefen friedlich und korrekt. Eine von den Vereinten Nationen entsandte Beobachterkommission konnte sich davon überzeugen. Eigentlich war ein Sieg Grunitzkys erwartet worden, aber zur allgemeinen Überraschung gewannen Olympios Nationalisten die Wahl, und er wurde im Mai 1958 Premierminister. Nachdem er an die Macht gekommen war, erwies sich Olympio als durchaus konzilianter Verhandlungspartner der Franzosen, die ihrerseits darauf bedacht waren, Togo zum Modellfall des einvernehmlichen *transfer of power* zu machen. Im April 1960 wurde das Land unabhängig.

Olympios Sieg schien vollständig und ungetrübt zu sein. Grunitzky ging ins Exil und verschwand so für einige Zeit von der politischen Bühne. Togo wurde Einparteistaat. Bald aber zeigten sich die üblichen wirtschaftlichen Schwierigkeiten junger unabhängiger Staaten. Eine davon war die Beschäftigung ehemaliger Kolonialsoldaten, die nun um Aufnahme in die reguläre Armee des Staates ersuchten. Olympio verweigerte ihnen die Aufnahme aus finanziellen Gründen und machte damit einen entscheidenden Fehler. Eine kleine Gruppe dieser Soldaten aus dem Norden Togos putschten. Sie ermordeten Olympio im Januar 1963, übernahmen aber nicht selbst die Macht, sondern beriefen Nicolas Grunitzky an die Regierung. Er wurde aber seinerseits 1967 durch einen Militärputsch gestürzt, geführt von Oberst Eyadema, dessen Militärherrschaft sich dann als sehr dauerhaft erweisen sollte. Das kleine Land, in dem die französische Kolonialmacht den *transfer of power* auf mustergültige Weise vollzogen hatte, war bald kein Musterland mehr. Es folgte dem benachbarten Ghana mit nur kurzem zeitlichen Abstand auf dem Weg in die Militärdiktatur.

Nigeria: Von den *native authorities* zum Bundesstaat

Das große Nigerien, dessen Hauptstadt Lagos im Südosten von der Nordostgrenze am Ufer des Tschadsees rund 1300 Kilometer entfernt liegt, wurde von der britischen Kolonialmacht auf sehr verschiedene Weise beherrscht. Nur das Gebiet um Lagos war britische Kolonie, der Rest des Landes britisches Protektorat. Im Norden praktizierten die Briten ein System der indirekten Herrschaft, das der Gouverneur Lord Lugard in den ersten Jahrzehnten des Jahrhunderts nachgerade zu einer Ideologie erhoben hatte, die er mit missionarischem Eifer verteidigte. Selbst wenn alle Nigerianer das Land verließen – so hieß es einmal –, würden die britischen Kolonialbeamten des Nordens und des Südens ihre Debatten über die beste Form des Regierungssystems weiterführen. Lugard hatte im Norden für sein System der indirekten Herrschaft eine gute Basis gefunden. Die hier lebenden muslimischen Fulbe und Haussa hatten eine Reihe von Emiraten errichtet, die sich durch eine stabile staatliche Struktur auszeichneten.[20] Die Fulbe waren Hirten und Herrscher, die Haussa in erster Linie Händler und Bauern. Etliche der Emire waren Fulbe, denn diese nomadischen Rinderhirten waren große Eroberer und hatten im 19. Jahrhundert viele Haussastaaten in ihre Gewalt gebracht hatten. Für die Staatenbildung in diesem Bereich war wohl weniger die ethnische Zugehörigkeit der Eroberer als die gemeinsame Erfahrung einer islamischen Bewegung, eines heiligen Krieges, mit dem sie diese Region unterworfen hatten, verantwortlich. Afrikanische Ethnien waren nie so deutlich definiert, wie es den Anschein hat, wenn man etwa von »den Fulbe« spricht. Es mußten noch andere Elemente hinzutreten, wie etwa der Islam oder der moderne Nationalismus, um aus solchen Ethnien selbstbewußte Völker zu machen. Hatte sich aber eine staatliche Identität herausgebildet, so bot diese Ansatzpunkte zur Kollaboration mit den Kolonialherren, aber auch zum Widerstand gegen sie. In Nordnigerien konnten die Briten zunächst einmal das dort bestehende politische System durch eine weitere Herrschaftsschicht überlagern, das war effizient und kostengünstig. Die eingeborenen Herrscher wurden zu *native authorities* und erfreuten sich weitgehender Autonomie. Man nötigte sie lediglich dazu, bei ihren Steuereinnahmen zwischen den Privateinkünften des Herrschers und dem »Staatshaushalt« zu unterscheiden. Zu diesem Zweck wurden *native treasuries,* also einheimische Staatskassen, errichtet. Das Modell bewährte sich und sollte deshalb auch auf den Süden übertragen werden, ein Unterfangen, das durch die dortige, völlig andersgeartete Sozialstruktur erschwert wurde.

Die beiden großen Völker des Südens, die Joruba im Westen und die Igbo im Osten, verfügten nicht über eine islamische Staatstradition. Ihre ethnische Identität war in der vorkolonialen Zeit nicht so deutlich artikuliert wie in späterer Zeit. Die Joruba hatten vor der Kolonialzeit eine reiche Stadtkultur und viele kleine Königreiche gebildet, die sich alle vom Reich von Ife ableiteten. Der König von Ife galt jedoch eher als geistliche Autorität denn als allmächtiger Herrscher.[21] Fiel es schon hier nicht leicht, Ansatzpunkte für die *native authorities* zu finden, so war die Einführung dieses Systems bei den Igbo gänzlich absurd. Wie die Bantuvölker besaßen sie keinen »Staat«, aber eine differenzierte Sozialstruktur, bei der Jahrgangsgruppen, Ältestenräte und überregionale Geheimgesellschaften eine Rolle spielten. Hier mußte man *native authorities* willkürlich durch Ernennung schaffen. Damit war aber gerade die Anknüpfung an die Tradition, die Lugard zum Prinzip seiner indirekten Herrschaft gemacht hatte, ganz und gar nicht gegeben. Das System ähnelte hier eher der französischen *chefferie* und wurde zur Zielscheibe der Kritik der einheimischen Bildungsschicht, die bei den weitgehend zum Christentum bekehrten und in Missionsschulen erzogenen Igbo rasch anwuchs.

Trotz der offensichtlichen Ungereimtheiten, die sich auf diese Weise ergaben, waren die Briten darum bemüht, das System der *native authorities* überall auszubauen und zum Fundament ihrer Herrschaft zu machen. Für einen *transfer of power* eignete sich gerade dieses System denkbar schlecht, doch an den dachte man ja zunächst auch nicht. Die Verfassungsreform, die Nigeria 1946 aufoktroyiert wurde, sah zum erstenmal eine Mehrheit afrikanischer Volksvertreter in der Legislative vor, die aber nicht direkt, sondern indirekt gewählt werden sollten. Die *native authorities* entsandten von ihnen gewählte Vertreter in die drei *regional councils* (Nord, West, Süd), und diese wiederum wählten Abgeordnete für die nigerianische Legislative. Die Exekutive auf der höchsten Ebene blieb weiterhin fest in britischer Hand. Der bisher autokratisch regierte Norden kam auf diese Weise zum erstenmal in den Genuß einer Legislative. Der nationalistischen Bildungsschicht konnte damit natürlich nicht Genüge getan werden, sie verlangte eine weitere Verfassungsreform, die 1948 begonnen und 1951 durchgeführt wurde. Die Nationalisten strebten einen nigerianischen Parlamentarismus an, die Briten wollten statt dessen die *native authorities* demokratisieren und lenkten die Aktivitäten der Nationalisten in lokale und regionale Bahnen. Die politischen Parteien, die sich auf diese Weise bildeten, bekamen so von vornherein einen regionalen Charakter und waren nicht geeignet, einer nationalen Interessenaggregation Vorschub zu leisten. Der von Nnamdi Azikiwe (geb. 1904) geführte *National Council of Nigeria and the Cameroons* (NCNC) wurde eine Igbo-Partei, die von dem Joruba-Häuptling Obafemi Awolowo (geb. 1909) geleitete *Action Group* (AG) dominierte in der Westregion, und im Norden bildete sich der *Northern Peoples' Congress,* mitbegründet von Abubakar Tafawa Balewa (geb. 1912). Diese drei prominenten Nationalisten gehörten nicht zu den traditionellen Eliten, sondern verdankten ihren Aufstieg der europäischen Bildung. Azikiwe hatte in den USA studiert und dort auch Politische Wissenschaft gelehrt, Awolowo war nach einem Jurastudium in London zum Häuptling ernannt worden, der Lehrer Balewa hatte ebenfalls in London studiert. Ihre politischen Karrieren wären in einem parlamentarischen System vermutlich anders verlaufen, aber die politische Struktur, die die Briten Nigeria aufprägten, warf sie auf ihre Regionen zurück. Außerdem bot ihnen die ethnische Identifikation die Möglichkeit, die Kluft zwischen Stadt und Land zu überspringen. Die Bauern standen den städtischen Nationalisten oft mit Mißtrauen gegenüber. Die Solidarität mußte sorgfältig konstruiert werden, und das ethnische Zusammengehörigkeitsgefühl kam den Politikern gerade recht. Die politische Form und die Möglichkeiten politischer Mobilisierung konvergierten auf der regionalen, nicht auf der gesamtnigerianischen Ebene.[22]

Die Verfassung von 1951 ließ das Profil eines Bundesstaates mit drei weitgehend autonomen Regionalstaaten mit starkem Übergewicht des Nordens bereits deutlich hervortreten. Die Briten begünstigten das Übergewicht des konservativen Nordens, doch trug dieser durch Sezessionsdrohungen auch selbst dazu bei, daß seinen Wünschen entsprochen wurde. Ferner wurde diesmal nicht nur die Legislative, sondern auch die Exekutive reformiert. Es gab nun nigerianische Minister, die von den britischen Verwaltungsbeamten wie unerwünscht einquartierte Gäste behandelt wurden. Zwar trug die Verfassungsreform zur Afrikanisierung des politischen Systems bei, vertiefte zugleich aber die regionalen Gegensätze. Bereits 1954 wurde wieder eine Reform fällig, die noch einen Schritt weiter in die 1951 angedeutete Richtung ging. Die Autonomie der drei Regionen wurde ausgebaut, sie delegierten nur bestimmte Funktionen an die Bundesregierung. Die Demokratisierung wurde durch die Einführung des allgemeinen Wahlrechts vorangetrieben, das im Norden allerdings auf die Männer beschränkt blieb. Hätte Nigeria nun die durch das *loi cadre* von 1956 in den französischen Kolonien vorgezeichnete Tendenz der »Balkanisierung« nachgemacht, so wäre der nächste Schritt eine Auflösung der Föderation und die Entwicklung der drei Regionen zu separaten unabhängigen Staaten gewesen. Im Hinblick auf die unzähligen Konflikte, die die Aufrechterhaltung des Bundesstaates nach Erlangung der Unabhängigkeit mit sich brachte, wäre eine solche Entwicklung vielleicht besser gewesen. Aber die Briten und die nigerianischen Nationalisten hielten an der Konstruktion des Bundesstaates fest, wobei mit jedem Schritt dem Norden größere Zugeständnisse gemacht wurden.

Als die Verfassung 1959 kurz vor der Erlangung der Unabhängigkeit nochmals revidiert wurde, erhielt der Norden 174 des auf 312 Sitze erweiterten Bundesparlaments. So wurde Balewa im Oktober 1960 Premierminister des unabhängigen Nigeria, Azikiwe mußte sich mit dem Posten des Generalgouverneurs begnügen. In der Bundespolitik war Balewas NPC mit Azikiwes NCNC eine Koalition eingegangen, und Awolowos AG war in die Opposition gedrängt worden. Balewa tat ein Übriges und baute einen Gefolgsmann unter den Joruba auf: Samuel Akintola (geb. 1910), der in Oxford studiert hatte und nach seiner Rückkehr 1950 Mitglied der AG geworden war. Er spaltete 1962 die AG und wurde schließlich Premierminister der Westregion, während Awolowo, des Hochverrats bezichtigt, ins Gefängnis geworfen wurde.

Diese Entwicklung stand im Zusammenhang mit Balewas politischem Kurs. Er hatte sich nach der Unabhängigkeit bemüht, weiterhin enge Beziehungen zu den Briten aufrechtzuerhalten und damit den Hoffnungen gerecht zu werden, die die Briten in ihn gesetzt hatten. Doch die Briten machten es Balewa schwer, diese Rolle zu spielen, weil sie Nigeria einen Verteidigungspakt aufgenötigt hatten, der dort auf großen Widerstand stieß. Natürlich hatte Awolowo als Oppositionsführer den Protest gegen den Pakt und gegen Balewas probritische Politik nach Kräften unterstützt. Dieser Protest gab auch der Forderung Auftrieb, die Verbindung zur Krone aufzukündigen und Nigeria von einem Dominion in eine Republik zu verwandeln. Indien hatte diesen Schritt bereits 1950 getan. Nigeria folgte im Oktober 1963. Azikiwe wurde Präsident, Balewa blieb nach wie vor Premierminister.

In der neuen Achse Balewa-Akintola sahen aber die Igbo heimlich eine Gefahr, und Anfang 1966 kam es zum ersten der vielen Staatsstreiche des Militärs. Balewa und Akintola wurden ermordet. Das Militärregime löste den Bundesstaat und die Regionalstaaten auf, wohl mit der Absicht, einen Zentralstaat unter militärischer Führung zu errichten. Doch nun meuterten Offiziere anderer Ethnien gegen die Igbo-Offiziere, die zuerst geputscht hatten, und der Militärmachthaber General Ironsi wurde ebenfalls ermordet. Die weitere Geschichte Nigerias war durch Bürgerkrieg, ethnische Pogrome und eine Kette von Staatsstreichen gekennzeichnet. Letztlich ist die staatliche Einheit Nigerias im Rahmen einer föderalen Ordnung erhalten geblieben, aber der Preis, den Nigeria für seine Einheit zahlen mußte, war hoch. Die Unruhen und Grausamkeiten, die nach Erlangung der Unabhängigkeit ausbrachen, waren zwar von den Nigerianern selbst zu verantworten. Die Kolonialherren hatten aber dieser Entwicklung insoweit Vorschub geleistet, als sie zuerst mit der Förderung der *native authorities,* dann mit der Betonung des ethnischen Regionalismus und der Verweigerung eines parlamentarischen Regierungssystems Bedingungen geschaffen hatten, die sich später unheilvoll auswirkten.

Kamerun: Radikaler Nationalismus und konservative Reaktion

Kamerun war deutsche Kolonie gewesen und kam nach dem Ersten Weltkrieg unter britische und französische Mandatsverwaltung. Der kleinere Teil wurde gemeinsam mit dem britischen Nigeria verwaltet, der größere verblieb den Franzosen, die ein zentralistisches Verwaltungssystem einführten. Die Unterschiede in der Sozialstruktur erwiesen sich hier als ähnlich bedeutsam wie in Nigeria. Es gab einen von muslimischen Haussa und Fulbe dominierten Norden. Die südliche Küstenregion beherrschten die Duala, ein Bantuvolk, das durch Kontakte mit den europäischen Mächten geprägt worden war und vom Handel mit ihnen profitierte. Im Westen lebten die Bamileke, die den Duala zahlenmäßig überlegen waren. Aufgrund ihrer Küstenkontakte waren jedoch die Duala stärker politisiert, die jeweilige Kolonialmacht hielt sie für besonders aufmüpfig. Bereits in den zwanziger Jahren sandten sie Petitionen an den Völkerbund, und 1945 legten sie ein politisches Manifest vor, das die Franzosen zu politischen Reformen aufforderte. Zwar erhielt der Duala-Häuptling Alexandre Manga Bell einen Sitz im französischen Parlament, doch er war kein Houphuet-Boigny oder Senghor. Er geriet durch die Kooperation mit den Franzosen eher in Mißkredit und war bei seinem eigenen Volk umstritten.

Als Führer der radikalen Nationalisten tat sich Um Nyobé

hervor, der dem Volk der Bassa angehörte. Er war einer der vier Vize-Präsidenten des *Rassemblement Démocratique Africain,* als er 1948 eine Partei mit dem Namen *Union des Populations du Cameroun* (UPC) als Sektion des RDA gründete. Die Duala spielten keine Rolle in dieser neuen Partei, ihre Beteiligung hätte diese auch in ihrer ersten Phase, als sich die Partei um legale Anerkennung durch die Mandatsverwaltung bemühte, nur belastet. Die Partei wurde dann tatsächlich offiziell registriert, konnte sich aber ihrer Zulassung nicht lange erfreuen. Die Franzosen mißtrauten der Partei von Anfang an, obwohl Nyobé sich im Hintergrund hielt und moderaten Strohmännern die Parteiführung überließ. Entscheidend für die weitere Entwicklung wurde, daß Nyobé 1950 Houphuet-Boignys Bruch mit den französischen Kommunisten nicht mitmachte und sich für die Freiheit Algeriens und Vietnams einsetzte. Durch Wahlmanipulationen sorgten die Franzosen dafür, daß die UPC keinen Sitz in der Legislative Kameruns erhielt, sie konnten aber nicht verhindern, daß sich Nyobé mit Petitionen an die Vereinten Nationen wandte, die ja letztlich für die Aufhebung des Mandats und die Entlassung des Landes in die Unabhängigkeit zuständig waren. Im Jahr 1952 wurde Nyobé von den Vereinten Nationen in New York angehört, aber das half ihm wenig. Die Franzosen behielten in Kamerun das Heft in der Hand.[23]

Die Mandatsverwaltung verfolgte zu jener Zeit eine äußerst repressive Politik. Im Mai 1955 kam es zu Aufständen, die man blutig niederschlug. Die UPC wurde verboten und ging in den Untergrund. Doch Nyobé versuchte immer wieder, eine legale Beteiligung am politischen Leben zu erreichen, bat die Verwaltung um eine Amnestie und hätte sich gern an den Wahlen beteiligt, die Ende 1956 abgehalten wurden. Die Franzosen versuchten, den Schein des Verfassungsfortschritts zu wahren, und errichteten in Kamerun einen »Staat unter Mandatsverwaltung«, eine Absurdität, die Nyobé mit Recht verurteilte. Da die UPC von den Wahlen ausgeschlossen blieb, überfielen ihre Anhänger die Wahlstationen. Von nun an blieb ihnen nur noch der Guerillakampf. Die Wahlen erbrachten eine solide konservative Mehrheit. Ahmadou Ahidjos *Union Camerounaise* (UC) und André-Marie Mbidas *Démocrates Camerounais* bildeten im Mai 1957 eine Regierung. Ahidjo (geb. 1924), ein Fulbe aus dem Norden, vertrat die stärkste Partei, mußte sich aber mit dem Amt des Innenministers begnügen, Mbida (geb. 1917), dessen Hochburg die katholische Region um Yaoundé war, wurde Premierminister. Mbida war derartig reaktionär und demonstrativ profranzösisch, daß er selbst den Franzosen bald als untragbar erschien. Im Februar 1958 zwangen sie ihn zum Rücktritt und ersetzten ihn durch Ahidjo. Inzwischen hatte man in Paris die Notwendigkeit erkannt, Kamerun in die Unabhängigkeit zu entlassen, und akzeptierte eine entsprechende Resolution der Legislative Kameruns. Nun sah Nyobé den Zeitpunkt gekommen, den Guerillakampf aufzugeben und den Weg zurück zur Legalität zu gehen. Doch im September 1958 wurde sein Aufenthaltsort verraten und er von der Polizei verhaftet. Statt ihn vor Gericht zu stellen, ließ man ihn ermorden. Seine Gefolgschaft kämpfte weiter im Untergrund.

Nur wenige Monate nach Nyobés Tod erklärten sich die Vereinten Nationen 1959 bereit, den Mandatsstatus aufzuheben und Kamerun ohne nochmalige Wahlen in die Unabhängigkeit zu entlassen. Damit wurde es Frankreich möglich, Ahidjo ohne weitere Komplikationen die Macht zu übertragen. Nachdem Kamerun am 1. Januar 1960 seine Unabhängigkeit erhalten hatte, rief Ahidjo französische Truppen ins Land, um die Rebellen zu bekämpfen. Die ersten Wahlen im unabhängigen Kamerun brachten Ahidjo eine solide Mehrheit (59 von 100 Sitzen), die UPC hatte sich gespalten, ein Flügel wurde zur legalen Oppositionspartei, gewann aber nur 13 Sitze. Ahidjo wurde Präsident, der frühere Finanzminister Charles Assalé (geb. 1911) Premierminister. Er hatte in früheren Jahren einmal für kurze Zeit der UPC angehört, sie aber bald wieder verlassen. Offensichtlich hatte er auf das richtige Pferd gesetzt.

Im Februar 1961 erreichte Ahidjo ein weiteres Ziel, für das Nyobé gekämpft hatte: die Wiedervereinigung Kameruns. In einem Referendum entschied sich die Bevölkerung des südlichen Teils des britischen Mandatsgebiets für die Wiedervereinigung mit Kamerun, der nördliche Teil verblieb in Nigeria. Ahidjo, der in jungen Jahren an die Macht gekommen war, blieb bis 1982 Präsident. Die Methoden, mit denen er seine Macht bewahrte, glichen sehr denen anderer afrikanischer Präsidenten. Er war zwar kein Militärmachthaber wie Mobutu oder Idi Amin, aber Kamerun war unter seiner Ägide ein effizienter Polizeistaat.

Der katastrophale Rückzug der Belgier aus dem Kongo

Belgisch-Kongo war zunächst im Besitz des belgischen Königs Leopold II. gewesen. Dieser Besitz firmierte als »Freistaat«, die belgische Regierung hatte keinerlei Zugriff auf ihn. Erst 1908 trat der König dieses Privateigentum an die Regierung ab, nachdem die Weltöffentlichkeit durch Nachrichten über das »Kongo-Greuel« alarmiert worden war. Insbesondere schwarze, amerikanische Missionare hatten die Zwangsarbeit im Kongo angeprangert. Der König verlor dadurch seinen guten Ruf und zog sich zurück. Der Verfall des Kautschukpreises machte ihm den Abschied von seinem Besitz leicht. Die Erzvorkommen in Katanga, die später von der *Union-Minière de Haut-Katanga* ausgebeutet wurden, waren damals noch nicht in ihrer vollen Bedeutung erkannt worden. Im Ersten Weltkrieg eroberten die Belgier vom Kongo aus auch die deutschen Kolonien Ruanda-Urundi (Rwanda-Burundi), die sie, durch ein Abkommen mit London abgesichert, in Besitz nahmen und ab 1925 als Mandatsgebiet verwalten durften.[24]

Der »Freistaat« war ein Zwangsarbeitsstaat gewesen, von der belgischen Regierung wurde die gesetzliche Verpflichtung zur Zwangsarbeit zwar abgeschafft, aber da diese Verpflichtung durch hohe Steuern abgelöst werden mußte, die die Bauern nicht zahlen konnten, blieb im Grunde alles beim alten. Als Protest gegen die drückende Kolonialherrschaft entstand nach dem Ersten Weltkrieg eine religiöse Bewegung, die mit Berufung auf die Bibel der Unterdrückung den Kampf ansagte. Die Bewegung wurde von Simon Kimbangu geführt, einem protestantischen Katechisten, der 1921 eine religiöse Erleuchtung erfahren haben wollte und als ein neuer Messias verehrt wurde. Die Kolonialherren verfolgten ihn und verurteilten ihn zum Tode. Vom belgischen König begnadigt, starb er 1951 im Gefängnis. Da seine Gefolgschaft weiterhin aktiv blieb, unterdrückten die Belgier alle religiösen Bewegungen mit harter Hand.

In den Jahren der Weltwirtschaftskrise wurde die Zwangsarbeit durch den Zwangsanbau von Nutzfrüchten ergänzt. Die ganze Kolonie wurde wie eine einzige große Plantage betrieben, in der die Kolonialherren bestimmten, was angebaut werden sollte.[25] Die belgischen Beamten behaupteten, es sei ihre Aufgabe, die Schwarzen zur Landwirtschaft zu erziehen, und verbrämten damit ihr brutales Regime. Den Belgiern nützte dieses Regime durchaus. Sie bewältigten die Wirtschaftskrise im Kongo besser als andere Kolonialverwaltungen, die die Last der Krise ebenfalls den Bauern aufbürdeten. Das belgische System wurde sogar von anderen Kolonialherren bewundert. Es war jedoch weniger bekannt, daß das Drangsalieren der Bauern in vielen Gegenden zur Landflucht und zur Konzentration frustrierter Menschen in den Städten führte. So wurde aus dem Kongo ein Pulverfaß.

Die Belgier lebten in der Illusion, ihre Kolonie werde mustergültig verwaltet. Eine echte Volksvertretung gab es jedoch nicht einmal im Ansatz, Wahlen waren unbekannt, die »Volksvertreter« wurden von der Kolonialregierung ernannt. Die ersten Wahlen auf lokaler Ebene fanden erst 1957 statt. Inzwischen war die politische Entwicklung in den anderen Kolonien fortgeschritten, und die afrikanischen Politiker im Kongo nahmen dies zur Kenntnis. Der führende nationalistische Politiker der älteren Generation war Joseph Kasavubu (geb. 1917), der 1950 die *Association des Bakongo* (ABAKO) gegründet hatte. Er wurde 1958 durch den jungen Patrice Lumumba (geb. 1925) »links überholt«, der das *Mouvement National Congolais* (MNC) gründete und sich an Kwame Nkrumah orientierte. Lumumba hatte zunächst einen gemäßigten Kurs verfolgt und in seinem 1957 veröffentlichten Buch ›Le Congo, terre d'avenir, est-il menacé?‹ (›Ist der Kongo als Land der Zukunft in Gefahr?‹) die belgisch-kongolesische Zusammenarbeit gefordert, von der er sich viel erhoffte. Doch diese Hoffnung wurde rasch enttäuscht, und Lumumba revidierte seine Meinung. Im Dezember 1958 besuchte er Nkrumahs große Konferenz in Accra, die viele afrikanische Nationalisten radikalisierte. Im Jahr darauf kam es zu Unruhen im Kongo.

Belgien beschloß nun seinerseits, seine Kolonie baldigst in die Unabhängigkeit zu entlassen, unterdrückte aber gleichzeitig die politischen Bewegungen dort. Kasavubu und andere Politiker wurden ins Gefängnis geworfen.

Die hastige und chaotische Dekolonisierung gründete auch darin, daß Belgien sich der Beschränkung seiner Machtmittel bewußt war. Wehrdienstleistende konnten nicht ohne ihre Einwilligung in den Kongo abkommandiert werden. Die schwarze Kolonialtruppe (*Force Publique*) hatte bereits während des Krieges gemeutert, auf sie konnte man sich im Ernstfall nicht verlassen. Die bevorstehende Unabhängigkeit gab im Kongo nicht etwa der nationalen Einheit Auftrieb, vielmehr machten sich zentrifugale Kräfte bemerkbar, die dem radikalen Nationalisten Lumumba große Probleme bereiteten. Kasavubus ABAKO war ohnehin eine Partei mit stark regionaler Konzentration am unteren Kongo, Lumumbas MNC war überregional vertreten, doch einige Landesverbandsführer, darunter insbesondere Albert Kalonji (geb. 1919) aus der Provinz Kasai, verfolgten ihre eigenen Ziele. Kalonji verbündete sich dann mit Kasavubu und setzte sich für eine föderative Struktur des künftigen Staates ein, während Lumumba für die Aufrechterhaltung eines Einheitsstaats plädierte.[26]

Im Januar 1960 berief Belgien eine Verfassungskonferenz in Brüssel ein, zu der die verschiedenen Parteien des Kongo eingeladen wurden. Hier konnte sich Lumumba mit belgischer Unterstützung gegen die »Föderalisten« durchsetzen, die zuvor von den Belgiern begünstigt worden waren. Im Mai wurde die Verfassung verkündet, die eine Zentralregierung mit Präsident und Premier und einem Zentralparlament mit zwei Kammern sowie sechs Provinzparlamente vorsah. Eine Woche später wurden Wahlen abgehalten, die eine große Zersplitterung der Parteienlandschaft offenbarten. Lumumbas MNC erhielt nur 26 Prozent der Sitze im Zentralparlament, war damit aber immer noch die stärkste Partei. In der Provinz Katanga meldete Moishe Tschombe (geb. 1919) schon jetzt, noch ehe eine Zentralregierung gebildet worden war, seine Sezessionsabsichten an. Kasavubu stellte im Juni eine Zentralregierung unter Ausschluß von Lumumbas MNC zusammen, worauf Lumumba mit der Bildung einer Gegenregierung drohte. Schließlich kam es zum Kompromiß: Kasavubu wurde Präsident, Lumumba Premierminister. Tschombe aber verkündete schon vor der Entlassung des Kongo in die Unabhängigkeit, die am 30. Juni 1960 erfolgte, die Sezession Katangas.

In dieser kritischen Situation kam es wenige Tage später zu einer Meuterei der *Force Publique,* die sich ihres belgischen Offizierskorps entledigen wollte. General Jansen, der diese Truppe befehligte, hatte seinen schwarzen Soldaten eine Gleichung an die Tafel geschrieben: »Vor der Unabhängigkeit = nach der Unabhängigkeit.«[27] Diese zynische Provokation trug zum Ausbruch der Meuterei bei. Die belgischen Offiziere wurden von der neuen Regierung entlassen, nun mußte das Offizierskorps in aller Eile afrikanisiert werden. Dabei erhielt der junge Oberst Joseph Mobutu (geb. 1930) den Posten des Stabschefs, der ihn zur politischen Schlüsselfigur werden ließ. Die noch im Kongo anwesenden Belgier gerieten nach der Meuterei in Panik und verließen fluchtartig das Land. Mehrere Tausend erschienen im benachbarten Rhodesien, wo die Regierung große Mühe hatte, sie aufzunehmen und nach Belgien repatriieren zu lassen. Obwohl die belgische Regierung sich vor der Unabhängigkeit gescheut hatte, Truppen in den Kongo zu entsenden, tat sie es nun danach, um ihre Staatsbürger zu schützen. Der Kongo erklärte daraufhin Belgien den Krieg und rief den Sicherheitsrat der Vereinten Nationen an. Damit begann ein trauriges Kapitel in der Geschichte der Vereinten Nationen. Sie waren hier zum ersten Mal dazu gezwungen, militärisch in die inneren Angelegenheiten eines Landes einzugreifen. Es wurde dabei bewußt auf den Einsatz von Truppen der Westmächte verzichtet. Zunächst griff man auf Truppen aus Ghana und Tunesien zurück, später sollten indische Truppen eine führende Rolle spielen. Doch während man bei der Zusammenstellung der Truppe so vorsichtig war, wurde allen Beteiligten bald klar, daß die Amerikaner die eigentliche politische Führung dieser Intervention in ihren Händen hatten, und die sahen das ganze Problem im Kontext des Kalten Krieges, der sich gerade in einer sehr akuten Phase befand. Die Uranvorkommen im Kongo, die damals für den Westen von großer Bedeutung waren, machten das Land besonders attraktiv. Kein Wunder, daß die

CIA sich intensiv an dem politischen Spiel beteiligte, das sich hier entfaltete. Lumumba gelang es, die Vorurteile, die man ihm ohnehin entgegenbrachte, zu bestätigen, indem er die Sowjetunion um Hilfe bat. Den Westmächten war er ohnehin ein Dorn im Auge, sie setzten lieber auf die Provinzmachthaber und hatten kein Interesse an einer starken Zentralregierung.

Im September 1960 spitzte sich die Krise dramatisch zu. Kasavubu und Lumumba setzten sich gegenseitig ab. Mobutu, der von Anfang an mit den Amerikanern zusammenarbeitete, putschte nun und ließ Kasavubu die Regierungsgeschäfte fortführen, Lumumba aber unter Hausarrest stellen. Lumumba floh, wurde gefangen, nach Katanga verbracht und dort ermordet; die CIA soll daran beteiligt gewesen sein. Seine Gefolgschaft blieb weiterhin aktiv, doch die eigentlichen Machthaber waren schon jetzt Mobutu und seine Kameraden. Die Vereinten Nationen sorgten dafür, daß im August 1961 eine neue Regierung gebildet wurde. Kasavubu blieb Präsident, Premierminister wurde Cyrille Adoula (geb. 1921), der allgemein als Strohmann der Amerikaner galt. Die Vereinten Nationen begnügten sich aber nicht mit diesem Schritt, sondern wollten auch die Wiedereingliederung Katangas in den Kongo durch Truppeneinsatz erzwingen. Tschombe hatte sich in dieser reichen Bergwerksprovinz mit der Unterstützung europäischer Söldner, aber auch seiner eigenen Stammesgenossen recht gut behauptet und in Roy Welensky, dem Premierminister der Föderation von Rhodesien und Nyssaland, einen Sympathisanten gefunden, der ihn zwar nicht militärisch, wohl aber »moralisch« unterstützen konnte.

Der Angriff der Truppen der Vereinten Nationen auf die Truppen Tschombes geriet zum Fehlschlag. Dag Hammerskjöld, der Generalsekretär der Vereinten Nationen, der sich persönlich um die Lösung des Kongo-Problems kümmerte, wollte sich auf britischen Rat am 17. September mit Tschombe auf dem rhodesischen Flughafen Ndola treffen. Doch er kam dort nie an, sein Flugzeug zerschellte in der Nähe Ndolas. Natürlich kamen sofort Gerüchte auf, daß es dabei nicht mit rechten Dingen zugegangen sei. Das Flugzeug soll Einschußlöcher aufgewiesen haben. Nach Welenskys Bericht hat es sich jedoch um einen Unfall gehandelt. Das Flugzeug hatte Katanga in weitem Bogen östlich

153

umflogen, kam dann in Radiokontakt mit rhodesischen Boden-
stationen, seine Lichter wurden bei Überfliegen des Flughafens
von Ndola gesichtet und dann verschwand es im Dunkel der
Nacht.[28] Die Vereinten Nationen verloren durch den Einsatz im
Kongo nicht nur ihren Generalsekretär, sondern büßten auch
viel von ihrem Ansehen ein.

Es dauerte fast zwei Jahre bis die Streitkräfte der Vereinten
Nationen und der Zentralregierung Katanga zurückerobert
hatten und Tschombe ins Exil gehen mußte. Nachdem die
UN-Truppen das Land verließen, tobte der Bürgerkrieg dort
weiterhin. Bald unterstand nur noch ein Drittel des Landes der
Zentralregierung, der Rest des Kongos wurde von regionalen
Machthabern und Gefolgsleuten Lumumbas beherrscht. In dieser hoffnungslosen Situation forderte Präsident Kasavubu
schließlich im Juli 1964 den in Madrid im Exil lebenden
Tschombe auf, zurückzukehren und das Amt des Premierministers zu übernehmen. Die Amerikaner hatten offenbar Pate gestanden, als Kasavubu diesen verlorenen Sohn des Kongo adop-
tierte. Man hoffte wohl auch, seine noch immer schlagkräftige
Katanga-Truppe, die sich nach Angola abgesetzt hatte, für den
Kampf um die Einheit des Kongo einsetzen zu können. Sie griff
erfolgreich in den Kampf ein und wurde dabei, wie schon früher,
von europäischen Söldnern unterstützt. Schließlich griffen auch
belgische Fallschirmjäger, die von den Amerikanern eingeflogen
wurden, in den Kampf ein. Im Frühjahr 1965 konnten Wahlen
abgehalten werden, bei denen Tschombe die Mehrheit errang.
Doch nun, nachdem die letzten Rebellen geschlagen waren,
brauchte Kasavubu Tschombe, der von allen afrikanischen Nationalisten als Handlanger des Westens betrachtet wurde, nicht
mehr. Aus diesem Grund wollte ihn wohl auch Kasavubu loswerden. Er setzte ihn ab und ernannte einen Premierminister seiner Wahl, der jedoch vom Parlament nicht akzeptiert wurde. Das
war die Stunde Mobutus. In einem unblutigen Putsch übernahm
er die Macht, wurde Anfang 1966 Präsident und blieb es für mehrere Jahrzehnte. Fast sah es so aus, als sei der Kongo wieder dort
angekommen, wo er schon einmal unter König Leopold II. gewesen war, denn auch Mobutu verfügte über das Land, das jetzt
Zaire hieß, als sei es sein Privateigentum.

Die Föderation von Rhodesien und Njassaland: Sambia, Simbabwe, Malawi

Dieses merkwürdige politische Gebilde war letztlich ein Erbe der Aktivitäten des großen Imperialisten Cecil Rhodes, der Afrika vom Kap bis nach Kairo den Briten untertan machen wollte. Er gab den beiden Territorien Süd- und Nord-Rhodesien ihren Namen, die zunächst unter der Verwaltung der von ihm gegründeten *British South Africa Company* standen. Er und seine Helfershelfer hatten es verstanden, dem Häuptling Lobenguela des Matabele-Stammes mit unfairen Mitteln zunächst eine Konzession der Bergbaurechte auf seinem Gebiet und dann noch weitere Zugeständnisse zu entlocken. Die Matabele (Ndebele) waren ein Hirtenstamm, der, wohl aus Südafrika vertrieben, ins Mashonaland eingewandert war und die Bevölkerung dort unterworfen hatte. Wie die Fulbe in Westafrika hatten sie sich als Hirten und Herrscher etabliert. Da sie kriegerisch waren, mußten die Briten vorsichtig mit ihnen umgehen. Häuptling Lobenguela ein kluger Mann, erkannte bald, welches Spiel die Kolonialmacht mit ihm trieb. Er sagte einmal zu einem Briten: »Haben Sie je beobachtet, wie ein Chamäleon eine Fliege fängt? Es pirscht sich vorsichtig von hinten an die Fliege heran, verharrt ab und zu regungslos, und wenn es nahe genug gekommen ist, schnappt es die Fliege blitzschnell mit seiner Zunge. Die Briten sind das Chamäleon, die Fliege bin ich.«[29] Als die Briten ihn nicht länger überlisten konnten, kam es zur militärischen Konfrontation, bei der die nur mit Pfeil und Bogen bewaffneten Matabele-Krieger auf der Strecke blieben. Wenige Jahre später erhielt Rhodes 1898 für seine Company die königliche Urkunde, mit der die offizielle Landnahme begann.

Das Land nördlich des Sambesi, Nord-Rhodesien genannt, entwickelte sich von vornherein ganz anders als die südliche Siedlerkolonie. Nord-Rhodesien war ein karges, dünnbesiedeltes Land, das keine weißen Siedler anzog und erst durch den Abbau von Kupfererz für die Kolonialherren interessant wurde. Die wenigen Weißen in Nord-Rhodesien waren denn auch Bergarbeiter, Lokomotivführer und ähnliches, eine »Arbeiteraristokratie«, die sich den Afrikanern gegenüber ebenfalls hocherhaben dünkte, aber nicht durch Landnahme mit ihnen in Konflikt geriet. Nord-Rhodesien wurde 1924 Kronkolonie und vom Londoner Kolonialministerium nach denselben Grundsätzen verwaltet wie Ostafrika.

Süd-Rhodesien optierte 1923 für die Eigenstaatlichkeit unter britischer Herrschaft und lehnte in einem Referendum den Anschluß an die südafrikanische Union ab.[30] Die britischen Siedler, die in Süd-Rhodesien den Ton angaben, hatten mit den südafrikanischen Buren nichts im Sinn. Sie hatten ihr eigenes Parlament, und das Wahlrecht war so beschränkt, daß sich noch 1953 neben rund 47000 weißen Wählern nur etwa 500 Mischlinge, 500 Asiaten und lediglich 400 Schwarze für das Wahlrecht qualifizieren konnten. Es galt ein Zweiklassenwahlrecht, das sich in der Praxis wie ein Zweirassenwahlrecht auswirkte. Die Weißen waren also politisch weitgehend unter sich und brauchten auf die Schwarzen keine Rücksicht zu nehmen. Die afrikanische Gesellschaftsordnung war weitgehend zerstört. Nach der Unterwerfung der Matabele hatten die Weißen hier auch kein Interesse daran, *native authorities* aufzubauen. Die britischen Erklärungen zugunsten der Wahrung afrikanischer Interessen bestanden nur auf dem Papier. Afrikanische Nationalisten hatten es hier besonders schwer, sich Gehör zu verschaffen. Das weiße Regime unterdrückte sie brutal.

Nord-Rhodesien war britisches Protektorat und besaß nur mindere Rechte. Die Schwarzen dort hatten als *protected persons* kein Wahlrecht. Die Weißen befanden sich ohne eine Verfassung, wie sie ihre Nachbarn hatten, freilich in einer prekären Lage und hätten sich ihnen am liebsten angeschlossen. Ein energischer Verfechter des Anschlusses war Roy Welensky (geb. 1907), der als Sohn eines polnischen Juden und einer Burin in Rhodesien geboren worden war. Er hatte sich vom Heizer zum Lokomotivführer emporgearbeitet und auch als Boxer Ruhm geerntet. Als Gründer der Labour Party Nord-Rhodesiens wurde er rasch zum führenden Politiker. Welensky war kein von London entsandter Prokonsul, der abberufen werden konnte, wenn er unbequem wurde, sondern ein Mann, der Afrika als seine Heimat betrachtete und zäh für seine Rechte kämpfte. Er sollte der britischen Regierung im Laufe der Jahre noch viel Kopfschmerzen bereiten.

Als Welensky nach dem Krieg London besuchte, um dort bei seinen Parteifreunden von der Labour Party für seine Anschlußpläne zu werben, wurde ihm klargemacht, daß die zur Wahrung der afrikanischen Interessen verpflichtete britische Regierung einem Anschluß niemals zustimmen könne; gegen eine Föderation habe man nichts einzuwenden, falls dieser dann auch das britische Protektorat Njassaland angehöre. Welensky nahm diese Anregung auf und wurde Föderalist.[31] Hätte er geahnt, welche Sorgen ihm Njassaland später bereiten sollte, wäre er dieser Anregung vielleicht nicht gefolgt. Die Föderation wurde 1953 ins Leben gerufen, jeder Teilstaat hatte einen eigenen Regierungschef und einen eigenen britischen Gouverneur, was die Arbeit des Premierministers der Föderation nicht gerade erleichterte. Der erste Premier der Föderation kam aus Süd-Rhodesien und war ein alter Freund Welenskys, der ihm 1956 in diesem Amt folgte.

Welensky war erst zwei Jahre Premierminister, da nahte schon sein Herausforderer Dr. Hastings Kamuzu Banda (geb. 1906), der nach dem Studium in den USA von 1945 bis 1953 als Arzt in London gelebt und sich dann in Kumasi (Ghana) niedergelassen hatte, wo er Nkrumahs Aufstieg aus nächster Nähe miterleben konnte. Erst 1958 folgte er dem Ruf seiner schwarzen Landsleute und kehrte nach Njassaland zurück, wo er sofort Präsident des *Nyasaland African Congress* (NAC) wurde und eine Massenkampagne für den Austritt Njassalands aus der Föderation und die sofortige Gewährung der Unabhängigkeit organisierte. Infolge der Unruhen, die 1959 in Njassaland ausbrachen, wurde Banda verhaftet und ins Gefängnis geworfen. Dort hätte er nach Welenskys Ansicht auch noch eine Weile bleiben sollen, doch Premierminister Macmillan, der auf seiner *wind of change*-Reise auch die Föderation besuchte, konnte Bandas Verbleiben im Gefängnis nur peinlich sein. Für Welensky waren diese Reise und Macmillans Reden ohnehin mehr als ein Ärgernis. Bei seinem Besuch wich Macmillan einem Gespräch über Banda und Njassaland aus, doch wenig später wurde Banda auf Anordnung Londons entlassen – ein harter Kinnhaken für den alten Boxer Welensky. Er sollte in den folgenden Jahren noch mehr davon einstecken müssen. Sein Los war nicht beneidenswert, denn

Macmillan unterminierte seine Position mehr und mehr, während er stets Lippenbekenntnisse zum Erhalt der Föderation abgab. Einmal weinte er bei einer Begegnung mit Welensky in London geradezu Krokodilstränen. Er wußte, daß die Föderation letztlich auf dem Altar des afrikanischen Nationalismus geopfert werden mußte, wollte aber Welensky solange wie möglich bei der Stange halten, damit er nicht durch direkte Appelle Unruhe in der britischen Öffentlichkeit stiftete.

Nach Macmillans Reise begannen sich die drei Territorien, die noch bis Ende 1963 unter dem Dach der Föderation zusammenleben mußten, rasch auseinanderzuentwickeln. In Süd-Rhodesien hatte Joshua Nkomo (geb. 1917) als Führer der Eisenbahnergewerkschaft bereits 1955 Massenproteste organisiert, doch die Nationalisten blieben unterdrückt. Aber bald begann die politische Einmütigkeit der Weißen zu bröckeln. Die *United Federal Party*, die Welensky und die Föderation unterstützte, geriet immer stärker unter den Druck der von Winston Field (geb. 1904) geleiteten Opposition, die einen härteren Kurs vertrat und auch die Verfassungsreform für Süd-Rhodesien von 1961 ablehnte. In Nord-Rhodesien gewannen inzwischen die afrikanischen Nationalisten, geführt von Kenneth Kaunda (geb. 1924), immer mehr an Boden. Nach einem Boykott der Wahlen von 1959 fanden sich die Nationalisten in der *United National Independence Party* zusammen, deren Vorsitz der 1960 aus der Haft entlassene Kaunda übernahm. Da Nord-Rhodesien noch unmittelbar unter britischer Kolonialherrschaft stand, konnten dort die Nationalisten nicht ganz so rücksichtslos verfolgt werden wie in Süd-Rhodesien. Welensky beobachtete Kaundas Aufstieg natürlich mit Unbehagen, und als dieser 1961 an der Belgrader Konferenz der Bündnisfreien teilnahm, sprach er abschätzig von diesem neuen Gandhi, der gerade eine prokommunistische Konferenz besucht habe. Hatte er schon mit Banda genügend Sorgen, wurde ihm nun auch Kaunda unheimlich. Zugleich sah er immer deutlicher, daß er mit der Föderation auf verlorenem Posten stand und von der britischen Regierung nichts mehr zu erwarten hatte.

Im Februar 1962 besuchte der Commonwealth-Minister Duncan Sandys die Föderation und sprach bei einem Essen in kleinem Kreise mit Welensky und einigen seiner Minister; Lord

Alport, der britische Hochkommissar in der Föderation, war ebenfalls zugegen. Sandys sprach offen über die politische Atmosphäre in Großbritannien und sagte schließlich: »Wir Briten haben den Willen zum Regieren verloren.«[32] Das traf seine Gesprächspartner hart, Welensky bekam heftige Kopfschmerzen, und Lord Alport zog sich zurück, um sich zu erbrechen. Doch nicht nur diese Bemerkung erschütterte Welensky, er hatte den dringenden Verdacht, daß Sandys hinter seinem Rücken bereits eine Abmachung mit Banda getroffen hatte, die den Todesstoß für die Föderation bedeuten mußte.

Für die Weißen in Rhodesien wurde die Lage nun kritisch. Sie bemerkten Welenskys Not und den Verrat ihrer Sache durch die britische Regierung und wandten sich von der *United Federal Party* ab. Als Scharfmacher trat Ian Smith (geb. 1919) auf, der die *Rhodesian Front* gründete und bei den Wahlen im Dezember 1962 die *United Federal Party* auch sofort aus dem Feld schlug. Neuer Premierminister Süd-Rhodesiens wurde Winston Field. Fast zur gleichen Zeit bildete Kenneth Kaunda in Nord-Rhodesien eine Regierung, nachdem die afrikanischen Nationalisten im Rahmen der 1962 eingeführten Verfassungsreform dort die Wahlen gewonnen hatten. Banda hatte bereits im August 1961 einen ähnlichen Sieg seiner *Malawi Congress Party* verbuchen können und seitdem seine Kampagne gegen die Föderation weiter vorangetrieben. Welensky wollte den verlorenen Posten immer noch nicht räumen und beschwor weiterhin die Verpflichtungen, die die britische Regierung 1953 mit der Gründung der Föderation eingegangen war. Dieser war es zwar sehr peinlich, an diese Verpflichtungen erinnert zu werden, aber sie löste die Föderation Ende 1963 trotzdem auf. Damit war der Weg für die afrikanischen Nationalisten frei. Kaunda errang bei Neuwahlen eine große Mehrheit. Am 24. Oktober 1965 wurde Sambia, wie Nord-Rhodesien nun hieß, unter seiner Führung in die Unabhängigkeit entlassen; Malawi (Njassaland) hatte dieses Ziel bereits im Juli 1964 erreicht .

Problematisch blieb dagegen die politische Zukunft Süd-Rhodesiens. War es einst der Anker gewesen, an dem Welensky Nord-Rhodesien mit der Konstruktion der Föderation befestigt hatte, um auch dort die weiße Vorherrschaft zu sichern, so blieb es nun völlig isoliert. Das führte zu einem politischen Rechts-ruck. Im April 1964 löste Ian Smith den vergleichsweise modera-ten Winston Field als Premierminister ab und forderte nun seinerseits die Unabhängigkeit, die die britische Regierung na-türlich nicht gewähren konnte, nachdem sie gerade der schwar-zen Mehrheit in den Nachbarländern zu ihrem Recht verholfen hatte. Die *Unilateral Declaration of Independence,* die Smith daraufhin 1965 trotzig verkündete, führte zu einem langen politi-schen Kampf, der erst im April 1982 mit der offiziellen Entlas-sung des Landes in die Unabhängigkeit beendet wurde. Danach kam es durch Spaltungen im Lager der afrikanischen Nationali-sten zum Bürgerkrieg, der an das Schicksal des Kongo zwei Jahr-zehnte zuvor erinnerte.

Die Entstehung Tansanias

Als Deutsch-Ostafrika nach dem Ersten Weltkrieg britisches Mandatsterritorium wurde, brauchte es einen neuen Namen. Ein britischer Beamter schlug »Tanganjika« vor, ein Name, der nicht wie Ghana oder Mali an alte afrikanische Königreiche erinnerte, sondern in prosaischer Beschreibung das »trockene Hinterland« (*njika*) der Stadt Tanga bezeichnete.[33] In der Tat ist Tanganjika eine dürre Savannenlandschaft mit geringem Niederschlag und nur wenigen fruchtbaren Gebieten an der Meeresküste und an den Ufern der Seen im Westen des Landes. Weite Gebiete sind von der Tsetse-Fliege und der Schlafkrankheit bedroht, die durch sie verbreitet wird. Deshalb ist das Land nur dünn besiedelt. Es gab keine dominanten Stämme dort, sondern eine Vielzahl von kleinen, meist sehr armen Stammesgruppen. Nur die Kaffee-pflanzer des Chagga-Volkes an den Hängen des Kilimanjaro er-freuten sich eines gewissen Wohlstandes.

Die deutschen Kolonialherren hatten bei der Aufteilung Afri-kas hier offensichtlich nicht das beste Territorium erlangt, um so mehr forcierten sie mit drakonischen Methoden den Anbau von Nutzfrüchten wie Baumwolle und Sisal. Damit riefen sie den ge-waltsamen Widerstand der betroffenen Bevölkerung hervor. Der größte Aufstand gegen die deutschen Herren war die *Maji-Maji-*

Revolte von 1905, die von mehreren Völkern des Südens getragen wurde. *Maji-Maji* bedeutet »Wasser-Wasser« und bezieht sich auf ein magisches Wunderwasser, das von Medizinmännern weit verbreitet wurde und die Aufständischen kugelfest machen sollte. Reihenweise mähten Maschinengewehre der Schutztruppe die Aufständischen nieder; über 100000 sollen getötet worden sein, ehe der Aufstand zusammenbrach. Die Erinnerung an diesen heldenmütigen, wenn auch vergeblichen Widerstand blieb in Tanganjika lange lebendig und war auch zur Zeit der Kampagne für die Erlangung der Unabhängigkeit noch nicht vergessen.[34]

Die britische Mandatsverwaltung ging vorsichtiger mit der Bevölkerung um. Von besonderer Bedeutung war die Amtszeit (1925–1931) des Gouverneurs Donald Cameron, der sich für die Interessen Tanganjikas einsetzte und es gegen Pläne, das Land in eine ostafrikanische Föderation einzubeziehen, abschirmte. Gewisse Kreise in London und unter den weißen Siedlern Ostafrikas hätten gern in einer solchen Föderation die Vorherrschaft der Weißen abgesichert. Der Mandatsstatus stand der Einbeziehung Tanganjikas entgegen, darauf konnte Cameron sich berufen. Als Schüler Lord Lugards bemühte er sich, auch in Tanganjika das System der *native authorities* einzuführen und sich dabei auf einheimische Herrscher und Häuptlinge zu stützen, wie er es in Nigeria gelernt hatte. Da diese Häuptlinge aber in der Sozialstruktur Tanganjikas eine geringere Rolle spielten als in Nigeria, mußten sie als Stütze der lokalen Verwaltung meist erst erfunden werden. Immerhin bedeutete dies ein Abrücken von dem deutschen System, das Land von *akidas* verwalten zu lassen, wie es einst der Sultan von Sansibar getan hatte, als noch weite Teile Ostafrikas seiner nominellen Oberhoheit unterstanden. Die *akidas* waren Fremdlinge, die Suaheli, die *lingua franca* der Küstenregion, sprachen und sich meist recht unbeliebt machten. Immerhin trugen sie dazu bei, daß das Suaheli schließlich die Nationalsprache Tansanias wurde. Es ist eine Bantusprache in Grammatik und Grundvokabular mit vielen arabischen Lehnwörtern und hat sich als recht flexibles Instrument der politischen Kommunikation erwiesen.

Die Jahre der Weltwirtschaftskrise waren auch für Tanganjika eine Zeit des Elends. Die Preise für die Exportprodukte des Landes waren gefallen, aber um das zu kompensieren, ließen die Briten mehr Nutzfrüchte anbauen und zogen die Steuerschraube an. Das führte zu großer Unzufriedenheit, die sich zunächst nicht artikulierte, weil es dem Land an einer gebildeten Elite fehlte. Diese entstand erst nach dem Zweiten Weltkrieg und blieb auch dann noch sehr klein. Julius Nyerere (geb. 1924) war der erste Mann des Landes, der mit einem Magistergrad vom Auslandsstudium zurückkehrte. Es wäre zu kurz gegriffen, wenn man folgerte, daß er deshalb auch der erste Präsident seines Landes wurde, dazu bedurfte es noch anderer Qualitäten, aber die Tatsache selbst zeigt, wie wenig sich die Mandatsverwaltung um die Bildung bemüht hatte. Die christlichen Missionare hatten wohl mehr für die Bildung getan als die Regierung, und es war deshalb kein Zufall, daß Nyerere ein katholischer Missionsschüler und der den Missionaren dankbar für das war, was sie für ihn getan hatten.

Die politische Atmosphäre nach dem Zweiten Weltkrieg wurde maßgeblich von Lord Twining geprägt, dem Gouverneur von 1949 bis 1958. Obwohl von einer Labour-Regierung ernannt, war Twining ein Kolonialherr alten Stils, der Nationalisten als lästige Unruhestifter betrachtete. Nyerere sagte später, er sei dem Gouverneur zu Dank verpflichtet, weil dieser den Widerstand erweckt habe, der zum Aufbau einer nationalen Bewegung notwendig gewesen war. Als Nyerere 1952 nach mehrjährigem Studium in Edinburgh nach Tanganjika zurückkehrte und als Lehrer in einer Oberschule angestellt wurde, nahm er Kontakt zu alten Freunden wieder auf. Es gelang ihnen, die alte, harmlose *Tanganyika African Association* zu unterwandern, die unter der Führung von einigen alten Herren vor sich hin dämmerte. Sie wurde 1954 in die *Tanganyikan African National Union* (TANU) umgewandelt, zu deren Präsident Nyerere gewählt wurde. Zunächst war diese Bewegung klein und arm, es gelang ihr aber immerhin, genug Geld zu sammeln, um Nyerere 1955 nach New York zu schicken, wo er von dem *Trusteeship Council* der Vereinten Nationen angehört wurde. Twining hatte seine Reise nicht verhindern können, aber erwirkt, daß er in New York nur eine befristete Aufenthaltsgenehmigung bekam, und das auch nur in der unmittelbaren Nachbarschaft des Gebäudes der Vereinten Nationen. Trotz dieser Behandlung versetzte Nyerere seine Zuhörer mit einer präzisen und gemäßigten Rede in Erstaunen – von afrikanischen Nationalisten war man feurigere Töne gewohnt. Zu Hause wurde er mit großem Jubel empfangen, und seine TANU verbreitete sich rasch im ganzen Land. Der wesentlich radikalere Generalsekretär Oscar Kambona unterstützte ihn dabei. Nyerere gewann auch unter liberalen Europäern und Asiaten viele Freunde, weil er auf rassistische Propaganda verzichtete.

Das Jahr der politischen Entscheidung kam für Nyerere 1958, als glücklicherweise der neue Gouverneur Richard Turnbull sein Amt antrat. Er besaß mehr politischen Weitblick als sein Vorgänger und unterstützte Nyerere wie Gouverneur Arden-Clark seinerzeit Kwame Nkrumah in Ghana. Es standen Wahlen an, die unter einem restriktiven Wahlrecht abgehalten werden mußten, gegen das die TANU protestiert hatte.[35] Deshalb hatte es Nyerere schwer, seine Partei umzustimmen und zur Teilnahme an den Wahlen zu veranlassen. Die Mehrheit der Partei war für einen Wahlboykott, begleitet von einer Kampagne der Nichtzusammenarbeit mit der Regierung. Nyerere hätte einen guten Grund gehabt, für diese Alternative zu optieren. Er war aufgrund eines politischen Artikels wegen Verleumdung angeklagt und zu einer Geldstrafe verurteilt worden. Bei Nichtzahlung wäre er ins Gefängnis gekommen. Da er bisher noch nicht zu einer Gefängnisstrafe verurteilt worden war und es bei afrikanischen Nationalisten zum guten Ton gehörte, zumindest einmal von den Kolonialherren ins Gefängnis geworfen worden zu sein, lag für Nyerere die Versuchung nahe, das Geld nicht zu zahlen, ins Gefängnis zu gehen und die politische Kampagne zu entfesseln, die seine Gefolgschaft von ihm erwartete. Ein Gespräch mit Turnbull stimmte ihn um, er zahlte und verstand es, auf einer Parteikonferenz die TANU-Delegierten davon zu überzeugen, daß der parlamentarische Pfad jetzt mehr versprach als eine revolutionäre Kampagne. Die Wahlen brachten dann auch einen klaren Sieg der TANU und ebneten den Weg für eine weitere Verfassungsreform. Danach wurde Nyerere 1960 Premierminister einer TANU-Regierung. Er erreichte sogar, daß die übliche Verfassungskonferenz in London, die der Entlassung in die Unabhängigkeit vorausging, gleich in Daressalam abgehalten wurde und in Rekordzeit eine Verfassung ausarbeitete.[36] Im Dezember 1961 erlangte Tanganjika die Unabhängigkeit. Der reibungslose Verlauf war ohne Zweifel der erfolgreichen Zusammenarbeit von Nyerere und Turnbull zu verdanken. Das Tempo aber, das Nyerere selbst überraschte, war durch Macmillans Anerkennung des *wind of change* bedingt.

Kurze Zeit nach Erlangung der Unabhängigkeit trat Nyerere als Premierminister zurück und überließ das Amt seinem treuen Gefolgsmann Rashidi Kawawa. Die Euphorie der Unabhängigkeit drohte der Enttäuschung darüber zu weichen, daß sich die Lage der Bevölkerung zunächst nicht verbesserte. Die TANU, der sich jeder anschließen durfte, ließ als staatstragende Partei viel zu wünschen übrig. Sie hatte sich zwar in lokalen Protestbewegungen gegen Landenteignungen oder auch bei Streiks der Hafenarbeiter als mobilisierende Kraft bewährt, aber es fehlte ihr an Disziplin und Koordination. Nyerere widmete sich daher ein Jahr lang der Erneuerung seiner Partei, zugleich bereitete er eine republikanische Verfassung vor und ließ sich 1963 zum Präsidenten des neuen Einparteistaates wählen. Vorstellungen vom afrikanischen Sozialismus im Sinne gegenseitiger Hilfe (*ujamaa*) spielten in Nyereres Denken eine entscheidende Rolle. Den Luxus eines Mehrparteiensystems könne Tanganjika sich nicht leisten, meinte Nyerere, statt dessen wollte er für innerparteiliche Demokratie sorgen. Neben der Innenpolitik bewegte ihn aber auch weiterhin die Außenpolitik, insbesondere die Beziehungen zu den ostafrikanischen Nachbarstaaten.

Die Tatsache, daß die drei ostafrikanischen Staaten nicht gemeinsam, sondern in beträchtlichem zeitlichen Abstand in die Unabhängigkeit entlassen wurden, machte schließlich die geplante ostafrikanische Föderation unmöglich, für die sich Nyerere eingesetzt hatte. Solange sie von Weißen befürwortet worden war, wurde diese Föderation von schwarzen Politikern abgelehnt. Doch jetzt erschien den Afrikanern diese Föderation sinnvoll, insbesondere in Verbindung mit dem bereits bestehenden gemeinsamen Markt und der *East African Common Services Organisation*. Nyerere hatte ganz richtig vorausgesehen, daß der Föderationsplan unter Dach und Fach gebracht werden müsse, solange die drei Staaten noch nicht ihre Plätze in den Vereinten Nationen eingenommen hätten und dann vielleicht nicht mehr zur Aufgabe von Teilen ihrer Souveränität bereit sein würden. Im Sommer 1963 schien die letzte Chance gegeben. Nyerere wollte die Situation nutzen, um die Briten zu einer früheren Gewährung der Unabhängigkeit Kenias zu bewegen. Er und Kenyatta waren zur Föderation bereit, doch schließlich scheiterte der Plan an dem Zögern Ugandas, dessen innere Konflikte es daran hinderten, zu diesem Zeitpunkt der Föderation beizutreten.[37] Als Nyerere 1965 mit Bedauern auf das Scheitern der ostafrikanischen Föderation zurückblickte, gestand er ein, daß die Zusammenarbeit der drei Staaten 1963 auch auf wirtschaftlichem Gebiet weit besser gewesen sei als jetzt. Er setzte sich immer noch für die Bildung der Vereinigten Staaten von Afrika ein, zählte aber auch die Hindernisse auf, die dem entgegenstanden. Darunter nannte er insbesondere auch die oft nicht miteinander vereinbaren Kontakte der verschiedenen afrikanischen Länder mit Mächten außerhalb Afrikas und die Konkurrenz um Entwicklungshilfe.

Mit dem kleinen Nachbarstaat Sansibar stiftete Nyerere jedoch 1964 auf überraschende Weise einen neuen Bundesstaat Tansania. Das kleine Sansibar mit seinen rund 300000 Einwohnern war bisher kaum beachtet worden. Der Sultan von Sansibar, dessen Dynastie aus Oman stammte, hatte zunächst die deutsche Oberherrschaft anerkennen müssen, doch dann tauschte das Deutsche Reich 1890 Helgoland gegen Sansibar ein, und seither war Sansibar ein britisches Protektorat. Die Araber, die nur etwa 10 Prozent der Bevölkerung ausmachten, waren daran gewöhnt, das Land zu beherrschen. Hinzu kam noch eine reiche Schicht asiatischer Händler, meist indische Muslims, und eine alte Einwanderergruppe von Persern aus Shiraz, die Shirazi, die aber in einem Maße mit der schwarzen Bevölkerung vermischt waren, daß sie äußerlich kaum mehr von ihr zu unterscheiden war. Es war daher eine politische Partei unter dem Namen *Afro-Shirazi Party* (ASP) gegründet worden. Mit ihrem Führer, dem Seemann Abeid Karume, verband Nyerere politische Freundschaft. Die arabische Minderheit war in sich gespalten, ein radikaler Flügel hatte sich von der *Zanzibar National Party,* die die Interessen dieser dominanten Minderheit vertrat, abgespalten. Ihr Führer,

Abdul Rahman Mohammed, genannt Babu, versuchte als Marxist eine die ethnischen Gruppen übergreifende politische Bewegung ins Leben zu rufen.

Als Sansibar Ende 1963 in die Unabhängigkeit entlassen wurde, ließen die politischen Spannungen nicht nach, sondern wurden noch gefährlicher, doch unter der Herrschaft des Sultans schien der Status quo gewahrt zu sein, und die Weltöffentlichkeit nahm kaum Notiz von der Geburt des neuen Staates. Im Januar 1964 aber erregte Sansibar durch eine blitzschnelle Revolution allgemeine Aufmerksamkeit. [38]Einem obskuren Ex-Polizisten namens John Okello, der sich bald darauf zum Feldmarschall machte, gelang es im Handumdrehen, die Macht an sich zu reißen. Der Sultan floh, ein Revolutionsrat übernahm die Regierung. Okello war aus Uganda gekommen und hatte eine Weile als Polizist in Sansibar gedient. Er war dann der ASP beigetreten und gehörte ihrem radikalen Flügel an, der Sympathien für Babu hatte. Er machte sich zunutze, daß bei der Sansibarisierung der Polizei etliche Polizisten, die wie er vom Festland stammten, entlassen worden waren. Aus ihnen machte er eine kleine schlagkräftige Truppe, die nachts die Polizeiarsenale besetzte und auch die Radiostation in die Hand bekam. Okello übernahm die Macht nicht selbst, sondern setzte den erwähnten Revolutionsrat ein, in dem Karume und Babu führende Rollen spielten.

Wenige Tage nach dieser gelungenen Revolution sprang der Funke aufs Festland über, wo die noch immer von britischen Offizieren befehligten schwarzen Soldaten der kleinen Streitkräfte von Tanganjika, Kenia und Uganda meuterten. Anlaß und Verlauf dieser Meutereien waren ähnlich wie die der *Force Publique* im Kongo nach dem Abzug der Belgier. Die Soldaten verlangten bessere Bezahlung und wollten ihre britischen Offiziere loswerden. In Tanganjika brach die Meuterei am 20. Januar 1964 aus. Es gelang den Soldaten, ihre britischen Offiziere einzusperren. Danach gingen sie zu Nyerere, doch der hielt sich versteckt. Er dachte wohl an seinen Freund Sylvanus Olympio, Präsident von Togo, der fast genau ein Jahr zuvor einen solchen Militärputsch nicht überlebt hatte. Die Verhandlungen mit den Meuterern blieben daher dem Verteidigungsminister Kambona überlassen, der durch ungeschickte Afrikanisierungsversuche selbst zuvor Unruhe unter den Soldaten gestiftet hatte.[39] Nyerere, der gegen eine hastige Afrikanisierung war, hatte wenige Tage vor der Meuterei in einer Rede verlautbart, daß nun, nachdem alle, die in Tanganjika bleiben wollten, die Staatsbürgerschaft erworben hatten, niemand mehr aufgrund seiner Rasse bevorzugt werden könne. Er hatte dadurch zur Enttäuschung von verständlichen Erwartungen beigetragen. Die Soldaten konnten nun nicht hoffen, ihre britischen Offiziere loszuwerden, doch als sie meuterten, fehlte es ihnen an einer geeigneten Führung. Kambona gelang es, sie mit Versprechungen zu besänftigen. Die britischen Offiziere ließ er rasch außer Landes bringen. Zugleich forderte er britische Truppen an, die die Meuterer entwaffnen sollten. Nyerere zögerte zunächst, willigte dann aber in diesen Hilferuf ein. Die Briten konnten daraufhin der Meuterei rasch ein Ende bereiten.

Nyerere machte es arg zu schaffen, daß er in seiner Not die ehemaligen Kolonialherren um Hilfe angefleht hatte. Er berief eine Sonderkonferenz der OAU nach Daressalam ein, um sich bei den Staatschefs der afrikanischen Länder dafür zu entschuldigen.[40] Er bat seine Kollegen, ihm zu helfen, die britischen Truppen durch afrikanische zu ersetzen. Tatsächlich wurden bald darauf nigerianische Truppen eingeflogen – freilich wiederum in britischen Flugzeugen, weil ihnen keine eigenen zur Verfügung standen. Es kamen aber nicht nur Soldaten, sondern auch Richter und Verwaltungsbeamte aus Ghana und Nigeria, weil Nyerere nun zu einer raschen Afrikanisierung übergehen mußte, ihm aber kein ausgebildetes Personal zur Verfügung stand.

Um den ursprünglichen Unruheherd Sansibar unter seine Kontrolle zu bringen, vollzogen Nyerere und sein Freund Karume im April 1964 die Vereinigung der beiden Staaten zur Republik Tansania. Karume wurde erster Vizepräsident Tansanias, der bisherige Vizepräsident Kawawa wurde zweiter Vizepräsident. Karume verblieb in Sansibar, Babu aber trat in Nyereres Kabinett ein und erhielt ein Ministerium in Daressalam. Die Gründung der neuen Republik war ein meisterhafter diplomatischer Schachzug Nyereres. Sansibar war unter seiner revolutionären Regierung geeignet gewesen, ein afrikanisches Kuba zu werden. Einige Staaten des Ostblock, darunter vor allem auch die DDR, hatten sich dort bereits engagiert. Mit der Schaffung Tansanias konnte Nyerere diese Gefahr einschränken und zugleich verhüten, daß von Sansibar noch einmal ein Versuch unternommen werden könnte, seine Regierung zu stürzen. Er war nun wieder Herr im Haus und konnte seine Demütigung durch die Ereignisse des Januar 1964 vergessen.

Kenia: Weiße Siedler und afrikanische Nationalisten

Kenia ist wie Tanganjika weithin durch dürre Savannenlandschaft gekennzeichnet, doch es hat ein fruchtbares Herzstück nördlich der Hauptstadt Nairobi, das schon früh die Begehrlichkeit weißer Siedler auf sich zog. Das Land hier gehörte den Kikuyu, einem Bantustamm, die ursprünglich sehr gastfreundlich waren und Fremde, die um Aufenthalt baten, sozusagen adoptierten und ihnen Land zur Bebauung zur Verfügung stellten. Hauptmann F. D. Lugard, der auf dem Weg nach Uganda 1890 durch ihr Gebiet reiste, war von den Kikuyu geradezu begeistert und lobte ihre guten Eigenschaften. Doch ihm folgten allerlei Glücksritter, die die Gastfreundschaft der Kikuyu mißbrauchten. Schon als Lugard zwei Jahre später auf dem Rückweg wieder vorbeikam, mußte er feststellen, daß die Kikuyu, durch die Übergriffe der Fremden verstört, ihre Haltung geändert hatten. Sie erlitten in den folgenden Jahrzehnten viel Leid und Unterdrückung, bis sie im Mau-Mau-Aufstand den Versuch machten, ihr Land zurückzuerobern.

Die Aktivitäten der *British East Africa Company,* in deren Auftrag Lugard nach Ostafrika gekommen war, führten bald zum Bau einer Eisenbahn von Mombasa bis zum Viktoriasee. Der Bau wurde 1895 begonnen, und 1901 erreichte die Bahn Kisumu am Viktoriasee.[41] Sie wurde weitgehend von indischen Arbeitern erbaut, die nach getaner Arbeit in ihre Heimat zurückkehrten. Doch nach ihnen kamen indische Eisenbahnangestellte und Händler, die auf Dauer in Afrika blieben und bald eine wohlhabende Gruppe bildeten, die ihr Recht oder das, was sie dafür hielten, beanspruchten. So bemühten sie sich auch um Land in dem fruchtbaren Herzstück Kenias. Die britische Gesetzgebung, die das Hochland zum »weißen Hochland« machte, war weniger im Hinblick auf die Kikuyu konzipiert als zur Abwehr indischer Ansprüche. Im ersten Schritt wurde das begehrte Land zum Kronland erklärt, danach das für weiße Siedler reservierte Land offiziell demarkiert. Für die Kikuyu blieben nur kleine Eingeborenenreservate in der fruchtbaren Landschaft, die sie zuvor auf ihre Weise genutzt hatten.[42] Die Siedler betrachteten diese Nutzungsweise als primitiv und waren stolz auf ihre moderne Landwirtschaft. Natürlich waren sie auf Kikuyu-Arbeitskräfte angewiesen. So ergab sich eine für die Siedler äußerst profitable Symbiose mit den Kikuyu. Die Rechte der Siedler wurden nach 1920, als Kenia vom Protektorat zur britischen Kolonie avancierte, noch weiter gesichert. Jetzt strebten auch die Siedler in Kenia die politische Herrschaft an und hätten dort gerne südafrikanische Verhältnisse geschaffen.

Der Verfall der Preise für Exportprodukte während der Weltwirtschaftskrise traf die Siedler stark. Konflikte brachen auf. Jene, die Mais anbauten, forderten die Verabschiedung einer *Maize Control Act,* die Produktionsbegrenzungen und staatliche Subsidien zur Erhaltung des Maispreises sichern sollte. Die anderen Siedler wollten jedoch den Maispreis niedrig halten, weil Mais das Hauptnahrungsmittel ihrer afrikanischen Arbeiter war und sie deren Löhne nicht erhöhen wollten. Das Gesetz wurde nicht verabschiedet und der Maisanbau weitgehend Kikuyu-Pächtern überlassen, die die Siedler sozusagen auf ihrem Rücken durch die Krise trugen. Sobald im Krieg die Preise stiegen, wollten die Siedler die Pächter loswerden und wieder zu Landarbeitern degradieren oder ganz vertreiben. Die Pächter wurden nun als unrechtmäßige *squatter* bezeichnet. Die an das »weiße Hochland« angrenzenden Kikuyu-Reservate waren inzwischen übervölkert. Der Landhunger der Kikuyu und ihre Konflikte mit den Siedlern nahmen nach dem Krieg rasch zu.[43]

Die Kikuyu waren wie die nigerianischen Igbo eine nach Altersgraden und Familiengruppen organisierte Gesellschaft mit Ältestenräten, die größere Autorität hatten als die von den Briten ernannten »Häuptlinge«. Daher fehlte ihnen vorerst ein allgemein anerkannter Führer. Ein solcher stellte sich ein, als Jomo Kenyatta nach langjährigem Auslandsaufenthalt 1946 nach Kenia zurückkehrte. Er war bereits etwa fünfzig Jahre alt und gehörte damit einem Grad an, der ihn in die Nähe der »Ältesten« rückte. Zudem hatte er bei Bronislaw Malinowski in London Anthropologie studiert und 1938 seine Magisterarbeit unter dem Titel ›Facing Mount Kenya‹ veröffentlicht.[44] Angesichts des ihnen heiligen, 5200 Meter hohen Mount Kenya (Kirinyiga) verrichten die Kikuyu ihre Gebete. Das Titelbild des Buches zeigte Kenyatta in der Tracht eines Kriegers mit dem Speer in der Hand. Das Werk ist mehr als eine akademische Fleißarbeit, es ist das Manifest eines modernen Traditionalisten, der die Solidarität seines Stammes rekonstruiert, sein Recht auf Land und seine Sitten und Gebräuche verteidigt. Er zeigt darin auch seine Kenntnis der Magie, in die ihn sein Großvater eingeweiht hatte, der als Medizinmann durchs Land wanderte und den er dabei begleitet hatte.

Kenyatta war ein charismatischer Führer, und seine Bemühungen, die Kikuyu an ihre Tradition zu erinnern, trafen auf fruchtbaren Boden. Der Übermut der Siedler trieb die Kikuyu in den Widerstand. Der Mau-Mau-Aufstand, der bereits Ende der vierziger Jahre begann, wurde von den Briten mit dem Einfluß Kenyattas in Verbindung gebracht. Man konnte ihm jedoch nicht nachweisen, daß er, wie die Briten behaupteten, »Mau Mau« organisiert und geführt habe. Er behauptete sogar, nicht zu wissen, was »Mau Mau« sei, und das stimmte sogar, denn es war keine Selbstbezeichnung der Aufständischen, sondern ein Name, den ihnen die Polizei gegeben hatte. Als sich nämlich einmal eine Polizeistreife einem Versteck der Aufständischen näherte, hatte ein Posten, der Schmiere stand, »Mau Mau« gerufen, und dies hatte man irrtümlich für die Losung der Bewegung gehalten.[45] Es gab eine Reihe von Erklärungen der Worte »Mau Mau«, aber alle stimmten darin überein, daß die am Aufstand Beteiligten diesen Namen nicht verwendeten und daß er auch in keinem der geheimen Eide vorkam. Aber es könnte sein, daß die geheimen Eide und Aufnahmeriten der Aufständischen von Männern eingeführt wurden, die die Ideen Kenyattas kannten. Es handelte sich dabei im wesentlichen um Wiederholungen der Kikuyu-Initiationsriten. So wie die Wiedertäufer zur Zeit der Reformation die Taufe auf besondere Weise (durch Untertauchen) wiederholten, wurde auch hier ein Neubeginn und eine feierliche Verpflichtung ritualisiert. Ähnlich wie die Wiedertäufer schrieben auch die Aufständischen neue »Kirchenlieder« in der Sprache der Kikuyu und sangen sie zur Melodie bekannter Lieder, ja sogar der britischen Nationalhymne. Da nur sehr wenige Briten ihre Sprache verstanden, konnten sie das sogar in aller Öffentlichkeit tun. Wenn sie in diesen Liedern die Vertreibung der Siedler forderten oder »König« Kenyatta priesen, glaubten die Briten sogar, die Kikuyu seien plötzlich besonders fromm und loyal geworden.[46]

Der harte Kern der Aufständischen versteckte sich in den Wäldern des Aberdare-Gebirges inmitten des »weißen Hochlands«. Sie griffen von dort aus bei Nacht und Nebel die isolierten Gehöfte der Siedler an. Doch wurden während des gesamten Aufstandes weniger als einhundert Siedler ermordet, dafür aber Tausende von Kikuyu-»Verrätern«. Die Kolonialregierung reagierte auf den Aufstand zunächst durch die Ausrufung des Notstandes im Oktober 1952 und dann durch die gewaltige Razzia *Operation Anvil,* bei der ca. 24 000 Verdächtige ergriffen und in Konzentrationslager gesteckt wurden. Manche blieben bis zu sechs Jahren in diesen Lagern, andere wurden nach kürzerer Zeit wieder entlassen und einer Rehabilitationsprozedur unterworfen. Da es darum ging, den Aufständischen den Kontakt mit möglichen Sympathisanten zu verweigern, wurden viele Kikuyufamilien umgesiedelt. Sie lebten traditionell in isolierten Familien-Gehöften, nun mußten sie in große Dörfer umziehen, die von der Polizei leichter bewacht werden konnten.[47] Dieselben Methoden wurden in Malaya zur Bekämpfung der kommunistischen Guerillakämpfer angewendet.

Kenyatta wurde 1952 verhaftet und nach einem aufsehenerregenden Prozeß, in dem man ihm nichts Konkretes nachweisen konnte, im April 1953 zu sieben Jahren Haft verurteilt. Die politischen Aktivitäten der afrikanischen Mehrheit wurden dadurch zunächst einmal gelähmt, 1955 wurden sogar alle afrikanischen politischen Organisationen verboten. Die Regierung experimentierte nun mit »multirassischen« Verfassungsreformen: Weiße, Asiaten und Afrikaner sollten in der Legislative paritätisch vertreten sein. Die gegenseitigen Animositäten waren aber so groß, daß für solche Experimente keine Erfolgsaussichten bestanden.

Nachdem die Kikuyu-Politiker weitgehend ausgeschaltet waren, nahmen Luo-Politiker die Führung der afrikanischen Nationalisten auf. Die Luo sind das zweitgrößte Volk Kenias, keine Bantu, sondern Niloten, die aber den Kikuyu nicht feindlich gegenüberstanden. Oginga Odinga und Tom Mboya, die prominentesten Luo-Politiker, setzten sich für die Freilassung Kenyattas ein und forderten die baldige Gewährung der Unabhängigkeit. Der Gewerkschaftssekretär Mboya hatte eine große Gefolgschaft unter den Arbeitern in Nairobi. Bei der Verfassungskonferenz im Januar 1960 in London trat er als führender Sprecher der Nationalisten auf. Die Ergebnisse dieser Konferenz waren umstritten, die Nationalisten betrachteten die Zugeständnisse als zu geringfügig, den weißen Siedlern gingen sie zu weit. Sie fühlten sich von der britischen Regierung verraten und verkauft, obwohl kein afrikanischer Regierungschef vorgesehen war, sondern lediglich vier afrikanische Minister. Der Gouverneur blieb weiterhin Regierungschef. Die Nationalisten unter der Führung Mboyas weigerten sich, Ministerämter zu übernehmen. Macmillans *wind of change*-Rede mag zur unnachgiebigen Haltung Mboyas beigetragen haben.[48]

Nach der Verfassungsreform hob die Regierung das Verbot afrikanischer Parteien auf, und es formierten sich zwei neue Parteien, die *Kenya African National Union* (KANU) und die *Kenya African Democratic Union* (KADU). Die KANU wurde von Kikuyu und Luo getragen, die KADU von den kleineren Stämmen (Massai, Kalenjin, Giriama etc.). Die KANU war Kenyattas Partei, blieb aber durch seine Abwesenheit behindert, weil niemand wagte, verbindliche Entscheidungen zu treffen. Der ehrgeizige junge Mboya war zwar als Parteiorganisator sehr aktiv, mußte sich aber davor hüten, Neid und Mißgunst zu erregen. Bei den von Januar bis März 1961 abgehaltenen Wahlen erhielt die KANU 67 Prozent der Stimmen, aber nur neunzehn von insgesamt 53 Sitzen, die KADU erhielt nur 16 Prozent der Stimmen, aber immerhin elf Sitze, zwanzig Sitze blieben für die nichtafrikanischen Minderheiten reserviert, die auf diese Weise natürlich überrepräsentiert waren. Nach der Volkszählung von 1962 hatte Kenia insgesamt 8,6 Millionen Einwohner, davon nur 177 000 Asiaten, 56 000 Europäer und 34 000 Araber. Die Aufteilung der afrikanischen Wahlkreise begünstigte die KADU, die in den weiten, dünnbesiedelten Landgebieten vorherrschte, während die

KANU in den Städten und in den dichtbesiedelten Gebieten der Kikuyu und Luo ihre Hausmacht hatte. Der Führer der KADU, Ronald Ngala, ein Giriama von der Küste, beteiligte sich schließlich an der Regierungsbildung und wurde »geschäftsführender Minister« (*leader of government business*), eine Position, wie sie auch Nkrumah in seinem Land zunächst innegehabt hatte. Die KANU ging in die Opposition, weil sie sich darauf festgelegt hatte, daß Kenyatta freigelassen werden müsse, ehe sie sich an einer Regierungsbildung beteiligte.

Der Gouverneur hätte Kenyatta nach den Wahlen freilassen sollen, weigerte sich aber und bekam aus London auch keine entsprechende Anweisung, weil man dort meinte, nur der Gouverneur könne das »Sicherheitsrisiko« beurteilen.[49] Als Kenyatta im August 1961 endlich freikam, wurde er sofort zum KANU-Präsidenten gewählt und trat 1962 in eine von KANU und KADU gebildete Koalitionsregierung ein. Nach einer weiteren Verfassungsreform wurden im Mai 1963 erneut Wahlen abgehalten, bei denen die KANU die absolute Mehrheit und zwei Drittel der Sitze im Abgeordnetenhaus erlangte. Im Juni 1963 wurde Kenyatta Premierminister, im Dezember war Kenia unabhängig.

Kenyattas Regierung wurde im Januar 1964 ebenso wie die der anderen ostafrikanischen Länder von einer Meuterei der Truppen überrascht, die mit britischer Hilfe niedergeschlagen werden mußte. Diese Meutereien hatten überall den gleichen Grund: Die Freiheit war gekommen, aber die schwarzen Soldaten konnten keinen Nutzen daraus ziehen, sie mußten nach wie vor ihren weißen Offizieren gehorchen. Die jungen afrikanischen Regierungen hatten diesem Instrument ihrer Herrschaft keine Beachtung geschenkt und es als gegeben hingenommen. Nyerere, der von der Meuterei als erster Regierungschef betroffen worden war und einige Zeit abtauchen mußte, schämte sich dafür, daß er nur mit britischer Hilfe wieder Herr der Lage werden konnte. In Kenia und Uganda waren die Regierungen bereits gewarnt und genierten sich nicht, auf britische Hilfe zurückzugreifen. In Kenia hatte die Regierung zunächst ganz andere Sorgen. Sie sah sich durch den föderativen Charakter der Verfassung in ihrem Handlungsspielraum beschränkt. Die KADU hatte eine regionale Teilautonomie durchgesetzt und damit ihre Hausmacht abgesichert. Doch sie löste sich schließlich auf, und die KADU-Politiker traten der KANU bei. Damit war der Weg zu einer weiteren Verfassungsänderung frei. Kenia wurde ein Jahr nach Erlangung der Unabhängigkeit Republik und Einparteistaat; Kenyatta wurde Präsident und blieb es bis zu seinem Tod im Sommer 1978.

Uganda: Der Untergang des Königreiches des Kabaka

Das Spannungsverhältnis zwischen Uganda und dem von ihm eingeschlossenen Königreich Buganda prägte die politische Entwicklung vom 19. Jahrhundert bis zum Jahre 1966, als Premierminister Milton Obote den Palast des Kabaka von Buganda stürmen ließ. Buganda, das Stammland der Ganda, war ein fruchtbares Land am Nordufer des Viktoriasees. Buganda war nur das größte und wichtigste einer ganzen Reihe von Königreichen dieser Art, deren Herrscher wohl von Hirtenstämmen aus dem Norden abstammten. Die Verwandlung von Hirten in Herrscher folgte hier einem ähnlichen Muster wie bei den Fulbe in Westafrika. Die Integration der »Herrscherkaste« in die Bantu-Bauernbevölkerung war jedoch in vielen Fällen sehr weit gegangen. Die Ganda gehören zu den Bantu, unterscheiden sich aber durch ihre politische Organisation sehr deutlich von den Kikuyu, die kein Königtum kannten, während für die Ganda der Kabaka zum Inbegriff ihrer Identität geworden war.

Buganda war niemals von den Briten erobert worden. Für die Kolonialmacht kam es sehr gelegen, daß sie den Kabaka von sich abhängig machen konnte, indem sie sich auf seine Seite stellte und ihm half, sein Territorium so weit auszudehnen, daß es schließlich ein Viertel Ugandas ausmachte. Die Ganda betrachteten sich jedoch als Bundesgenossen der Briten und nicht als von ihnen abhängiges Volk. Das *Uganda Agreement* von 1900, das wie später noch erklärt werden soll, nicht nur die Beziehungen Bugandas zu den Briten, sondern auch die internen Besitzverhältnisse und das Steueraufkommen in diesem afrikanischen Königreich regelte, war mit dem britischen *Foreign Office* abgeschlossen worden. Die Ganda pochten darauf, daß dies ein völkerrechtlicher Vertrag zwischen gleichberechtigten Staaten sei. Auf dem Weg zur Unabhängigkeit wurde dieser Sonderstatus Bugandas zum Hindernis, das den Briten viele Schwierigkeiten bereitete. Probleme mit Weißen und Asiaten gab es dagegen in Uganda kaum, da ihre Zahl sehr gering war.

Hauptmann Lugard kam 1890 zu einem günstigen Zeitpunkt nach Uganda. Dort hatten christliche und islamische Gruppen um die Macht gekämpft, ein Kampf, der zugunsten der Christen ausgegangen war, die Lugard mit offenen Armen empfingen. Er half ihnen, ihr Territorium durch geschickte militärische Unternehmungen zu erweitern. Wenige Jahre später – Lugard hatte das Land bereits verlassen – machte die *British East Africa Company*, in deren Diensten er gestanden hatte, bankrott. Die britische Regierung übernahm das Erbe und bemühte sich darum, Steuern in Ostafrika zu erheben, um aus den roten Zahlen herauszukommen. Als politisches Motiv kam natürlich hinzu, dem deutschen Expansionsdrang Einhalt zu gebieten.

In diesem Sinne wurde Henry Johnston 1900 vom Foreign Office nach Uganda entsandt. Er hatte schon in anderen Gebieten Afrikas gedient und galt als Erfinder der Hüttensteuer, die er mit großem Erfolg nun auch im Königreich Buganda einführte. Jeder Hüttenbesitzer mußte drei Rupien pro Jahr zahlen; wenn er eine Schußwaffe besaß, nochmals drei. Einen Teil der Steuer erhielten die Häuptlinge, die sie einsammelten, der Kabaka wurde auch bedacht, doch ging der größte Teil an die Briten. Ferner teilte Johnston die rund 20000 Quadratmeilen Land des Königreiches Buganda so auf, daß rund 9000 davon der britischen Krone zugeschlagen wurden, weitere 8000 wurden unter etwa 4000 Häuptlinge verteilt, der Kabaka und seine Familie erhielten rund 500 und die christlichen Kirchen und Missionsstationen bekamen 90 Quadratmeilen zugesprochen. All dies wurde in dem erwähnten *Uganda Agreement* festgeschrieben, das von nun an als eine Art Grundgesetz galt.[50] Die sozialen und ökonomischen Folgen dieses Vertrags waren beträchtlich. Das den Häuptlingen zuerkannte sogenannte *Mailo*-Land war privater, vererbbarer Grundbesitz. Die alten Klanoberhäupter (*bataka*) waren leer ausgegangen, nur die vom Kabaka eingesetzten Verwaltungshäuptlinge (*bakungu*) hatte man bei der Landverteilung berücksichtigt. Sie wurden auf diese Weise zu einer Art Landadel. Der zunehmende Nutzfruchtanbau (Baumwolle, Bananen, etc.) brachte ihnen und ihren Pächtern viel ein, so daß die Verteidigung dieser Ordnung diesem Landadel sehr am Herzen lag und er geschlossen hinter dem Kabaka stand.

Das Königreich hatte auch ein eigenes Parlament, den *Lukiko,* einen Premierminister (*kattikiro*) und eine Bürokratie. Es war also in mancher Hinsicht ein moderner Staat. Der Kabaka Edward Frederick Mutesa II. (geb. 1924), der bereits mit vierzehn Jahren gekrönt worden war, hatte später mehrere Jahre in Cambridge studiert und war in England als »King Freddie« bekannt und beliebt. Er war Protestant und gehörte der anglikanischen Kirche an, die in Buganda eine bedeutende Stellung hatte. Als 33. Kabaka repräsentierte er eine alte Dynastie, aber er war kein Herrscher alten Stils, sondern ein westlich gebildeter junger Mann. Doch ausgerechnet ein besonders liberaler Gouverneur, Andrew Cohen, geriet mit ihm derart in Konflikt, daß er ihn schließlich deportieren ließ.

Andrew Cohen war 1943 mit 34 Jahren Leiter der Afrika-Abteilung des Kolonialministeriums geworden und hatte seit 1945 die Afrikapolitik der Labour-Regierung entscheidend mitbestimmt. Er war davon überzeugt, daß die Dekolonisierung Afrikas rasch erfolgen müsse, und setzte auf die neue afrikanische Bildungsschicht, die er durch sorgfältig geplante Verfassungsreformen auf den *transfer of power* vorbereiten wollte. In diesem Sinne wandte er sich gegen die alte Politik der indirekten Herrschaft und hatte keine Sympathien für Häuptlinge aller Art. Auch ethnische Nationalismen waren ihm ein Dorn im Auge. Er unterstützte afrikanische Nationalisten in ihrem Bemühen, die durch die Kolonialmacht vorgegebenen Territorien mit politischem Leben zu erfüllen und ihre heterogene Bevölkerung in ein einiges Staatsvolk zu verwandeln. Als die Konservative Partei wieder an die Macht kam, mußte er seinen Schlüsselposten im Kolonialministerium aufgeben und wurde 1952 als Gouverneur nach Uganda entsandt.[51] Es war eine Ironie des Schicksals, daß er gerade dieses Land dekolonisieren mußte, das sich durch große ethnische Vielfalt auszeichnete und in dem ein traditioneller Herrscher einer Ethnie, der gleichzeitig der neuen Bildungsschicht angehörte und wie Cohen in Cambridge studiert hatte, zu seinem Kontrahenten wurde.

Zunächst schien das Verhältnis des Kabaka zum Gouverneur recht harmonisch zu sein. Cohen setzte sich für eine Demokratisierung des *Lukiko* ein. Der Kabaka war kein Autokrat und stimmte der Erhöhung der Zahl der vom Volk gewählten Vertreter in seinem Parlament gern zu. Der Konflikt war aber vorprogrammiert, als Cohen nun auch die Legislative Ugandas demokratisieren wollte und damit die Gefahr drohte, daß diese Legislative Buganda majorisieren könne. Der Widerstand Bugandas gegen die Ausdehnung der Jurisdiktion dieser Legislative besaß bereits eine Geschichte, die Cohen ignorierte. Es kam hinzu, daß 1953 gerade die Föderation von Rhodesien und Njassaland gegründet wurde und deshalb das Mißtrauen gegenüber britischen Verfassungsplänen in Afrika weit verbreitet war. Cohen, der Uganda als Einheitsstaat in die Unabhängigkeit entlassen wollte, war an keinerlei Föderationsplänen interessiert, und das bezog sich auch auf eine föderale Verfassung Ugandas. Der Zusammenstoß mit dem Kabaka war unausweichlich. Cohen ließ ihn Ende November 1953 nach London deportieren.[52]

Der Aufruhr in Buganda war groß, Cohen hatte die Solidarität der Bürger dieses Königreiches, deren Fundament ja die Briten selbst gelegt hatten, offensichtlich unterschätzt. Nach vielerlei Verhandlungen mußte er zugestehen, daß der Kabaka im Oktober 1955 zurückkehren durfte. Er wurde nun konstitutioneller Monarch Bugandas, die Befugnisse des *Lukiko* wurden weiter ausgebaut, doch gerade dadurch brach der alte Konflikt wieder auf. Der *Lukiko* beschloß, die Wahlen zur Legislative Ugandas zu boykottieren, und die Bevölkerung folgte diesem Beschluß mit ganz wenigen Ausnahmen. Es war daher leicht für die in Uganda neugegründete *Democratic Party,* die sich auf die Katholiken stützte, eine Mehrheit zu gewinnen. Ihr Führer Benedicto Kiwanuka, der aus Buganda stammte und dort als Verräter galt, bildete eine Regierung. Der Widerstand Bugandas wurde damit so geschürt, daß sich dort eine Partei mit dem Namen *Kabaka Yekka* (Allein der Kabaka) bildete. Cohen, der durch seine Deportation und spätere Wiedereinsetzung des Kabaka enorm zu dessen Popularität beigetragen hatte, erlebte diese Entwicklung nicht mehr vor Ort, da seine Amtszeit 1957 beendet war. Er hatte ungewollt zur Konsolidierung eines ethnischen Nationalismus beigetragen, nachdem er zuvor gegen Zugeständnisse an jegliche ethnische Nationalismen in Afrika gekämpft hatte. Bei den Wahlen zum *Lukiko,* die im Februar 1962 abgehalten wurden, gewann *Kabaka Yekka* fast alle Stimmen und wurde daher als potentieller Koalitionspartner für die Opposition im Parlament Ugandas attraktiv.

Der Oppositionsführer war Milton Obote, der 1960 den *Uganda People's Congress* ins Leben gerufen hatte, der sich auf die protestantische Bevölkerung stützte. Obote, der aus dem Norden Ugandas kam, war gegen die Sezessionsbestrebungen Bugandas, betrachtete es aber als ein Gebot politischer Klugheit, sich mit dem Kabaka zu arrangieren.[53] Obote war ein verschlagener Mann, der es verstand, anderen nach dem Munde zu reden, solange er sie brauchte. Der Kabaka ging daher auf sein Koalitionsangebot ein und verhalf ihm dazu, im März 1962 Premierminister Ugandas zu werden. Obote setzte sich nun für eine föderative Verfassung ein. Uganda erhielt im Oktober 1962 die Unabhängigkeit und wurde ein Jahr später Republik mit dem Kabaka als Staatspräsidenten. Der Kabaka hatte in dieser Stellung keine exekutiven Funktionen, die wahre Macht lag in den Händen Obotes, der den Kabaka als Steigbügelhalter benutzt hatte und ihn nun für überflüssig erachtete. Als im Januar 1964 auch in Uganda eine Meuterei der Truppen unterdrückt werden mußte, tat Obote dies mit Hilfe britischer Truppen in einer geheimen Aktion, von der nicht einmal der Präsident in Kenntnis gesetzt wurde.

Obote war sich seiner Macht jedoch nicht sicher und vertraute nur noch seinen Günstlingen, unter ihnen auch dem Obersten Idi Amin, der wie er aus dem Norden Ugandas stammte. Ihn beauftragte er im Mai 1966 mit der Erstürmung des Palastes des Kabaka. Nach dessen Flucht ernannte Obote sich selbst zum Präsidenten. Er setzte sich über die im *Uganda Agreement* von 1900 festgeschriebenen Rechte hinweg, enteignete den Grundbesitz der Häuptlinge, ließ die heiligen Trommeln des Kabaka verbrennen und teilte Buganda in mehrere Verwaltungsbezirke auf. Der Kabaka schrieb darauf in London ein Buch mit dem Titel ›The

Desecration of My Kingdom‹ (›Die Entheiligung meines Königreiches‹). Er starb wenige Jahre später im Exil. Obote konnte sich
seines Sieges nicht lange erfreuen. Im Januar 1971 putschte Idi
Amin, wurde Präsident und unterwarf das Land seiner Schrek-
kensherrschaft.

Gemeinsamkeiten der afrikanischen Dekolonisierung

Die Geschichte der afrikanischen Dekolonisierung zeigt, daß der
Weg dieser Länder zur Unabhängigkeit auf vielfältige Weise von
internen Bedingungen, von der politischen Befindlichkeit der
Kolonialmächte und der Entwicklung des Kalten Krieges geprägt war. Ein gemeinsamer Nenner ist die Erhaltung der Kolonien als Einheitsstaaten in den von den Kolonialherren gezogenen Grenzen. Außer in Nigeria fanden föderative Verfassungen
keine Gegenliebe bei den afrikanischen Nationalisten. Waren föderative Bestrebungen für die interne Organisation der Staaten
schon unbeliebt genug, so waren es staatsübergreifende Föderationen um so mehr. Das lag vor allem daran, daß die Kolonialmächte Föderationen zu konstruieren versucht hatten, die auf die
eine oder andere Weise die Vorherrschaft weißer Minderheiten in
Afrika absichern sollten.

Alle afrikanischen Nationalisten waren von der panafrikanischen Idee beeindruckt und hielten während des Kampfes um die
Unabhängigkeit in diesem Sinne engen Kontakt miteinander.
Doch sobald sie ihre staatliche Souveränität erreicht hatten, be-
wahrten sie diese eifersüchtig und waren nicht geneigt, auch nur
einen Teil davon wieder aufzugeben. Selbst dort, wo mehrere
afrikanische Führer den Nutzen einer Föderation klar erkannt
hatten, wie Kenyatta, Nyerere und Obote in Ostafrika, wurde
aus ihren Plänen nichts. Föderationen wie die von Ghana und
Guinea oder von Tanganjika und Sansibar blieben daher Ausnahmen, und wenn man diese näher betrachtet, muß man feststellen,
daß sie eher symbolischen und diplomatischen Charakter hatten,
als daß sie eine echte Integration bedeuteten.

In Hinsicht auf die Art und Weise, in der die Unabhängigkeit
erlangt wurde, kann man zwei Typen von Staaten unterscheiden:

jene, die einen friedlichen *transfer of power* erlebten, und jene, deren Weg zur Unabhängigkeit von Unruhen begleitet war. Senegal und die Elfenbeinküste einerseits sowie Ghana und Guinea andererseits sind zu Beginn dieses Kapitels als Beispiele für diese beiden Typen vorgestellt worden. Der Kongo bot ein Beispiel für eine besonders chaotische Dekolonisierung. An Rhodesien und Kenia konnte gezeigt werden, daß die Präsenz weißer Siedler Komplikationen mit sich brachte. Hier hatte sich die Kolonialmacht in die Abhängigkeit von den Siedlern begeben, weil sie ihnen besondere Vorrechte eingeräumt hatte, die sich nicht leicht zurücknehmen ließen, ohne sich dem Vorwurf des Vertrauensbruchs auszusetzen. Die Frage des Landbesitzes spielte hier eine besondere Rolle, wie das Beispiel Kenias zeigte.

Eine weitere Gemeinsamkeit war das gespannte Verhältnis fast aller Nationalbewegungen zu den Häuptlingen, die entweder direkt von der Kolonialmacht eingesetzt waren oder ihr gegenüber positiv eingestellt sein mußten, um ihr Amt ausüben zu können. Durch diese Stoßrichtung der Nationalbewegungen ließen sich auch vielerlei Beschwerden gegen die lokale Obrigkeit für den Kampf gegen die Kolonialmacht nutzen. Andererseits wurde es dadurch oft schwer, nach Erlangung der Unabhängigkeit Ordnung im Lande zu halten, weil die Häuptlinge diskreditiert waren.

Die Führer der Nationalbewegungen, fast ausnahmslos Männer, die in England, Frankreich oder Amerika studiert hatten, waren zur Zeit der Erlangung der Unabhängigkeit zwischen vierzig und fünfzig Jahre alt. Kenyatta, dessen Geburtsjahr nicht bekannt ist, bildete eine Ausnahme, er war wohl nahezu siebzig, als Kenia unabhängig wurde. In der Mehrzahl waren diese Führer Christen, die in ihrer Jugend durch Missionsschulen geprägt wurden. Die Haltung der weißen Missionare in Afrika erwies sich als zwiespältig, einerseits galten sie als Repräsentanten der Kolonialmächte, andererseits hatten viele von ihnen Sympathien mit den afrikanischen Nationalisten und förderten ihren Werdegang.

Für die meisten jungen afrikanischen Nationen lag ein Problem darin, sich auf eine Nationalsprache festzulegen. Eine kleine gebildete Elite sprach die Sprache der Kolonialherren, so bildete sich ein »frankophones« und ein »anglophones« Afrika heraus. Bei der Vielzahl der Stammessprachen war die Beibehaltung der Kolonialsprache auch meist die einzige praktikable Lösung, denn sonst wäre bald Streit darüber entbrannt, welche Stammessprache den anderen vorzuziehen sei. Es gab aber auch interessante Ausnahmen. Wer 1964 die Parlamente von Kenia und Tansania besuchte, konnte einen deutlichen Kontrast beobachten. In Kenia war der Parlamentspräsident noch ein Brite mit Perücke, und es wurde nur Englisch gesprochen. In Tansania war Adam Sapi, Häuptling der Hehe, Parlamentspräsident. Er trug sein traditionelles langes Gewand und keine Perücke. Die Verhandlungssprache war ausschließlich Suaheli, selbst der einzige britische Kabinettsminister sprach im Parlament nur diese Landessprache. Wie bereits erwähnt, ist Suaheli keine Stammessprache, sondern war schon seit langer Zeit die *lingua franca* Ostafrikas. Nyerere schätzte diese Sprache sehr und fertigte sogar eine Suaheli-Übersetzung von Shakespeares Drama ›Julius Caesar‹ an. Andere Nationalisten waren dagegen schon froh, wenn sie bei ihren Kampagnen die Bevölkerung in den entsprechenden Stammessprachen anreden konnten. Oft beschränkte dies jedoch ihren unmittelbaren Einfluß auf den Stamm, dem sie angehörten. Selbst der sprachgewandte Senghor, der sich der Linguistik westafrikanischer Sprachen gewidmet hatte, beherrschte Wolof, die Sprache seines Nachbarstammes, nur unzureichend; es war eine Fremdsprache für ihn. Für die »nationale« Kommunikation blieb daher meist gar nichts anderes übrig, als sich der Sprache der Kolonialherren zu bedienen.

Eine spezielle Problematik, die hier nur am Rande vermerkt werden konnte, wies die Afrikanisierung der Streitkräfte auf. Während in Indien nach dem Ende des Zweiten Weltkrieges bereits eine von einheimischen Offizieren befehligte, professionelle Armee zur Verfügung stand, gab es in Afrika meist nur kleine Verbände, die noch unter dem Kommando weißer Offiziere standen. Die Soldaten waren natürlich enttäuscht darüber, daß die Unabhängigkeit ihnen keine unmittelbaren Chancen eröffnete. Die nationalistischen Führer hatten die Streitkräfte unter dem Kommando ehemaliger Kolonialoffiziere als gegeben hingenommen. In vielen jungen Staaten kam es daher zu Meutereien.

Das Glück im Unglück war für die betreffenden afrikanischen Regierungschefs, daß die Meuterer in der Führung von Truppen unerfahren waren und daher bald entwaffnet werden konnten; doch dort, wo es unter den Soldaten ehrgeizige Männer gab, suchten diese nach dem sprichwörtlichen »Marschallstab im Tornister«. »Feldmarschall« Okello tat sich hier besonders hervor, verschwand freilich sehr bald wieder von der politischen Bühne. Die erfolgreichen Militärputsche fanden erst Jahre nach der Erlangung der Unabhängigkeit statt. Sie wurden von Offizieren geführt, die bereits daran gewöhnt waren, Truppen zu befehligen. Ihr Erfolg beruhte auf dem Versagen der politischen Parteien. Die politischen Führer hatten sich allzu leichtfertig auf den Einparteistaat festgelegt, ohne zu bedenken, daß eine Partei sich nur in Wahlkämpfen bewähren kann oder aber als gut organisierte Kaderpartei aufgebaut werden muß. Es war wohl nur Nyerere, der dies verstand und sich daher ein ganzes Jahr dem Aufbau seiner Partei widmete. Die meisten Regierungschefs behandelten die Angehörigen ihrer Partei als Befehlsempfänger und bedachten dabei nicht, daß das Militär der Natur der Sache nach die bessere Befehlsempfängerorganisation ist. Wenn sie dann noch der eigenen Partei mißtrauten und sich auf die ihnen angeblich so treu ergebenen Offiziere verließen, war die Einladung zum Putsch perfekt.

Kapitel 6

Afro-asiatische Solidarität und Bündnisfreiheit

Die Motive überregionaler Solidarität

Der Antiimperialismus der asiatischen und afrikanischen Freiheitsbewegungen schuf unter den Nationalisten eine Gemeinsamkeit komplexer Art. Die verschiedenen Organisationen und Konferenzen, die gegründet beziehungsweise einberufen wurden, verdankten ihre Existenz einem Zusammengehörigkeitsgefühl, das einerseits durch den Druck der Kolonialmächte, andererseits durch die Entwicklung des Ost-West-Konflikts gefördert wurde. Die Selbstachtung der Asiaten und Afrikaner spielte dabei eine wichtige Rolle. Sie wollten sich endlich als Subjekte der Weltpolitik bemerkbar machen, nicht länger Objekte sein, über die von anderen Mächten verfügt wurde. Das Sendungsbewußtsein von Führern wie Nehru, Nasser und Nkrumah beruhte auf diesem Streben nach Selbstachtung. Sie fühlten sich den zeitgenössischen Staatsmännern Amerikas, Europas und der Sowjetunion durchaus gewachsen, sahen sich aber von ihnen immer noch nicht als gleichberechtigt anerkannt. Das Sendungsbewußtsein spielte deshalb eine so wichtige Rolle, weil nur die Bemühung um die über die Nation hinausreichende Solidarität der Unterdrückten dem eigenen politischen Kampf eine tiefere Bedeutung verlieh. So sagte Nkrumah, die Freiheit Ghanas sei ohne die Freiheit aller anderen afrikanischen Länder sinnlos. Nasser sah sich als Bannerträger eines arabischen Nationalismus. Nehru deutete die Freiheit Indiens als ein Signal für alle unterdrückten Völker.

Der Ost-West-Konflikt, der sich bald nach der Entlassung Indiens in die Unabhängigkeit bemerkbar machte, brachte die Gefahr einer neuen Kolonisierung mit sich, weil beide Weltmächte dem Prinzip des »Wer nicht für mich ist, ist gegen mich« folgten.

Wer sich nicht auf diese Weise vereinnahmen lassen wollte, mußte seine eigenständige Position artikulieren. Daraus ergab sich die Bewegung der Bündnisfreien, die nach und nach an Gewicht gewann und schließlich die Bestrebungen der afro-asiatischen Solidarität in sich aufnahm, als diese an China gescheitert war.[1] Doch auch als beide Bewegungen noch nebeneinander existierten, durchdrangen sie sich auf vielfältige Weise, und es wäre daher sinnlos, sie analytisch zu trennen und separat darzustellen. Das gilt auch von regionalen Bewegungen wie dem Panafrikanismus, die auf ihre Weise zur afro-asiatischen Solidarität und zur Bündnisfreiheit beitrugen und zugleich von der weltpolitischen Großwetterlage geprägt wurden.[2] Die Entwicklung dieser verschiedenen Bewegungen soll hier in zwei Epochen gegliedert werden, von denen die erste von 1947 bis 1955 reicht und die zweite von 1956 bis 1964. Danach wird über die neuen Initiativen der Jahre 1966 und 1967 berichtet.

In der ersten Epoche standen die meisten Staaten Afrikas noch unter kolonialer Herrschaft. Hauptziel afro-asiatischer Solidarität war die Forderung nach der Befreiung Afrikas. Doch zugleich wurde auch schon die Idee der Bündnisfreiheit geboren, die erst in der zweiten Epoche in besonderen Konferenzen und Organisationen ihren Ausdruck fand. Die zweite Epoche ist durch kontrastierende Entwicklungen gekennzeichnet. Afrika wurde rasch dekolonisiert, die Bewegung des Panafrikanismus stand auf ihrem Höhepunkt, geriet aber rasch in eine Sackgasse und kam über die Gründung der *Organisation of African Unity* (OAU) nicht hinaus. Zugleich zerbrach die organisierte afro-asiatische Solidarität an inneren Widersprüchen, und allein die Bewegung der Bündnisfreien gewann immer größere Bedeutung. In den Jahren 1966 und 1967 machten sich dann Initiativen bemerkbar, die auch Lateinamerika einschlossen und die Konfrontation der »Dritten Welt« mit beiden Supermächten und in stärkerem Maße wirtschaftliche Aspekte zum Thema hatten.

Zuvor ist jedoch noch ein Rückblick auf das internationale Spannungsfeld der Dekolonisierung erforderlich, das sich bereits vor 1947 bildete. Hier spielten insbesondere die Bemühungen der Komintern eine Rolle, die sehr stark von den wechselnden außenpolitischen Interessen der Sowjetunion geprägt wurden.

Die Nationalisten der afro-asiatischen Welt hatten den mehrfachen Positionswandel der Komintern miterlebt, eine Erfahrung, die ihre Haltung gegenüber der Sowjetunion beeinflußte.

Die Komintern und die Befreiung der Kolonien

Für die Kommunisten war der antiimperialistische Freiheitskampf ein Anliegen, das eine zentrale Bedeutung für ihr Streben nach der Weltrevolution hatte. Lenin sagte, der Weg in die Metropolen des Westens führe über die Metropolen Asiens und gab damit Asien einen Vorrang im Kampf gegen den Imperialismus. Er betonte dabei die Rolle der nationalrevolutionären Bourgeoisie und sah in ihr die Avantgarde in diesem Kampf. In diesem Sinne würdigte er auch den Einsatz Gandhis in Indien. Bereits beim zweiten Kongreß der Komintern im Juli 1920 trat ihm jedoch der indische Kommunist Manabendranath Roy entgegen, der beim Kampf gegen den Imperialismus allein auf die Arbeiterklasse setzen wollte und die nationale Bourgeoisie für wankelmütig hielt und davor warnte, daß sie der Revolution in den Rücken fallen könne. Roys These wurde von Lenin nur zum Teil akzeptiert. Er empfahl weiterhin die breit angelegte Volksfront mit der nationalen Bourgeoisie, gestand aber zu, daß Parteien des Proletariats, auch wenn sie noch in einem embryonalen Stadium seien, ihre Unabhängigkeit im Rahmen einer solchen Volksfront bewahren sollten. Unmittelbar nach dem Kongreß der Komintern wurde 1920 der erste Kongreß der Völker des Ostens in Baku abgehalten. Er wurde von nahezu 2000 Delegierten aus 26 Ländern besucht. Es war dies eine Art Propagandafest ohne greifbares Ergebnis. In der Folgezeit wurde die Erwartung eines raschen Erfolgs der Revolution im Westen enttäuscht. Die Sowjetunion arrangierte sich mit den Westmächten und hielt sich in ihrer antikolonialen Propaganda zurück. Auf der vierten Kominternsitzung 1922 trug Roy erneut seine Thesen vor, fand aber wieder wenig Resonanz. Man war dort der Ansicht, daß die Weltrevolution in absehbarer Zeit nicht zu erwarten sei und in den Ländern des Ostens geduldige Aufbauarbeit geleistet werden müsse. Beim fünften Kominternkongreß 1924 wurden noch mildere Töne angeschlagen, es hieß, der Kapitalismus sei in eine reformistische und pazifistische Phase eingetreten. Das Problem der Kolonien wurde unter den Teppich gekehrt. Roy wurde öffentlich getadelt und fühlte sich völlig frustriert. Beim nächsten Kongreß 1925 wehte der Wind wieder schärfer. Inzwischen hatte Stalin es für nötig befunden, die nationalen Befreiungsbewegungen zu unterstützen, und vertrat ähnliche Ansichten wie Lenin zuvor. Wieder fand Roy keine Resonanz für seine These; als aber 1927 die Kuomintang in der Periode des »weißen Terrors« über die chinesischen Kommunisten herfiel, schien Roys These durch den Gang der Ereignisse bestätigt worden zu sein. In den Jahren danach unterstützte die Komintern die Gründung eigenständiger kommunistischer Parteien in den Ländern Asiens und versuchte sich dabei auf das Proletariat zu stützen, so wie es Roy schon 1922 empfohlen hatte. Als Erfolgsrezept erwies sich diese neue Politik der Komintern freilich nicht.

Der Siegeszug des Faschismus in Europa und die Isolation der kleinen kommunistischen Parteien Asiens ließen es der Komintern in den dreißiger Jahren ratsam erscheinen, wieder auf die Nationalisten in den Kolonien zu setzen. Der siebte Kominternkongreß 1935 ermutigte daher die Kommunisten zur Bildung von Volksfrontorganisationen. Es wurde in diesem Zusammenhang auch von der »linken Einheit« gesprochen. Dieses Programm war zum Teil erfolgreich, in Indien etwa konnten die Kommunisten in diesem Rahmen an Boden gewinnen. Der Hitler-Stalin-Pakt bedeutete dann freilich einen Schock für alle, die sich auf die »linke Einheit« eingelassen hatten. Der zweite Schock kam bald darauf, als Hitler die Sowjetunion angriff, die nun zum Bundesgenossen der Imperialisten wurde und den asiatischen Kommunisten befahl, im Krieg mit den Kolonialherren zusammenzuarbeiten. Deshalb wurde 1943 die Komintern aufgelöst. Die Kolonialherren gaben den Kommunisten einen gewissen Spielraum, doch die Nationalisten verachteten sie nun als Vaterlandsverräter. Nach dem Krieg fiel es den Kommunisten nicht leicht, sich von diesem Makel zu befreien.

Als Shdanow 1948 seine These von den »Zwei Lagern« verkündete, wurden die asiatischen Kommunisten von Moskau erneut in eine Zwickmühle gebracht, denn nun galten die asiatischen Nationalisten plötzlich als »Lakaien des Imperialismus«, die es durch radikale Aktionen bloßzustellen und herauszufordern galt. Ein Mann wie Nehru, der durchaus Sympathien für marxistische Lehren hatte und sich nicht als ein solcher »Lakai« bezeichnen lassen wollte, wurde durch diesen mehrfachen Kurswechsel besonders betroffen. Manabendranath Roy hatte sich inzwischen schon längst vom internationalen Kommunismus verabschiedet und eine eigene Bewegung, die des »radikalen Humanismus«, gegründet, die jedoch auf wenige Intellektuelle beschränkt blieb. In den zwanziger Jahren war Roy ein »Vordenker« gewesen, und er eignete sich nicht dazu, als gehorsamer Gefolgsmann den Zickzackkurs der Moskauer Zentrale nachzuvollziehen. Anderen asiatischen Revolutionären, die zunächst begeisterte Kommunisten gewesen waren, mag es ähnlich gegangen sein.

Die Entstehung der afro-asiatischen Solidarität, 1947–1955

Die Standortbestimmung der jungen, unabhängigen Nationen war in erster Linie Jawaharlal Nehru zu verdanken, der als Premierminister Indiens zugleich auch Außenminister war und seiner weltweiten Vermittlerrolle mehr Aufmerksamkeit schenkte als der südasiatischen Regionalpolitik. Noch als Interimspremierminister vor der Erlangung der Unabhängigkeit berief er im März 1947 in Neu-Delhi eine *Asian Relations Conference* ein.[3] Nehru knüpfte damit an den Kongreß der unterdrückten Völker an, den er 1927 in Brüssel besucht hatte. Damals hatte er zum erstenmal die Eigenheiten und Nöte verschiedener asiatischer Völker zur Kenntnis genommen und immer bedauert, daß es keinen weiteren Kongreß dieser Art gegeben hatte, weil es Asiaten und Afrikanern nicht leicht war, sich in Europa zu treffen. Jetzt durfte er selbst der Gastgeber sein, und man brauchte sich nicht mehr im fernen Europa zu treffen.

Nach Nehrus Meinung war Asien eigentlich eine Zone des Friedens, in die allein die europäischen Mächte Kriege und Konflikte hineingetragen hatten. Nach ihrem Rückzug würden die

Asiaten wieder friedlich miteinander umgehen können. Dieser Traum von einem friedlichen, solidarischen Asien kam in der Einberufung dieser Konferenz zum Ausdruck. Es war eine große Schau mit Tausenden von Besuchern, die sich in einem riesigen Zelt in der Purana Qila (Alte Festung) von Delhi trafen. Delegierte aus 28 Ländern waren anwesend. Schon die Einladungspolitik hatte Probleme ergeben. China hatte zunächst gegen die Einladung Tibets opponiert, die Juden Palästinas waren eingeladen worden und nahmen auch teil, was zu Komplikationen mit den arabischen Staaten führte, von denen einige, darunter auch Ägypten, teilnahmen. Die zentralasiatischen Republiken der Sowjetunion nahmen ebenfalls teil, nutzen ihre Anwesenheit aber hauptsächlich zur Verbreitung sowjetischer Propaganda und wurden danach nie wieder zu asiatischen Konferenzen eingeladen. Indonesien war mit einer großen Delegation unter Führung von Premierminister Sjahrir vertreten. Da aber beschlossen war, keine Resolutionen zu verabschieden, konnte der indonesische Freiheitskampf nicht ausdrücklich unterstützt werden. Die Frage der Dekolonisierung Afrikas wurde nur am Rande erwähnt. Vertreter der panafrikanischen Bewegung waren nicht eingeladen worden, weil sich die Konferenz auf Asien beschränken sollte.

Nehru war sehr daran interessiert, eine permanente *Asian Relations Organisation* ins Leben zu rufen, aber die chinesische Delegation stimmte dagegen und wollte eine Entscheidung darüber auf die zweite Konferenz verschieben, die in China stattfinden sollte – offensichtlich in der Hoffnung, das Sekretariat werde dann in China etabliert. Doch wurde die Organisation schließlich unter dem Vorsitz Nehrus gegründet und hatte ein Sekretariat in Delhi, das jedoch vor sich hindämmerte und kaum etwas in Bewegung setzte. Nehru war vermutlich von den vielen Reibereien enttäuscht, die sich während der Konferenz ergeben hatten. Auch konnten in den vielen Diskussionsgruppen der Konferenz keinerlei praktische Ergebnisse erzielt werden. Alles war vage geblieben. Nehru hatte nicht einmal versucht, die Idee der Bündnisfreiheit zu propagieren, die er in Ansätzen schon vorher formuliert hatte. So läßt sich feststellen, daß weder die afro-asiatische Solidarität noch die Bündnisfreiheit, die später im Vordergrund standen, auf dieser Konferenz artikuliert wurden. Die zweite Konferenz, zu der China einladen sollte, kam wegen der revolutionären Ereignisse dort nicht zustande.

Die Konferenz, die Nehru im Januar 1949 einberief, war nicht als Neuauflage der *Asian Relations Conference* konzipiert, sondern hatte eine ganz andere Agenda. Es ging um die Unterstützung des indonesischen Freiheitskampfes. Wie bereits erwähnt, hatten die Niederlande in ihrer zweiten Polizeiaktion 1948 einen großen Teil der Republik Indonesien besetzt und ihre Führung gefangengenommen. Der Sicherheitsrat der Vereinten Nationen befaßte sich zwar bereits mit der Angelegenheit, reagierte aber zu zögerlich. Der birmanische Premier U Nu regte daher Nehru zu der Konferenz an, an der sich neben einer Reihe von asiatischen Staaten auch Australien aktiv beteiligte. Diesmal ging es nicht um vage Propaganda, sondern um klare Resolutionen, getragen von Vertretern unabhängiger Regierungen. Die Niederländer wurden aufgefordert, sich zurückzuziehen, die Regierung der Republik freizulassen, keine weiteren regionalen Regierungen, die mit der Republik konkurrierten, zu errichten und ganz Indonesien 1950 die Unabhängigkeit zu gewähren. Diese Forderungen motivierten den Sicherheitsrat, bald darauf ähnliche Beschlüsse zu fassen. Als *pressure group* hatten die asiatischen Staaten sich auf diese Weise bewährt. Doch die Bemühungen um eine permanente Organisation, die auch hier wieder aufgenommen wurden, führten zu keinem Ergebnis. Nehru war selbst nicht mehr sehr daran interessiert und empfahl statt dessen eher eine Koordination der Aktivitäten der asiatischen Staaten in den Vereinten Nationen. Dieser Weg wurde dann auch beschritten.

Es ist auffällig, daß in bezug auf Indochina und Frankreich keine ähnlichen Aktivitäten entfaltet wurden. Das läßt sich wohl nur damit erklären, daß es in Indochina die Kommunisten waren, die den Freiheitskampf trugen, und daß 1948 infolge der neuen militanten Politik der Sowjetunion die Kommunisten in mehreren asiatischen Ländern als Feinde der nationalen Regierungen aufgetreten waren. Zudem standen nicht, wie im Fall Indonesiens, Beschlüsse des Sicherheitsrats bevor, auf die man durch die Einberufung einer Konferenz hätte Einfluß ausüben können.

Die weiteren Kontaktnahmen asiatischer Staaten zur Vertretung gemeinsamer Interessen ergaben sich bei den Vereinten Nationen in New York.[4] Der Koreakrieg schuf 1950 eine für die asiatischen Nationen bedrohliche Situation. Mit der von den Vereinten Nationen mehrheitlich getragenen Resolution, der sich nur Indien und Indonesien entgegengestellt hatten, war die Entscheidung gefallen, die Truppen General MacArthurs über den 38. Breitengrad vorstoßen zu lassen. Als dann jedoch China intervenierte, war guter Rat teuer, und selbst die Westmächte ermutigten Indien, gemeinsam mit anderen asiatischen Mächten, China aufzufordern, nun seinerseits am 38. Breitengrad anzuhalten. Der indische UN-Botschafter, Benegal N. Rao, lud eine Reihe Vertreter anderer asiatischer Staaten am 5. Dezember 1950 in seine Wohnung ein, um diese Angelegenheit zu besprechen, und damit begann die aktive Zusammenarbeit der afro-asiatischen Staaten in den Vereinten Nationen. Doch die Initiative dieser Staaten und die Forderung an China hatte keinen Erfolg, so daß schließlich die USA China als Aggressor brandmarken ließen und den Krieg mit dem Segen der Vereinten Nationen fortsetzten. Erst am Ende des Krieges konnte Indien eine aktive Rolle bei der Repatriierung der Kriegsgefangenen spielen. Stalin, der auf Europa fixiert war und mit Asien nicht viel im Sinn hatte, wurde durch einen Brief Nehrus, in dem er seine Dienste als Vermittler anbot, wohl zum erstenmal darauf aufmerksam, daß es da noch jemanden gab, den man nicht einfach als »Lakai des Imperialismus« abqualifizieren konnte. Nehru hatte 1947 noch als Interimspremierminister diplomatische Beziehungen zur Sowjetunion aufgenommen und seine Schwester Vijayalakshmi Pandit als erste Botschafterin nach Moskau entsandt.[5] Aber vor 1951 waren die indisch-sowjetischen Beziehungen praktisch ohne Bedeutung. Erst als Berija in diesem Jahr das Prinzip der friedlichen Koexistenz verkündete und der »Dritten Welt« dabei eine positive Rolle zuschrieb, wurde Nehrus Haltung anerkannt.

Nach der Revolution in Ägypten beanspruchte auch dieses Land eine Führungsrolle in der »Dritten Welt«. In Kairo formulierte im Dezember 1952 eine Konferenz von zwölf afrikanischen und asiatischen Staaten den Grundsatz der Bündnisfreiheit: Neutralität gegenüber beiden Weltmächten. Afro-asiatische Solidarität und Bündnisfreiheit wurden nahezu identisch. Die Indochina-Konferenz in Genf 1954, die einen Schlußstrich unter den letzten großen Kolonialkrieg zog, gab der afro-asiatischen Solidarität weiter Auftrieb: Die asiatischen Staaten fühlten sich brüskiert, weil sie keine offizielle Position in dieser Konferenz hatten. Nehrus Abgesandter Krishna Menon konnte nur hinter den Kulissen eine Vermittlerrolle spielen. Als Ergebnis seiner Aktivitäten wurde Indien zusammen mit Polen und Kanada in die internationale Kontrollkommission berufen, die die Verantwortung für die Wahrung des Friedens in Indochina trug. Diesen Friedensplan durchkreuzte aber noch im selben Jahr die Bildung der in Analogie zur NATO konzipierten SEATO (*South East Asian Treaty Organisation*). Während die Kontrollkommission Indochina neutralisieren sollte, war die SEATO ein Instrument des Kalten Krieges. Für Indien bedeutete diese Ausdehnung des amerikanischen Paktsystems nach Südostasien eine Brüskierung seiner Bemühungen um eine Entspannung zwischen Ost und West. Pakistan wurde prompt Mitglied des SEATO und schuf so die Verbindung zwischen den Paktsystemen in West- und Südostasien. Damit wurde Indiens Verhältnis zur SEATO zusätzlich belastet.

Im April 1954 hatte Indien einen bemerkenswerten – oder soll man sagen »merkwürdigen« – Vertrag mit der Volksrepublik China geschlossen, der im Kontext der weltpolitischen Entwicklung eine besondere Rolle spielte. Chinesische Truppen waren 1950 in Tibet einmarschiert und hatten die Oberherrschaft über diese »autonome Region Chinas« errichtet. Indien hatte nicht dagegen protestiert, sondern seine noch von den Briten übernommenen Sonderrechte in Tibet aufgegeben. Trotz dieser entgegenkommenden Haltung gab es bald Grenzdispute. China beanspruchte Gebiete, die innerhalb der indischen Grenzen lagen.[6] In dieser Situation wurde nun ein Vertrag über Indiens Handel mit Tibet abgeschlossen, in dem Grenzfragen gar nicht erwähnt, sondern nur ein paar Bergpässe genannt wurden, über die dieser Handel betrieben werden durfte. Indien hätte wohl auf einen konkreteren Vertrag bestehen können, denn China war zur Konsolidierung seiner Position in Tibet auf diesen Vertrag angewiesen. Statt dessen wurden nur einige fromme Wünsche in den Vertrag eingefügt, die als die »Fünf Prinzipien der

191

friedlichen Koexistenz« (*Panchshila*) berühmt wurden. Diese Grundsätze beschworen die gegenseitige Anerkennung der Souveränität der Vertragspartner und garantierten die Nichteinmischung in die inneren Angelegenheiten des anderen Staates. Nehru glaubte, damit den Frieden gesichert und die Freundschaft Chinas erworben zu haben, doch bemühte er sich in der Folgezeit, China in den Kreis der afro-asiatischen Solidarität einzubeziehen und vor diesem Forum ein öffentliches Bekenntnis zu den »Fünf Prinzipien« abzulegen. Das scherte Chinas kommunistische Führung natürlich nicht, im Gegenteil, man benutzte Indien als Steigbügelhalter zur Erlangung internationaler Respektabilität und versetzte ihm erst einen Tritt, nachdem China dieses Ziel erreicht hatte.

In diesem Schicksalsjahr 1954 fand im April eine Konferenz der südasiatischen Regierungschefs in Colombo statt, zu der auf Nehrus Wunsch auch Indonesien eingeladen wurde. Der Plan zu dieser Konferenz stammte vom Gastgeber, dem ceylonesischen Premier John Kotelawala, der sich auf diese Weise einen Namen machen wollte. Seine Kollegen waren zunächst von dieser Konferenz gar nicht sehr angetan, da abzusehen war, daß es dort zu bitteren Kontroversen kommen würde, weil Pakistan sich gerade in das amerikanische Paktsystem hatte eingliedern lassen. Die Entscheidungsschlacht in Indochina stand unmittelbar bevor. Indien und Birma hatten amerikanischen Flugzeugen mit französischen Truppen die Transitrechte verweigert, während Pakistan und Ceylon sie ihnen gewährt hatten.

Während die fünf südasiatischen Regierungschefs in Colombo tagten, hatte die Genfer Konferenz bereits begonnen, zu der auf amerikanisches Betreiben keine asiatischen Regierungen eingeladen worden waren. Der britische Außenminister Anthony Eden, der eine breitere Beteiligung gewünscht hätte, ließ eine direkte Radioverbindung nach Colombo herstellen und unterrichtete die dort versammelten Regierungschefs laufend über den Stand der Genfer Debatte.[7] Auf diese Weise erhielt die Konferenz in Colombo eine aktuelle Bedeutung, an die zuvor nicht gedacht worden war. Das machte die Verhandlungen dort freilich nicht einfacher. Bei einer Sitzung, an der nur die Regierungschefs teilnahmen, soll Nehru den pakistanischen Premier Mohammed

Ali Bogra angeschrieen haben, er sei nur ein Strohmann der Amerikaner, worauf dieser Nehru einen Strohmann der Sowjetunion nannte. Die Schwierigkeit für den pakistanischen Premier lag darin, eine Resolution über Indochina zu unterstützen, mit der gefordert wurde, dritte Mächte sollten sich jeder Intervention oder Militärhilfe für die kriegführenden Mächte enthalten. Da Pakistan amerikanische Militärhilfe erhielt, konnte Mohammed Ali es nicht verurteilen, wenn andere solche Hilfe erhielten. Indien wiederum wollte sich keiner Resolution anschließen, die den internationalen Kommunismus verdammte. Nehru wies ausdrücklich auf seinen soeben mit China abgeschlossenen Tibet-Vertrag hin und betonte, er könne seinen kommunistischen Vertragspartner nicht verprellen. Die Resolutionen wurden soweit entschärft, daß sie fast nichtssagend waren. Ganz am Rande beschloß man noch, ohne viel darüber zu diskutieren, daß eine afro-asiatische Konferenz in Bandung stattfinden solle. Der indonesische Premier Dr. Ali Sastroamidjojo hatte diese Einladung übermittelt.

Die Vorbereitungskonferenz für Bandung fand im Dezember 1954 in Bogor, Indonesien, statt. Im Mittelpunkt der Debatten stand die Einladungspolitik. Nehru plädierte dafür, daß nur unabhängige Staaten eingeladen werden sollten. Darin waren die fünf Staaten der Colombo-Konferenz, die als Sponsoren der Bandung-Konferenz galten, sowie weitere vierzehn afro-asiatische Staaten, die bereits den Vereinten Nationen angehörten, automatisch eingeschlossen. Nepal, die Türkei, Japan und die vier Staaten Indochinas sowie Sudan und das zukünftige Ghana wurden ebenfalls ohne große Debatten als Teilnehmer akzeptiert. Kontrovers waren nur die Einladungen Israels und Chinas. Der Ministerpräsident von Birma, U Nu, setzte sich sehr für eine Einladung Israels ein, mit dem sein Land sehr intensive Beziehungen unterhielt. Da man jedoch befürchten mußte, daß dann alle arabischen Staaten der Konferenz fernbleiben würden, wurde Israel schließlich doch nicht eingeladen. Gegen die Einladung Chinas plädierte Pakistan mit dem Hinweis, daß die arabischen Staaten sowie Thailand und die Philippinen China noch nicht diplomatisch anerkannt hätten und daher vielleicht der Konferenz fernbleiben würden. Nehru setzte sich dagegen sehr energisch für die

Einladung Chinas ein, und sein Wunsch wurde erfüllt. Das geteilte Korea wurde nicht eingeladen. Australien, das sich so aktiv an der Indonesien-Konferenz in Neu-Delhi beteiligt hatte, bekam ebenfalls keine Einladung. Indonesien fand dafür die Entschuldigung, daß es sich bei Australien um einen anderen Kontinent handele.

Wenn man sich auch in Bogor schließlich über den Teilnehmerkreis der Bandung-Konferenz im April 1955 einigte, so waren doch die Intentionen der Vertreter der 23 asiatischen und sechs afrikanischen Staaten sehr unterschiedlich.[8] Nehru wollte dort Tschou En-lai in den Kreis der versammelten Nationen einführen, um China aus seiner Isolation zu befreien und auf die »Fünf Prinzipien« festzulegen, die auf der Konferenz denn auch als allgemeine Grundlage staatlicher Beziehungen anerkannt wurden. Der Gastgeber Sukarno, der Nehru beneidete, ihm aber zugleich für seine Unterstützung des indonesischen Freiheitskampfes dankbar sein mußte, wollte zeigen, daß er sich ihm ebenbürtig zur Seite stellen durfte. Er ließ sich übrigens auf der Konferenz selbst durch den indonesischen Premier Dr. Ali Sastroamidjojo vertreten, der bereits an der Colombo-Konferenz mitgewirkt hatte. Der ägyptische Präsident Nasser, der auf revolutionärem Wege an die Macht gekommen war, konnte sich hier als Staatsmann legitimieren. Er hielt sich auf der Konferenz sehr zurück, redete selten und kurz, wurde aber wegen seiner konstruktiven Beiträge geschätzt. Dabei hätte er allen Anlaß gehabt, in Bandung zornige Propagandareden zu halten, denn kurz zuvor war der von ihm verurteilte Bagdad-Pakt geschlossen worden. Andere Konferenzteilnehmer zeigten sich weniger zurückhaltend, und es zeichnete sich rasch eine Konfrontation von Bündnisfreien und Paktgebundenen ab, die bereits darauf hinwies, daß die Bündnisfreien in Zukunft ein eigenes Forum brauchten. In Bandung bewährte sich ausgerechnet Tschou En-lai als Vermittler zwischen den beiden Positionen und präsentierte sich konziliant und weltgewandt. Er nützte das Forum, das ihm in Bandung geboten wurde, weidlich. Nehru fand seine Hoffnung bestätigt, daß die Einbeziehung Chinas in ein internationales Gremium einen mäßigenden Einfluß auf das revolutionäre Regime haben würde. Das sollte sich bald als Illusion herausstellen.

Die Konferenz diente der Demonstration einer Solidarität, die, wie sich bald zeigen sollte, wenig Substanz hatte. Sie kann daher nicht als ein Neubeginn gewertet werden, sie schloß vielmehr eine Epoche ab. Mit dem Auftreten Chinas in Bandung war bereits der Grund für das spätere Scheitern der afro-asiatischen Solidarität gegeben, denn Chinas politische Position war mit der Idee der Bündnisfreiheit unvereinbar, auf die sich die meisten anderen Konferenzteilnehmer verpflichtet fühlten.

Im Jahr der Bandung-Konferenz fand auch die Viermächte-Konferenz in Genf statt. Dieses Treffen im Juli 1955 führte zwar zu keinem greifbaren Ergebnis, trug aber zu einer guten Atmosphäre bei, die als der »Geist von Genf« gelobt wurde. Die »friedliche Koexistenz« schien auf ihrem Höhepunkt angelangt, und die Sowjetunion zeigte sich von ihrer besten Seite. Chruschtschow und Bulganin entfalteten gemeinsam eine positive Besuchsdiplomatie. In Indien wurden sie mit offenen Armen empfangen und stärkten Nehrus Position sowohl gegenüber Pakistan als auch gegenüber den indischen Kommunisten.[9] Großzügig erkannten sie auch den Sonderweg Jugoslawiens an, das sich dem Ostblock auf eigenwillige Weise entzogen hatte, und werteten damit Titos Position auf. Im selben Jahr wurde freilich auch der Warschauer Pakt gegründet, der die Sowjetunion und ihre Satelliten enger aneinander band. Während das Jahr 1955 noch Hoffnungen auf Frieden barg, sollte schon das folgende Jahr ein ganz anderes Gesicht zeigen.

Der Kalte Krieg und die Bewegung der Bündnisfreien, 1956–1964

Das Jahr 1956 war durch zwei bedeutsame Ereignisse gekennzeichnet, die als Beweggründe für eine Intensivierung der Bemühung um Bündnisfreiheit dienten. Großbritannien und Frankreich bewiesen im Suezkrieg, daß der westliche Imperialismus noch lebte und nicht zögerte, mit Waffengewalt in die Belange der »Dritten Welt« einzugreifen. Die brutale Niederschlagung des Aufstandes in Ungarn zeigte, daß die Sowjetunion in ihrer Machtsphäre ebenso imperialistisch auftrat. Die Notwendigkeit,

Distanz zu den gewalttätigen Machtblöcken zu halten, wurde dadurch unterstrichen.

Schon vor diesen alarmierenden Ereignissen hatten sich Nehru, Nasser und Tito im Juli in Brioni (Jugoslawien) getroffen. Nasser hatte gerade die Suezkanal-Gesellschaft enteignet und konnte mit erzürnten Reaktionen darauf rechnen, wenn er wohl auch nicht voraussah, daß sich Israel, Großbritannien und Frankreich gemeinsam auf Ägypten stürzen würden. Nehru hatte bereits 1955 mit Tito Vorgespräche geführt, die diese Zusammenkunft anbahnten. Suezkrise und Ungarnaufstand sollten dem Treffen in Brioni dann die weltgeschichtliche Bedeutung geben, die es bei anderem Verlauf der Ereignisse vielleicht nicht gehabt hätte. Die aktive Phase der Entwicklung der Bündnisfreiheit wurde hier eingeleitet. Die Beteiligung Titos signalisierte, daß die Bewegung der Bündnisfreien nun über die afro-asiatische Solidarität hinausgreifen sollte.

Im folgenden Jahr zeigte die Verkündung der Eisenhower-Doktrin, daß die USA, die sich aus dem Suezkrieg herausgehalten und ihn kritisiert hatten, nun ihrerseits mit der Intervention in den arabischen Ländern drohten, falls der sowjetische Einfluß dort überhand nehmen sollte. Die Landung amerikanischer Truppen im Libanon im Juli 1958 bewies, daß der Verkündung der Doktrin auch Taten folgen konnten. Der Kalte Krieg drohte in eine heiße Phase einzutreten. Um so wichtiger wurde die Betonung der Bündnisfreiheit.

Zur selben Zeit strebte die panafrikanische Bewegung ihrem Höhepunkt zu. Panafrikanische Ideen hatten Afrikaner der Neuen Welt wie George Padmore und William DuBois schon seit Jahrzehnten verlautbart. Nkrumah gab den beiden Vorkämpfern dieser Idee eine Heimat in Ghana.[10] Doch es war Nkrumah selbst, der mit der Unabhängigkeit Ghanas 1957 zum Apostel des Panafrikanismus wurde. Er fürchtete, die abziehenden Kolonialherren würden durch eine Balkanisierung Afrikas ihre Politik des »Teile und herrsche« auf andere Weise fortsetzen, wenn es nicht gelänge, die Vereinigten Staaten von Afrika zu errichten. Natürlich blieb es niemandem verborgen, daß Nkrumah sich selbst in der Rolle des Präsidenten dieser Vereinigten Staaten sah. Der Neid, der dadurch aufkam, machte sich jedoch erst später bemerkbar, 1958 stand Nkrumah auf der Höhe seines Ansehens bei den afrikanischen Nationalisten, die zu ihm emporschauten und Rat und Hilfe von ihm erwarteten. Accra wurde zum Mekka dieser Nationalisten.

Im Dezember 1958 lud Nkrumah alle, die da kommen wollten, zur Teilnahme an seiner *All-Africa People's Conference* ein. Vorsitzender der Konferenz wurde der junge Gewerkschaftsführer Tom Mboya aus Kenia, der in diesem Treffen das Gegenstück zur Berliner Konferenz von 1884 sah, auf der die Aufteilung Afrikas abgesegnet worden war. Die afrikanischen Nationalisten sollten nun die Chance haben, die willkürliche Aufteilung des Kontinents rückgängig zu machen und eine neue Einheit zu stiften.[11] Nkrumah hatte sein Buch ›Africa Must Unite‹ am Vorabend der Konferenz veröffentlicht. Der Präsident Guineas, Sékou Touré, beschwor die Freiheit Afrikas als unteilbar. Doch diese Visionen blieben folgenlos. Als unmittelbare Wirkung der Konferenz kehrten ihre Teilnehmer radikalisiert in ihre Länder zurück und beschleunigten das Tempo des Freiheitskampfes. Die Wirklichkeit vor Ort vertrug sich aber meist schlecht mit den hehren Ideen von der afrikanischen Einheit. Die besonderen Bedingungen des Freiheitskampfes in den verschiedenen Kolonien und die zeitlichen Abstände bei der Gewährung der Unabhängigkeit ließen die Träume von 1958 bald vergessen.

Das Forum der Vereinten Nationen

Während die verschiedenen Konferenzen in Asien und Afrika nur ab und zu Gelegenheit zur Artikulation afro-asiatischer Interessen dienen boten, waren die Vereinten Nationen ein permanentes Forum für die Vertreter der asiatischen und afrikanischen Nationen. Ihrer Zahl nach hatten sie bald das Übergewicht in der Weltorganisation. Eine Analyse des Abstimmungsverhaltens dieser Nationen zeigt jedoch, daß sie außer in den Fragen der Dekolonisierung nur selten an einem Strang zogen. Es gab wenig Anlässe zu gemeinsamen Initiativen, bei denen in allgemeinen Fragen der Weltpolitik eine Übereinstimmung zu erzielen gewesen wäre. Ein solcher Anlaß schien im Sommer 1960 durch eine bedrohliche politische Großwetterlage gegeben zu sein. Der dramatische Abbruch der amerikanisch-sowjetischen Gipfelkonferenz von Paris, die Turbulenzen im Kongo und die Kämpfe in Laos ergaben eine Konstellation, die zu einer Intervention von Staaten, die der afro-asiatischen Solidarität und der Bündnisfreiheit verpflichtet waren, geradezu einlud.

Indien, Indonesien, die Vereinte Arabische Republik, Ghana und Jugoslawien brachten eine Fünf-Nationen-Resolution ein, die von Nehru in der Generalversammlung der Vereinten Nationen im September 1960 energisch vertreten wurde. Wäre die Resolution angenommen worden, so hätte das bezeugt, daß die Mehrheit der Vereinten Nationen in der Lage war, den beiden Supermächten mit der Forderung nach der Beilegung ihrer Konflikte entgegenzutreten. Der Wille der Mehrheit sollte die Fiktion der Einheit der Großmächte ersetzen, auf die sich die Vereinten Nationen bisher gründeten. Die Position des Generalsekretärs, die gerade von der Sowjetunion heftig angegriffen wurde, wäre ebenfalls gestärkt worden. Der Angriff auf die Resolution kam völlig unerwartet von dem australischen Premier Menzies, der die Ausschaltung des traditionellen Viermächte-Prinzips verhindern wollte und eine Zusatzresolution einbrachte, die lediglich eine Wiederaufnahme der abgebrochenen Viermächte-Konferenz in Paris forderte. Robert Menzies hatte bisher keine bedeutsame Rolle in der Weltpolitik gespielt. Er galt als treuer Gefolgsmann der Briten und fühlte sich vermutlich geehrt, in dieser Situation den Westmächten einen Dienst erweisen zu können. Nehru wandte sich mit ungewöhnlicher Schärfe und Bitterkeit gegen diesen Versuch, die Generalversammlung zu ihrer eigenen Entmündigung aufzufordern. Deutlicher als je zuvor gab er damit dem Protest der Nationen Ausdruck, die von der Weltpolitik zwar betroffen werden, sie aber nicht mitbestimmen können.[12] Der Resolutionsentwurf wurde jedoch durch so viele Zusatzanträge entstellt, daß Nehru ihn schließlich im Namen der fünf Nationen zurückzog. Indiens führende Rolle im Kreis der bündnisfreien Staaten war auf diese Weise aber wieder bestätigt worden. Während im Jahr zuvor der »Geist von Camp David« einerseits und der wachsende Radikalismus der afrikanischen Staaten andererseits Indiens Rolle als Wortführer der afro-asiatischen Staatengruppe beeinträchtigt hatte, ließ die Krise von 1960 und Nehrus Wortgefecht mit Menzies das Land wieder in den Vordergrund treten. In gewisser Hinsicht war dies ein Auftakt für die Konferenz der Bündnisfreien, die im nächsten Jahr in Belgrad stattfinden sollte.

Die Belgrader Konferenz der Bündnisfreien von 1961

Die Belgrader Konferenz tagte im September 1961 zu einer Zeit, als die weltpolitischen Konflikte wieder einmal auf einem Höhepunkt angelangt waren.[13] Chruschtschow, der eine besonders intensive Phase des Kalten Krieges einleitete, hatte kurz vor der Konferenz dem Bau der Berliner Mauer zugestimmt und mit einer neuen Serie von Atombombentests begonnen. Daraufhin verabschiedete die Konferenz eine Resolution, die beide Supermächte aufforderte, alles zu tun, um den Weltfrieden zu erhalten. Sukarno und Keita waren dazu auserkoren, die Resolution nach Washington zu bringen, und Nehru und Nkrumah wurden in die Höhle des Löwen geschickt, um sie Chruschtschow persönlich vorzulegen.

Der Teilnehmerkreis in Belgrad wurde durch einige Zufälle in der Vorbereitungsphase bestimmt. Die Hauptsponsoren waren Tito und Nasser gewesen, während sich Nehru zunächst bedeckt gehalten hatte. Nasser hatte die Vorbereitungskonferenz im Juni 1961 in Kairo ausgerichtet; die Einladungen dazu hatten den Kreis der Teilnehmer an der Belgrader Konferenz vorausbestimmt. Indien drängte auf eine Erweiterung des Kreises der Einzuladenden. Es hätte gern mehr lateinamerikanische und neutrale europäische Nationen für die Sache der Bündnisfreiheit gewonnen. Aber da Kuba in Kairo vertreten war, hatte die Einladung anderer lateinamerikanischer Staaten keine Aussicht auf Erfolg. Den neutralen Staaten in Europa wiederum war Tito als Gastgeber nicht neutral genug. Bei den afrikanischen Staaten gab es Meinungsverschiedenheiten in bezug auf die Kongopolitik und daher waren schließlich nur die radikaleren Staaten anwesend, geführt von Ghana und Guinea.

Während Sukarno und die Führer der afrikanischen Staaten in

Belgrad antikoloniale Reden schwangen, betonte Nehru, der den Kolonialismus bereits für ein Phänomen der Vergangenheit hielt, aber den Ausbruch eines neuen Weltkrieges bevorstehen sah, den dringenden Einsatz zur Erhaltung des Friedens. Die üblichen Floskeln von der friedlichen Koexistenz und *Panchshila* fehlten diesmal in seiner Rede. Zu den aktuellen bedrohlichen Ereignissen des Jahres 1961, den sowjetischen Atomtests und dem Mauerbau in Berlin, gelangten die Teilnehmer der Belgrader Konferenz zu keiner eindeutigen Stellungnahme. Es wurde ein Verbot der Atomtests gefordert, aber die Sowjetunion nicht explizit verurteilt. In bezug auf Deutschland empfahl Nehru die Anerkennung der beiden deutschen Staaten. Die Resolution, die am Schluß der Konferenz verabschiedet wurde, erwähnte jedoch weder die Atomtests noch Deutschland und die Berliner Mauer, sondern enthielt nur einen Appell an beide Supermächte, den Frieden zu wahren und sich wieder an den Verhandlungstisch zu begeben.[14] Es ist daher verständlich, daß die Emissäre der Belgrader Konferenz in Washington recht kühl empfangen wurden, während Chruschtschow sie freundlich begrüßte, weil er für seine Missetaten nicht getadelt worden war, wie dies eigentlich zu erwarten gewesen wäre.

Unmittelbar nach der Belgrader Konferenz besuchte Kenneth Kaunda, der künftige Präsident von Sambia, Indien und hielt einen Vortrag in Neu-Delhi, in dem er die Inder dringend aufforderte, endlich die Portugiesen aus Goa zu verjagen. Sie sollten sich nicht den Vorwurf machen lassen, sie wollten warten, bis Goa ihnen als reife Frucht in den Schoß fiele, nachdem die Afrikaner die Portugiesen aus Afrika vertrieben hätten. Er appellierte geschickt an Nehru als den Vorkämpfer der afro-asiatischen Solidarität, und dieser Appell mag nicht wenig dazu beigetragen haben, daß Nehru wenige Monate später Goa tatsächlich befreite, obwohl er damit seinen Ruf als Friedensstifter aufs Spiel setzte. In Belgrad hatte Nehru zwar die allgemeinen antikolonialistischen Appelle der Afrikaner ignoriert, aber den Vorwurf Kaundas, der sich auf seinen eigenen Machtbereich bezog, konnte er nicht überhören. Der Kolonialismus mochte als weltgeschichtliches Phänomen der Vergangenheit angehören, aber seine noch immer vorhandenen Spuren mußten getilgt werden.

Die Belgrader Konferenz stärkte ohne Zweifel sowohl die afro-asiatische Solidarität als auch den Zusammenhalt der Bündnisfreien, außerdem bezeichnete sie den Höhepunkt eines militanten Panafrikanismus. Nehru erschien die Atmosphäre wohl zu radikal, und er warnte die Bündnisfreien, daß sie auch untereinander bündnisfrei bleiben müßten (*non-aligned among themselves*). Wenn es stimmt, daß seine Befreiung Goas letztlich ein Zugeständnis an den afrikanischen Nationalismus war, dann zeigte er sich in dieser Hinsicht doch als *aligned*. Nkrumah hat denn auch diesen Schritt Nehrus ausdrücklich begrüßt. Viele andere afrikanische Führer schlossen sich ihm dabei an. Die Befreiung Goas war eher im Kontext der afro-asiatischen Solidarität als in dem der Bündnisfreiheit zu sehen. Während die beiden Bewegungen meist miteinander verbunden waren, gab es doch Ereignisse, die zur Akzentuierung der einen oder der anderen Strömung führten. Die Komplikationen, die sich daraus ergeben konnten, zeigten sich beim Grenzkonflikt zwischen Indien und China.

Die afro-asiatische Vermittlung im Krieg zwischen Indien und China 1962

Der Grenzkonflikt hatte eine lange Vorgeschichte, brach aber erst 1962 als offener Grenzkrieg aus. Für China hatte dieser Konflikt einen direkten Bezug zur Dekolonisierung. Es bezichtigte Indien, die vom britisch-indischen Imperium ererbten Grenzen zu wahren und Territorien, die eigentlich zu China gehörten, besetzt zu halten. Für Nehru, der lange Zeit die Illusion gehegt hatte, daß Indien und China in antiimperialistischer Bruderschaft verbunden seien, war dies ein besonders peinlicher Vorwurf, zumal er China in der Tibet-Frage so weit entgegengekommen war. China verfolgte in den Grenzfragen eine raffinierte Strategie und verbarg seine eigentlichen Interessen hinter einer Nebelwand komplexer Rechtsstreitigkeiten. China war hauptsächlich an Ost-Ladakh interessiert und hatte in diesem menschenleeren Gebiet insgeheim bereits Straßen gebaut, die Tibet über den Karakorumpaß mit Sinkiang verbanden. Diese Verbindung war für die Erhaltung der chinesischen Macht in Tibet und Zentralasien von großer Bedeutung. Doch Ost-Ladakh gehörte rechtlich eindeutig zu Indien. Dort machte China deshalb auch keine Rechtsansprüche geltend, sondern handelte heimlich und illegal. An der 1914 vereinbarten McMahon-Linie, die sich nur auf die Nordostgrenze Indiens bezog, war China eigentlich nicht besonders interessiert. Doch hier war die Rechtslage nach chinesischer Auffassung ungeklärt, und daher versuchten die Chinesen, daraus politisches Kapital zu schlagen. Die Grenzziehung war damals zwar von dem chinesischen Vertreter bei den Grenzverhandlungen akzeptiert worden, aber der entsprechende Vertrag war von China nie ratifiziert worden. Der Grund dafür war nicht die McMahon-Linie, die der Wasserscheide im Himalaya folgte, sondern eine zur selben Zeit gezogene Linie, mit der Tibet nach mongolischem Vorbild in ein inneres und äußeres Tibet aufgeteilt werden sollte. China verbreitete nun Karten, in denen ein breiter Streifen südlich der McMahon-Linie als chinesisches Territorium beansprucht wurde, ein Akt, der von Indien als »kartographische Aggression« bezeichnet wurde.

Als Tschou En-lai 1961 zu Grenzverhandlungen persönlich nach Neu-Delhi kam, hatte Nehru sich gut vorbereitet und alle Grenzkarten ausbreiten lassen. Dem indischen Parlament konnte er nachher berichten, Tschou En-lai habe gar keinen Blick auf die Karten werfen wollen. Ihm kam es wohl nur auf den Tauschhandel an, um den es ihm schon lange ging: Chinesische Anerkennung der McMahon-Linie im Osten und dafür indische Zugeständnisse in Ladakh. Dem konnte Nehru nicht zustimmen, weil es sich dabei um einen ungerechtfertigten Verzicht auf indisches Territorium gehandelt hätte, den das Parlament nicht ratifiziert hätte. Im Windschatten der Kubakrise begann China im Oktober 1962 dann einen Blitzgrenzkrieg, der Tschou En-lais Forderungen unterstreichen sollte. Eine chinesische Division drang in Eilmärschen über die McMahon-Linie bis in die Ebene Assams vor, zog sich aber bald darauf wieder zurück, weil ihr der Nachschub abgeschnitten werden konnte. Dieser Vorstoß im Osten war denn auch nur eine Finte, die von der massiven Eroberung im Westen ablenken sollte. Hier drangen die chinesischen Truppen auf indischem Gebiet weit vor und blieben auch dort.[15]

Der Bruderzwist im afro-asiatischen Lager rief Vermittler auf den Plan, die sich um einen Interessenausgleich und die Wiederherstellung des Friedens bemühten. Die erste Initiative kam von Nasser, der sich im Verlauf dieser Bemühungen für Indien einsetzte und der chinesischen Führung daher als Vermittler nicht genehm war. Statt dessen tat sich die Premierministerin Sri Lankas Sirimavo Bandaranaike hervor und lud nur fünf afro-asiatische und zugleich bündnisfreie Nationen nach Colombo ein: Ägypten, Birma, Ghana, Indonesien und Kampuchea. Sie sollten zusammen mit Sri Lanka einen Vermittlungsvorschlag ausarbeiten, der von beiden Seiten akzeptiert werden konnte.[16] Birma wurde von dem neuen Staatschef General Ne Win vertreten, Kampuchea durch Prinz Norodom Sihanouk, Indonesien durch seinen Außenminister Dr. Subandrio, Ägypten und Ghana lediglich durch hohe Regierungsbeamte. Um als Vermittler unparteiisch zu erscheinen, einigten sich alle Beteiligten darauf, sich weder mit Rechtsfragen zu beschäftigten noch einen Aggressor zu benennen, sondern lediglich einen praktischen Vorschlag zur Beilegung der Streitigkeiten zu unterbreiten. Nach langen Verhandlungen lautete die Formel, daß die McMahon-Linie als Grenze respektiert werden solle und die chinesischen Truppen dort bleiben konnten, wohin sie sich ohnehin bereits zurückgezogen hatten. Im Westen sollten sich die chinesischen Truppen ebenfalls auf ihre Ausgangsposition zurückziehen, doch das von ihnen im Grenzkrieg eroberte Territorium sei in eine entmilitarisierte Zone zu verwandeln. Nehru nahm diese Bedingungen an, obwohl sie China in bezug auf dessen Position in Ladakh begünstigten. Tschou En-lai akzeptierte die Vorschläge im Prinzip, schob jedoch sofort Bedingungen nach, die das Gewicht noch weiter zugunsten Chinas verlagern sollten. Daran scheiterte der Vermittlungsversuch. Die Chinesen hielten ihr im Westen erobertes Territorium weiter besetzt, und zwischen Indien und China herrschte von nun an eine Verschwörung des Schweigens, weil China kein Interesse daran hatte, seinen unrechtmäßigen Geländegewinn öffentlich zu bekunden. Indien dagegen schwieg, weil der Verlust beschämend war, aber ohne einen zweiten Krieg nicht hätte revidiert werden können.

Nehru hatte 1962 nicht nur diese Demütigung durch die Chinesen hinnehmen müssen, er hatte in der Not auch seine Prinzipien verraten und britische und amerikanische Waffenhilfe akzeptiert. Nkrumah hielt das für einen flagranten Bruch der Bündnisfreiheit und schrieb in diesem Sinne sogar an Macmillan. Fällt man ein hartes Urteil, kann man sagen, daß bei dem chinesischen Angriff auf Indien sowohl die afro-asiatische Solidarität als auch die Bündnisfreiheit auf der Strecke blieben. Auf die afro-asiatische Solidarität trifft dies ganz offensichtlich zu, denn Indien bemühte sich in der Folge, die Sowjetunion in ihrer Eigenschaft als asiatische Macht in den Kreis der afro-asiatischen Solidarität einzuführen, um damit ein Gegengewicht zu China zu schaffen.

Das Ringen um das »zweite Belgrad« und das »zweite Bandung«, 1963–1965

Die diplomatischen Gefechte im Vorfeld der Einberufung dieser beiden Konferenzen verliefen parallel zueinander. Beide Konferenzpläne hatten eher anachronistischen Charakter. Der alte Begriff der Bündnisfreiheit oder Blockfreiheit mochte in Belgrad 1961 noch einen Sinn gehabt haben. Zu jener Zeit zeigten sich die Spannungen zwischen Ost und West besonders deutlich. Aber nach der Kubakrise, dem chinesischen Angriff auf Indien und dem offenen Ausbruch des sowjetisch-chinesischen Gegensatzes hatte der Begriff der Bündnisfreiheit seinen alten Sinn weitgehend verloren. Auf die afro-asiatische Solidarität traf dies in noch stärkerem Maße zu. Doch als Losungen für zwei heftig miteinander konkurrierende Konferenzpläne der Jahre von 1963 bis 1965 erwiesen sich die beiden überholten Begriffe immer noch als tauglich genug.[17] Ein neues »Belgrad« wurde hauptsächlich von Tito und Nasser befürwortet, während Sukarno nach wie vor ein zweites »Bandung« forderte und in China und Pakistan, die einen gemeinsamen Nenner in ihrer Feindschaft gegenüber Indien gefunden hatten, die besten Sekundanten besaß. Indien hatte für beide Konferenzpläne nichts übrig, konnte sich aber weder dem einen noch dem anderen entziehen und mußte daher versuchen, die Gestaltung beider Konferenzen zu beeinflussen. Das zweite Belgrad war ein geringeres Problem, weil China dort nicht auftreten konnte, das zweite Bandung mußte jedoch zu einer Konfrontation Indiens mit China führen. Um dem zu begegnen, machte Indien auf der Vorbereitungskonferenz in Jakarta im April 1964 einen Vorschlag, den es dem afro-asiatischen Forum früher niemals zugemutet hätte: Es beantragte, die Sowjetunion einzuladen, mit der Begründung, daß diese eine asiatische Macht sei. Da die Sowjetunion diesen Standpunkt schon mehrmals eingenommen hatte, war sie mit Indiens Vorschlag einverstanden, während China mit allen Mitteln dagegen ankämpfte.

Die Frage blieb bis zum Ende der Vorbereitungskonferenz unentschieden und stiftete heillose Verwirrung unter den afro-asiatischen Staaten. Das zweite Belgrad, das nicht von solchen Problemen geplagt war, fand tatsächlich im Oktober 1964 in Kairo statt und verlief ohne besondere Zwischenfälle. Nehru war tot, und so hatte Sukarno die Bühne nun für sich und schlug die alten antikolonialen Töne an, die eher zu einem zweiten Bandung als zu einem zweiten Belgrad paßten. Er hatte eine neue Gruppe von Staaten um sich geschart, die sich die »neu hervortretenden Mächte« (*new emerging forces*) nannten. Das waren in erster Linie afrikanische Staaten, für die Sukarno den richtigen Ton traf. Die Kairoer Konferenz wurde von insgesamt 47 Staaten besucht, dem Umfang nach war sie also über ein Drittel größer als die Konferenz in Belgrad 1961; aber außer der Tatsache, daß sie überhaupt stattfand, gab es wenig über sie zu berichten.

Das zweite Bandung, das schließlich in Algier stattfinden sollte, beschränkte sich auf zwei Vorbereitungskonferenzen im Juni und Oktober 1965. Sie endeten damit, daß man sich auf Nimmerwiedersehen in diesem Kreise verabschiedete. Ursprünglich war China sehr daran interessiert gewesen, an der Konferenz teilzunehmen. Tschou En-lai hatte zuvor etliche Staaten Afrikas besucht, aber seine Bemerkungen darüber, daß die Chancen für eine Revolution in Afrika gut stünden, konnte die Machthaber der neuen afrikanischen Staaten nicht unbedingt begeistern. Während Indien mit seinem Vorschlag, die Sowjetunion einzuladen, im Juni noch kaum auf Gegenliebe stieß und sich gegenüber China in der Defensive befand, hatte sich diese Situation im Oktober 1965 entscheidend geändert. Pakistan hatte inzwischen den Krieg, den es gegen Indien geführt hatte, verloren, und

China hatte sich als »Papiertiger« erwiesen, weil es dem verbündeten Pakistan nicht geholfen hatte. Nun hatte Indien die Oberhand, und China war nicht interessiert, in Algier anzutreten, um dort eventuell erleben zu müssen, daß jene, die die Sowjetunion einladen wollten, in der Mehrheit sein würden. Letztlich waren weder China noch die Sowjetunion anwesend, aber die Staaten, die dort vertreten waren, zerstritten sich so sehr über die Einladungsfrage, daß die Konferenz ergebnislos endete. Es war charakteristisch, daß es eine Einladungsfrage war, an der sich die Geister schieden. Schon bei den Konferenzen in Bandung und Belgrad war die Einladungspolitik fast wichtiger gewesen als das, was dort letztlich verhandelt wurde.

Die panafrikanische Bewegung

Die panafrikanische Bewegung hatte inzwischen mit der Gründung der *Organisation of African Unity* (OAU) in Addis Abeba im Mai 1963 einen Höhepunkt erreicht. Nkrumah sah in der Gründung dieser Organisation einen ersten Schritt zur Bildung der Vereinigten Staaten von Afrika. Er mißbilligte die Bestrebungen afrikanischer Regierungschefs, zunächst noch andere regionale Föderationen ins Leben zu rufen, um erst danach weitere Schritte zur Vereinigung zu machen. Nyerere hatte dagegen bereits seit 1960 den graduellen Weg vertreten und sich für eine Föderation der drei ostafrikanischen Staaten eingesetzt. Nkrumah wurde auch noch auf andere Weise enttäuscht.[18] Die Charta der OAU sah einen Ministerrat, der sich zweimal im Jahr treffen sollte, und ein permanentes Generalsekretariat vor. Nkrumah hatte natürlich erwartet, daß dieses Generalsekretariat in Accra errichtet würde, doch die Mehrheit der Regierungschefs entschied sich für Addis Abeba. Diese Verbeugung vor dem Gastgeber Haile Selassie, der eher Afrikas Vergangenheit als seine Zukunft repräsentierte, war für Nkrumah geradezu eine Beleidigung.

Auf der zweiten Konferenz der OAU in Kairo im Juli 1964 wurden diese Differenzen erneut betont und keine weiteren Fortschritte erzielt. Kenyatta, Nyerere und Obote hatten im Juni

1963 unter dem Eindruck der ersten OAU-Konferenz erklärt, ihre Staaten würden sich noch vor Jahresende 1963 zu einer Föderation zusammenschließen, doch es geschah nichts. Es war abzusehen, daß weder auf dem von Nyerere vorgeschlagenen Weg der Regionalföderation noch in bezug auf die rasche Verwirklichung der Vereinigten Staaten von Afrika weitere Fortschritte zu erwarten waren. Nkrumah wurde auf diese Weise gewissermaßen auf seinen eigenen kleinen Staat zurückgeworfen und kompensierte seine Enttäuschung durch intensiveres Imponiergehabe. Ein afrikanischer Autor schrieb, Nkrumah habe der »Fluch von Christianborg« getroffen – die erhabene Isolation in der Festung der früheren Kolonialherren.[19] Dieser Fluch sollte auch noch andere Staatschefs treffen.

Das einzige greifbare Ergebnis der OAU-Konferenzen war eine intensivierte Unterstützung von Befreiungsbewegungen in den Kolonien, die noch um ihre Unabhängigkeit kämpften. Sékou Touré hatte gefordert, daß die freien afrikanischen Staaten jeweils ein Prozent ihres Sozialprodukts in die Unterstützung der Befreiungsbewegungen investieren sollten, und Nyerere hatte als Präsident eines »Frontstaates«, der unmittelbar an noch zu befreiende Kolonien angrenzte, diese Forderung wiederholt. Er hatte auch Algeriens Ben Bella beigepflichtet, nach dessen Aussage alle Afrikaner bereit sein müßten, für diese Sache »ein bißchen zu sterben«.[20] Wie alle Konferenzen und Organisationen dieser Art war auch die OAU in erster Linie als Instrument zur Demonstration von Solidarität wichtig. In Addis Abeba hatten die Vertreter von 34 Staaten die Charta der neuen Organisation unterzeichnet, darunter auch alle nordafrikanischen Staaten. Im Mittelpunkt der Verhandlungen stand zunächst nur die politische Solidarität, aber schon in seiner Rede bei der OAU-Konferenz in Kairo hatte Nyerere die Aufgaben der wirtschaftlichen Entwicklung betont, die allen afrikanischen Staaten vor Augen standen. Damit war die Richtung bezeichnet, die künftige Solidaritätskonferenzen bestimmen sollte.

Perspektiven einer neuen Solidarität, 1966–1967

Die weltpolitische Atmosphäre der späten sechziger Jahre war durch die Eskalation des Vietnamkrieges gekennzeichnet, der ein massives militärisches Engagement der USA in einem kleinen asiatischen Land bedeutete. Es war vielleicht kein Zufall, daß Kwame Nkrumahs letzte Amtshandlung ein Staatsbesuch in Hanoi war, den seine Offiziere zu Hause dazu nutzten, um gegen ihn zu putschen. Die Amerikaner müssen ihnen dafür dankbar gewesen sein, denn eine Solidarisierung mit den Vietminh, der »Liga der Verbände für die Unabhängigkeit Vietnams«, war für sie natürlich gerade in dieser Zeit höchst unerwünscht. Die erste Solidaritätskonferenz der Völker Asiens, Afrikas und Lateinamerikas, die Fidel Castro im Januar 1966 in Havanna abhielt, muß auch in Zusammenhang mit der Situation in Vietnam gesehen werden. Sie wurde immerhin von Vertretern aus 82 Staaten besucht. Neben der politischen Solidarität standen auch hier bereits die ökonomischen Forderungen an die Industrieländer im Vordergrund. Lateinamerikanische Wirtschaftswissenschaftler hatten unter dem Eindruck der wirtschaftlichen Abhängigkeit ihres Subkontinents von Nordamerika neue Theorien aufgestellt, die auf den geradezu zwangsläufigen Charakter der »Entwicklung zur Unterentwicklung« hinwiesen. Nun hatten sie ihre Chance, diese Theorien auch auf die Deutung des Schicksals Afrikas und Asiens anzuwenden und fanden hierfür bei linken Nationalisten ein begeistertes Echo.

Die Möglichkeit zur Fortführung dieses Diskurses ergab sich auf der Konferenz von Algier im Oktober 1967, zu der Präsident Houari Boumedienne Vertreter von 77 Staaten einlud, die später als die »Gruppe der 77« bekannt wurden. Die Mehrzahl der Teilnehmer waren Bündnisfreie aus Afrika und Asien. Das bündnisfreie Prinzip der »Äquidistanz« zu den Supermächten wurde auf dieser Konferenz demonstriert. Man rügte nicht nur die »Kennedyrunde« der westlichen Wirtschaftspolitik, sondern äußerte auch Kritik an der Entwicklungshilfe des Ostblocks. Die »Gruppe der 77« etablierte sich als Wirtschaftslobby der »Dritten Welt«. In Bandung und Belgrad war noch nicht von solchen Problemen die Rede gewesen, doch nun drängten sie sich in den

Vordergrund. Diese neue Thematik war offenbar ein besserer Katalysator für Solidaritätsbestrebungen als die politischen Themen der Vergangenheit. Die meisten früheren Kolonien hatten ihre politische Unabhängigkeit inzwischen erreicht, aber sie mußten bemerken, daß sich dadurch an ihrer wirtschaftlichen Situation nichts änderte. Die Hoffnungen, daß nach dem Abzug der Kolonialmächte paradiesische Zustände herrschen würden, waren überall enttäuscht worden.

Mit dem Hinweis auf die Forderungen der »Gruppe der 77« soll nicht behauptet werden, die Auseinandersetzung um Entwicklungshilfe und Neokolonialismus habe erst ab 1967 Bedeutung erlangt. Solche Auseindersetzungen begannen schon mit der Kritik an Wirtschaftsentwicklungsplänen der Kolonialmächte vor der Gewährung der Unabhängigkeit. Doch in jener Zeit führte man solche Debatten meist im Kreise von Experten. Die Weltöffentlichkeit wurde erst in den sechziger Jahren auf das wirtschaftliche Nord-Süd-Gefälle aufmerksam. Es kam hinzu, daß die bis in die sechziger Jahre hinein vorherrschenden Modernisierungs- und Wirtschaftswachstumstheorien einen geradezu unaufhaltsamen Fortschritt prognostizierten. Diese Vorstellungen begeisterten die Nationalisten der »Dritten Welt« ebenso wie die Planer in den »Entwicklungsländern«, die darauf vertrauten, daß das »Plansoll«, das sie vorgaben, erfüllt werden könnte. Die Erfahrung, daß gerade die Planwirtschaft ein Entwicklungshemmnis sein konnte, mußte erst noch gemacht werden. Zudem hatte das Kolonialregime kaum einheimische Wirtschaftseliten, wohl aber Bürokraten entstehen lassen, die in Kooperation mit den politischen Eliten daran gingen, das Wirtschaftswachstum zu planen. Wo es an einheimischen Bürokraten fehlte, behalfen sich die politischen Eliten oft mit *expatriates* und zogen erst ihre eigenen Bürokraten heran. Unternehmer ließen sich auf diese Weise freilich nicht aus dem Boden stampfen. Sie hatten auch kaum eine Chance voranzukommen, weil die Bürokraten eher in den Startlöchern gestanden hatten und ihnen daher weit voraus waren.

Die Bewegungen der afro-asiatischen Solidarität und der Bündnisfreiheit, die hier geschildert worden sind, waren völlig vom Primat der Politik geprägt. Sie bedeuteten eine Fortsetzung des antikolonialen Freiheitskampfes auf der Weltbühne. Dabei war man von der Hoffnung beseelt, die gute Sache werde endlich siegen. Als man sich dann den Problemen der wirtschaftlichen Entwicklung widmete, begannen die Hoffnungen zu schwinden.

Kapitel 7

Entwicklungshilfe oder Neokolonialismus?

Wirtschaftspolitische Debatten in der Kolonialzeit

Kolonialherren und Kolonisierte machten sich im Laufe der Geschichte häufig Gedanken darüber, welche wirtschaftlichen Konsequenzen der Kolonialismus für sie hatte. Für die Kolonialherren ging es dabei hauptsächlich um die Kostennutzenrechnung, soweit sie Kolonien nicht aus reinen Prestigegründen oder aus strategischen Erwägungen besetzten. Wie am Beispiel des *Uganda Agreement* gezeigt wurde, spielte die Frage der Besteuerung der Kolonisierten eine wichtige Rolle. Die Eroberung von Kolonien mußte möglichst von den kolonisierten Steuerzahlern selbst getragen werden. In zweiter Linie ging es dann um den Anbau von profitablen Exportprodukten und schließlich um die Rolle dieser Gebiete als Absatzmärkte für die heimischen Industrieprodukte. Zahlte sich eine Kolonie nicht aus, gab es Kritik zu Hause, freilich mehr bei den Briten, die ihr Imperium mit dem Rechenstift regierten, als bei den Franzosen, die bereit waren, für das nationale Prestige auch nutzlose Kolonien zu erobern und zu verteidigen.

Die Briten schworen auf die Doktrin des Freihandels, doch war das eher eine Angelegenheit der Wirtschaftwissenschaftler als der Händler selbst, die nur zu gern bereit waren, den politischen Schutz der Kolonialherren zu nutzen. Neuere wirtschaftshistorische Untersuchungen haben gezeigt, daß britische Handelsfirmen überall dort erfolgreich waren, wo sie diesen politischen Rückhalt hatten, sich aber schwer taten, wenn sie sich tatsächlich einem völlig freien Wettbewerb stellen mußten.[1] Wirtschaftspolitische Debatten wurden freilich meist von den Ideen der Wirtschaftswissenschaftler geprägt und kaum von den selten genug artikulierten Erfahrungen der Praktiker. Auf der

Seite der Kolonisierten war das ebenso der Fall, und es brauchte seine Zeit, bis die kleine Bildungselite der Kolonisierten die Wirtschaftstheorien der Kolonialherren rezipiert hatte und sie in diesem Rahmen kritisieren konnte. Aufgrund der langen britischen Kolonialherrschaft in Indien waren es natürlich zuerst indische Intellektuelle, die hier die geistige Auseinandersetzung mit dem Kolonialismus aufnahmen. Da akademische Ökonomen in einer Kolonie kaum Karriereaussichten hatten, waren es zunächst gelehrte Richter, die sich auf diesem Gebiet zu Wort meldeten. Bereits 1877 schrieb Kashinath Trimbak Telang, Richter am Oberlandesgericht in Bombay, einen Aufsatz über ›Freihandel und Protektionismus aus indischer Sicht‹. Aktueller Anlaß war die britische Zollpolitik bei Baumwolltextilien und die Lage der Baumwolltextilindustrie in Bombay, die sich zu jener Zeit rasch entwickelte. Telang hatte Friedrich List gelesen und kannte sein Plädoyer für »Erziehungszölle«, die einer Industrie, die noch in den Kinderschuhen steckt, Schutz gewähren. Er wandte diese Lehren auf Indien an und schrieb: »Es ist reiner Hohn, von Freiheit zu sprechen, wenn einheimische Unternehmer, die die Ressourcen ihres Landes entwickeln wollen, von Ausländern unterboten und kommerziell ruiniert werden, weil sie dem unbegrenzten internationalen Wettbewerb ausgesetzt werden.«[2] Indien sei stets ein Baumwollanbauland gewesen, und es verfüge über billige Arbeitskräfte und außerdem über einen großen Binnenmarkt für Textilien, deshalb müsse es in die Lage versetzt werden, seine Industrie auf dem Wege der Importsubstitution zu entwickeln. Selbstverständlich stieß dieses Argument bei den britischen Textilindustriellen auf keine Gegenliebe, und ihre Lobby sorgte dafür, daß die koloniale Zollpolitik in ihrem Sinne gestaltet wurde. Liberale britische Wirtschaftspolitiker waren natürlich rasch mit dem Argument bei der Hand, daß Protektionismus immer zu höheren Kosten für die Verbraucher führe, und machten sich zum Anwalt der armen indischen Konsumenten.

Daß unter solchen Bedingungen eine Industrie unter kolonialer Herrschaft überhaupt überleben konnte, lag einerseits daran, daß gewisse Industrien sich durchaus dem Wettbewerb stellen und Marktnischen erobern konnten, so etwa bei der Produktion billiger, grober Tuche für den indischen Massenmarkt, oder andererseits durch besondere historische Konstellationen begünstigt wurden, die das Überleben wider Erwarten ermöglichten. Letzteres war bei der von der Firma Tata in Indien begründeten Stahlproduktion der Fall.[3] Jamshed Tata hatte im späten 19. Jahrhundert als Textilindustrieller Erfolg und wollte unbedingt ein Stahlwerk bauen, wobei er eher von nationalen als von rein kommerziellen Motiven geleitet war. Es gelang ihm, das erforderliche Kapital in Indien aufzubringen und amerikanische Ingenieure anzuwerben. Das Stahlwerk nahm 1907 die Produktion auf, wäre aber sicher in Konkurs gegangen, wenn nicht der Erste Weltkrieg ihm eine unerwartete Chance geboten hätte. Die Briten benötigten Eisenbahnschienen für eine Bahn, die sie mitten im Krieg aus strategischen Gründen in Mesopotamien bauten. Die Firma Tata konnte diese Schienen liefern. Nach dem Krieg erweiterte sie ihre Produktion, stand aber bald wieder vor dem Bankrott. Doch diesmal kam ihr die Kolonialregierung mit einem Schutzzoll zu Hilfe, der ihr die deutsche und belgische Konkurrenz vom Leibe halten sollte. Freilich wurde dabei zugleich eine Zollpräferenz für britischen Stahl eingebaut, so daß die Briten und die Firma Tata sich den indischen Markt teilen konnten. Dasselbe wurde in der Weltwirtschaftskrise zur Abwehr der japanischen Konkurrenz auf dem Gebiet der Baumwolltextilien praktiziert. Das zeigte sehr deutlich, daß die Briten, wenn ihre eigenen Interessen betroffen waren, rasch von der Freihandelsdoktrin abrückten.[4]

Die auf diese Weise vollzogene Aufteilung des Marktes unter einheimischen Produzenten und Kolonialherren läßt sich allerdings mit keiner wirtschaftswissenschaftlichen Lehre verteidigen. Es ist daher kein Wunder, daß die nationalen Wirtschaftsinteressen ihr Heil in einem reinen, nicht durch Zollpräferenzen zugunsten der Kolonialmacht durchlöcherten Protektionismus sahen. Dabei spielten auch heftige Debatten um die von den Kolonialherren bestimmte Geld- und Währungspolitik eine Rolle. Fazit dieser Debatten war, daß Freiheitskämpfer und nationale Wirtschaftslobby darin übereinstimmten, daß die Zukunft der indischen Wirtschaft nur durch die Erlangung der Unabhängigkeit und eine umfangreiche Importsubstitution hinter Schutzzollmauern gesichert werden könne. Auf diese Weise kamen sich indische Kapitalisten und Sozialisten wie Jawaharlal Nehru näher. Man strebte das Modell des nationalen Interventionsstaates und nicht das des pseudoliberalen Kolonialstaates an.

Der Interventionsstaat wurde jedoch nicht von den Nationalisten, sondern bereits von den Kolonialherren im Zuge der Kriegszwangswirtschaft des Zweiten Weltkrieges errichtet, konnte nach Erlangung der Unabhängigkeit aber vollständig übernommen werden.[5] Ohne dieses Instrumentarium hätte Nehru seine Vorstellungen von einer sozialistischen Planwirtschaft gar nicht verwirklichen können. Er enteignete freilich die nationalen Kapitalisten nicht, sondern fügte sie in eine »gemischte Wirtschaft« ein, die ganz ihren Wünschen entsprach. Sie sahen es gern, wenn der Staat auf Kosten des Steuerzahlers hohe Investitionen in die Schwerindustrie tätigte, die keine rasche Rendite erbrachten, während sie sich der gewinnträchtigen Konsumgüterindustrie widmen konnten.

Während Nehru in der Industrialisierung die einzige Chance für die indische Wirtschaft sah, hatte Mahatma Gandhi eine ganz andere Auffassung von Entwicklung. Für ihn standen Landwirtschaft und Handwerk im Mittelpunkt einer breit angelegten Entwicklung. Das Handspinnrad, das er immer mit sich führte und mit dem er auch bei politischen Kundgebungen demonstrativ spann, sollte die Botschaft der Eigeninitiative übermitteln. Jeder sollte in der Lage sein, sich mit seiner Hände Arbeit zu ernähren. Im Idealfall war jeder Mensch sein eigener Arbeitgeber. Der Aufbau der Schwerindustrie und die Häufung von Arbeitermassen in Industriestädten war für Gandhi kein ideales Entwicklungsziel. Es kam darüber immer wieder zu Meinungsverschiedenheiten zwischen ihm und Nehru. Der Interventionsstaat, den Nehru nach dem Krieg von den Briten übernahm, war für Gandhi ein Hindernis bei der Entfaltung einer auf Eigeninitiative beruhenden Entwicklung von unten. Als die indische Interimsregierung nach dem Krieg an der staatlichen Bewirtschaftung von Lebensmitteln und anderen knappen Ressourcen festhielt, setzte er sie unter moralischen Druck und zwang sie, diese Kontrollen aufzugeben. Man hielt ihm zunächst entgegen, daß dann die Preise steigen würden und die Versorgung der Bevölkerung gefährdet sei. Doch er sagte voraus, daß die Preise fallen würden – das trat denn auch ein, nachdem die Regierung sich widerwillig zur Abschaffung der Bewirtschaftung entschlossen hatte.[6] Gandhi war damit Ludwig Erhard, der 1948 in Deutschland gegen den Willen der Besatzungsmächte ebenfalls eine Aufhebung der Bewirtschaftung durchsetzte, um ein Jahr voraus. Gandhi wurde im Januar 1948 ermordet. Danach wurden seine Ideen nur noch respektvoll zitiert, aber nicht mehr in die Tat umgesetzt. Nehrus entwicklungspolitische Vorstellungen dominierten.

Was hier über Indien gesagt wurde, trifft natürlich nur zum Teil auf andere Kolonien zu, weil es dort noch keine einheimischen Industrien und Unternehmer gab und oft auch keine Wirtschaftswissenschaftler, die sich an wirtschaftspolitischen Debatten beteiligen konnten. Vor der Unabhängigkeit blieben die Kolonialherren bei wirtschaftspolitischen Debatten über das, was für die Kolonie gut und nützlich sei, meist unter sich. Eine Förderung der Industrie durch Importsubstitution betrieben die Kolonialökonomen natürlich nicht, denn sie wollten die Kolonien ja als Absatzmärkte für ihre Industrieprodukte erhalten, auch wenn sie in die politische Unabhängigkeit entlassen wurden. Statt dessen wurde empfohlen, daß die Kolonien das in verstärktem Maße tun sollten, was sie schon immer getan hatten, nämlich agrarische Rohprodukte liefern. Darum stand die Steigerung der Produktivität der kolonialen Landwirtschaft im Mittelpunkt des Interesses. Technokratische Planer empfahlen großangelegte Projekte zur Mechanisierung der kolonialen Landwirtschaft und übersahen dabei, daß in den Tropen die kleinbäuerliche Landwirtschaft aus guten Gründen vorherrscht. Das Risiko schlechter Ernteerträge bei geringen Niederschlägen wurde dadurch verteilt und die Familienarbeitskraft intensiv genutzt.

Da Indien bald nach dem Zweiten Weltkrieg in die Unabhängigkeit entlassen wurde, kam es nicht mehr in den Genuß der spätkolonialen Entwicklungsprojekte der fünfziger Jahre. Doch Afrika hatte das zweifelhafte Vergnügen, zum Experimentierfeld für solche Projekte gemacht zu werden, wie anhand einiger Fallbeispiele gezeigt werden soll.

Die spätkoloniale Entwicklungspolitik

Bereits nach dem Ersten Weltkrieg war in Frankreich von der »Inwertsetzung« (*mise en valeur*) der Kolonien die Rede. Die Exporte der Kolonien hatten im ersten Jahrzehnt nach dem Krieg tatsächlich zugenommen. Die Gewinne kamen zu einem großen Teil den Kolonialhandelsgesellschaften zugute. In der Weltwirtschaftskrise fielen die Preise der Rohprodukte jedoch derart, daß es sich eigentlich nicht mehr lohnte, Kolonien zu besitzen, um sich damit einen privilegierten Zugang zu Rohstoffen zu sichern. Der Zweite Weltkrieg ließ die Preise wieder steigen, und deshalb machte man sich in den Metropolen Gedanken über eine Entwicklungspolitik für die Kolonien. Das britische Parlament verabschiedete 1940 ein Gesetz über Entwicklung und Wohlfahrt in den Kolonien (*Colonial Development and Welfare Act*) und novellierte es 1945. Das Gesetz von 1940 war eine Geste geblieben, es waren nur sehr geringe Beträge in diesem Rahmen ausgegeben worden. Deshalb beriet man schon vor Kriegsende über einen großzügigeren Neubeginn. Doch nach dem Krieg hatte Großbritannien eine Zahlungsbilanzkrise zu bewältigen. Indien war nun zu einem Gläubiger Großbritanniens geworden und wurde nur unter der Bedingung in die Unabhängigkeit entlassen, daß es einem Moratorium zustimmte, obwohl Indien natürlich sein Guthaben selbst dringend benötigte. Unter diesen Umständen konnten die Briten auf dem Gebiet der kolonialen Entwicklungspolitik zunächst keine großen Sprünge machen. Nach 1948 ließen sich aber einige Fortschritte erzielen. Die Abwertung des Pfundes gegenüber dem Dollar hatte die Wettbewerbsfähigkeit der britischen Wirtschaft erhöht, und damit war es Großbritannien möglich, auch in der kolonialen Entwicklungspolitik mehr Initiative zu ergreifen.

In Frankreich wurde bereits 1946 ein Investitionsfonds für die soziale und ökonomische Entwicklung der Kolonien (*Fonds d'Investissement pour le Développement Economique et Social* = FIDES) gegründet. Die französischen Bemühungen in diesem Rahmen blieben für die Jahre 1946 bis 1952 aber noch bescheidener als die britischen. Auch ließ sich FIDES nicht auf agrarische Großprojekte ein, sondern verwendete etwa die Hälfte seiner

Mittel auf den Ausbau der Infrastruktur (Häfen, Straße und Schiene), weitere 20 Prozent auf den Bau von Krankenhäusern und Schulen, nur 12 Prozent auf die Förderung der Landwirtschaft, 7 Prozent auf die Forschungsförderung und den Rest für Sonstiges. Nahezu die Hälfte der von FIDES zur Verfügung gestellten Mittel ging an die westafrikanischen Kolonien.

Es war eine entscheidende Neuerung, daß Haushaltsmittel der Kolonialmächte in größerem Umfang für die Investition in den Kolonien bereitgestellt wurden. Für die Briten war dabei das Hauptziel, die Produktivität der kolonialen Landwirtschaft zu erhöhen, um ihren in der Nachkriegszeit vorherrschenden Rohstoffmangel zu überbrücken. Hier war die Willensbildung im Kolonialministerium von entscheidender Bedeutung.[7] Das Spektrum der wirtschaftspolitischen Vorgaben konnte dabei vom orthodoxen Liberalismus bis zum technokratischen Aktionismus reichen. Der Leiter der betreffenden Abteilung im britischen Kolonialministerium, Sidney Caine, der diesen Posten schon seit 1940 innehatte, war ein Wirtschaftsliberaler, der alle Bemühungen um eine Industrialisierung der Kolonien für verfehlt hielt. Sein schärfster Kritiker war W. Arthur Lewis, ein schwarzer Wirtschaftswissenschaftler von der Insel St. Lucia in der Karibik, der 1979 den Nobelpreis erhalten sollte. Lewis war in mehreren Gremien vertreten, die das Kolonialministerium bei der Gestaltung seiner Entwicklungspolitik berieten. Doch die Bürokratie des Kolonialministeriums neigte auch noch unter der Labour-Regierung eher den Ansichten Caines zu. Eine positive Entwicklungspolitik entstand auf diese Weise nicht. Den einzelnen Kolonien wurden vom Ministerium in London Beträge zugewiesen, mit denen sich einige Infrastrukturmaßnahmen finanzieren ließen. In dieser Hinsicht verhielt man sich ähnlich wie FIDES. Doch zeigten sich die Briten mitunter bereit, riesige Beträge für landwirtschaftliche Großprojekte einzusetzen. Ein Paradebeispiel dafür war der Plan, in Tanganjika in großem Stil Erdnüsse anzubauen, um den Mangel an Pflanzenfett zu beheben, der sich damals in Großbritannien bemerkbar machte.

Den Anstoß zu diesem Plan, der zu einer enormen Pleite führen sollte, gab ein Gespräch, das der britische Landwirtschaftsdirektor in Tanganjika mit einem Manager der *United Africa*

Company (UAC), die zum Unilever-Konzern gehörte, Ende 1945 in Daressalam führte. In diesem Gespräch kam die Idee auf, daß sich weite, brachliegende Gebiete Tanganjikas für den Erdnußanbau eignen könnten.[8] Der Vorgänger des Landwirtschaftsdirektors, der zwei Jahrzehnte in Tanganjika gedient hatte, wurde vom britischen Ernährungsministerium entsandt, um einen Bericht über dieses Projekt zu erstellen. Er hätte eigentlich wissen müssen, was er tat. Sein gigantischer Plan, pro Jahr 600 000 Tonnen Erdnüsse in über hundert Großfarmen mit je 12 000 Hektar anzubauen, erweckte jedenfalls beim britischen Ernährungsminister große Begeisterung. Es wurde beschlossen, ein staatliches Unternehmen für diesen Zweck zu gründen, zunächst aber die UAC mit dem Beginn der Arbeiten zu beauftragen. Kleinbäuerliche Landwirtschaft war bei diesem gigantischen Plan von vornherein ausgeschlossen, alles mußte mit riesigen Maschinen betrieben werden, die man zum Teil aus Kriegsbeständen billig zu erwerben hoffte. Es stellte sich bald heraus, daß diese Maschinen in Tanganjika nicht einsetzbar waren, der Boden dafür ungeeignet und der Regenfall zu gering war. Trotzdem wurde mit gewaltigem Kapitaleinsatz weitergearbeitet. Die erste Ernte war eine Enttäuschung, die zweite im Jahre 1949 eine Katastrophe. Schließlich wurde das Großprojekt 1950 eingestellt, aber in einigen Teilen bis 1956 weiterbetrieben. Der Verlust wurde auf insgesamt 36 Millionen Pfund Sterling geschätzt. Tanganjika hatte etwa 6 Millionen Pfund in der Staatskasse, als es in die Unabhängigkeit entlassen wurde. Seine Regierung wäre froh gewesen, wenn sie zusätzlich einige von den Millionen gehabt hätte, die für das Erdnußprojekt buchstäblich in den Sand gesetzt worden waren.

Diese Pleite war jedoch kein einzelner Betriebsunfall, es sollten ihr bald weitere folgen. Für die Erdnüsse war die *Overseas Food Corporation* zuständig gewesen, ihr wurde 1948 die *Colonial Development Corporation* (CDC) zur Seite gestellt, die sich bald darauf mit dem Fehlschlag einer von ihr errichteten gigantischen Hühnerfarm in der kleinen Kolonie Gambia blamierte. Eine halbe Million Hühner sollten dort gehalten, Eier und Fleisch nach Großbritannien exportiert werden. Das Hühnerfutter plante man in einem Großbetrieb vor Ort anzubauen. Dieser

Futteranbau scheiterte, weil sich die landwirtschaftlichen Maschinen als ungeeignet erwiesen und eine Dürre hinzukam. Die Hälfte des Hühnerbestands ging ein, die Eier entsprachen nicht den britischen Qualitätsstandards. Der Direktor der CDC trat zurück, doch war das keineswegs das Ende dieses staatlichen Unternehmens, das sich noch durch weitere Pannen auszeichnen sollte. Als die Regierung 1961 beschloß, die CDC schulde ihr das in den Sand gesetzte Kapital mit Zins- und Zinseszins, betrug diese Summe 230 Millionen Pfund Sterling. Inzwischen machte die unglückliche CDC aber immerhin bescheidene Gewinne, und man ließ sie weiterarbeiten. Die Gewinne kamen dadurch zustande, daß sich die CDC ihren ursprünglichen Aufgaben entzog und sich fast nur noch als Geldleiher betätigte. Da sie das Geld an Kolonialregierungen auslieh, ging sie kein Risiko ein. Für diese Aufgabe hätte man sie freilich nicht zu gründen brauchen.[9]

Es ist erstaunlich, daß die Briten mit ihrer langen Erfahrung als Kolonialherren derartige Fehler machten. Das lag vor allem daran, daß sie eben kaum je Erfahrungen mit produktiven Investitionen in ihren Kolonien gemacht hatten, sondern nur wußten, wie man Steuern einzieht und die Währungspolitik so betreibt, daß sie sich zugunsten der Kolonialmacht auswirkt. Investitionen wurden in der Kolonialzeit nur von privaten Firmen getätigt, aber selbst das nur in sehr bescheidenem Maße. Eine Ausnahme waren nur die massiven Investitionen in den Ausbau des indischen Eisenbahnnetzes, doch diese wurden weitgehend durch Anleihen finanziert, für die vergleichsweise hohe Zinsen bezahlt wurden, die der indische Steuerzahler aufzubringen hatte. Mit solchen Arrangements kannten sich die Kolonialherren sehr gut aus, aber mit dem Management einer CDC waren sie völlig überfordert. Letztlich war Caine doch weiser gewesen als Lewis, aber statt sich auf die liberale Doktrin zu berufen, hätte er einfach sagen sollen »Schuster, bleib' bei deinem Leisten«, das heißt, »Kolonialherr, bleib' bei den Methoden, die du kennst, und wage dich nicht auf das Gebiet produktiver Investitionen«.

Zur Erklärung der spektakulären Mißerfolge muß freilich auch noch die besondere wirtschaftliche Situation der Nachkriegsjahre berücksichtigt werden. Es herrschte zunächst geradezu eine Euphorie in bezug auf die Entwicklung der Rohstoffmärkte, die nur zu bald von einer bitteren Enttäuschung abgelöst wurde. Die besondere Nachfrage, die sich durch den Wiederaufbau nach dem Krieg ergab und dann erneut durch den Koreakrieg stimuliert wurde, ging bald danach rasch zurück, zumal die USA im Koreakrieg Vorräte angelegt hatten, die nun nicht mehr gebraucht wurden. Gegenüber den Durchschnittspreisen der Jahre 1947 bis 1949 verdoppelten oder verdreifachten sich die Preise für manche Rohstoffe in den frühen fünfziger Jahren und fielen dann wieder rasch ab. Es kam hinzu, daß die verhältnismäßig kurze Episode des rapiden Preisanstiegs den Anbau der betreffenden Rohprodukte angeregt hatte und dies den Preisverfall beschleunigte. Derartige Zyklen sind wohlbekannt, nur wirken sie sich meist weniger drastisch aus als in den fünfziger Jahren.

Rückblickend muß man die spätkoloniale Entwicklungspolitik wohl als weitgehend gescheitert betrachten. Die bereitgestellten Mittel waren bescheiden, dort wo Großprojekte finanziert wurden, erwiesen sie sich meist als kostspielige Fehlschläge. Am zukunftsträchtigsten waren die Investitionen in Bildungsinstitutionen und im Gesundheitswesen, doch gerade diese wurden nur mit vergleichsweise kleinen Beträgen unterstützt. In dieser Hinsicht bieten die japanischen Kolonien Korea und Taiwan ein interessantes Kontrastprogramm, das hier kurz vorgestellt werden soll, obwohl diese Kolonien in diesem Buch sonst nicht berücksichtigt werden konnten, weil es sich nicht um Kolonien europäischer Mächte handelte. Sie werden hier erwähnt, um zu zeigen, daß sich Kolonialherrschaft auch als Entwicklungsdiktatur auswirken konnte. Die japanischen Kolonialherren entsprachen dem Idealtyp, den Karl Marx entworfen hatte: Sie zerstörten die alte Ordnung und wurden zu Wegbereitern des Kapitalismus.

Ein Kontrastprogramm – die japanischen Kolonien Korea und Taiwan

Korea wurde von den Japanern 1910 annektiert und einer harten Militärdiktatur unterworfen. Die japanischen Generalgouverneure waren Generäle der japanischen Armee. Eine ihrer ersten großen Aktionen war eine Landvermessung und die Anlage eines akuraten Katasters, wodurch der Boden zur Ware werden konnte. Die Besitztitel waren durch das Kataster gesichert und daher auch gut übertragbar. Im Laufe der Zeit kam es zu einer Polarisierung der ländlichen Gesellschaft, weil die Wohlhabenden mehr und mehr Boden erwarben und die Kleinbauern zu kündbaren Pächtern herabdrückten. Viele von diesen wurden marginalisiert und proletarisiert. Sie wanderten in die Städte ab und wurden Industriearbeiter. Die Japaner bauten nämlich in Korea – insbesondere im Norden des Landes – eine Industrie auf, die die japanische Industrie auf verschiedene Weise ergänzte. Sie errichteten auch ein vorzügliches Eisenbahnnetz, das ihren wirtschaftlichen und militärischen Interessen diente. Außerdem sorgten sie für eine allgemeine Volksschulbildung, eine wichtige Voraussetzung für die Entwicklung Koreas. Für eine politische Partizipation der Koreaner sorgten sie freilich nicht. Vielmehr errichteten sie einen effizienten Polizeistaat, der keinen Widerstand duldete.

Gelegentlich führte die drückende Kolonialherrschaft freilich zu Ausbrüchen, die mit brutaler Gewalt niedergeschlagen wurden. Das bedeutendste Ereignis dieser Art war die Bewegung vom 1. März 1919. Die Wiederkehr des Todestages des letzten koreanischen Kaisers wurde von den Führern aller religiösen Gruppen zum Anlaß genommen, um die Unabhängigkeit Koreas zu erklären. Sie bezogen sich dabei ausdrücklich auf das von Präsident Wilson verkündete Selbstbestimmungsrecht der Völker. Der Aufstand war gewaltfrei, wurde aber von den japanischen Kolonialherren gewalttätig unterdrückt. Dies erregte internationales Aufsehen, woraufhin Japan die Kolonialherrschaft vorübergehend milderte, aber nicht wesentlich veränderte. Im Zuge der japanischen Kriegsvorbereitungen wurde Korea immer stärker in die forcierte Industrialisierung einbezogen. Die Zahl der Japaner, die in Korea lebten, stieg in dieser Zeit an. Zur Zeit der Kapitulation waren es rund 700 000. Vergleicht man dies mit den wenigen Tausend Briten, die zur Kolonialzeit in Indien lebten, so wird der Kontrast besonders deutlich.

Von einer Dekolonisierung konnte bei der japanischen Kapitulation natürlich keine Rede sein. Für Korea brach unmittelbar danach eine neue Besatzungszeit an. Die Amerikaner besetzten den Süden bis zum 38. Breitengrad. Die Sowjetunion, die noch im letzten Moment Japan den Krieg erklärt hatte, besetzte Nord-Korea. Damit wurde eine Weichenstellung vollzogen, die die weitere Entwicklung des Landes prägte. Der Norden verarmte als Musterland kommunistischer Planwirtschaft, der Süden erhielt amerikanische Wirtschaftshilfe und wurde von Entwicklungsdiktatoren beherrscht, die im Grunde das japanische Erbe weiterführten.

Taiwan widerfuhr ein ganz ähnliches Schicksal. Nach dem chinesisch-japanischen Krieg wurde es 1895 im Frieden von Shimonoseki an Japan abgetreten. Doch noch ehe japanische Truppen die Insel besetzten, wurde dort eine demokratische Republik Taiwan ausgerufen, die erste ihrer Art in Asien. Diese Republik wurde von den Japanern rasch niedergeworfen. Die japanische Kolonialherrschaft war hier von derselben Art wie in Korea. Zunächst war Japan jedoch hauptsächlich an der Reisproduktion Taiwans interessiert und betrachtete es als nützliche Agrarkolonie. Im Zuge der Aufrüstung Japans in den dreißiger Jahren wurde dann aber auch Taiwan industrialisiert. Nach der Kapitulation mußte Japan Taiwan, wie bereits vorher von den Alliierten beschlossen, an China zurückgeben. Die chinesischen Truppen benahmen sich wie eine Besatzungsmacht, und so kam es 1947 zu einem Aufstand der Taiwanesen. Erneut wurde eine kurzlebige demokratische Republik ausgerufen, die rasch besiegt wurde. Als die Kuomintang-Regierung 1949 vor den Kommunisten nach Taiwan flüchtete, wurde auch hier das Erbe der japanischen Kolonialherrschaft durch eine Entwicklungsdiktatur weitergeführt. Zwei Millionen chinesische Flüchtlinge standen neun Millionen Taiwanesen gegenüber. Die Kuomintang-Regierung war übermächtig und konnte sich souverän über die Interessen der taiwanesischen Oberschicht hinwegsetzen. So gelang es der Regierung, eine radikale Bodenreform durchzuführen, die für die spätere Wirtschaftsentwicklung von großer Bedeutung war.

Süd-Korea und Taiwan wurden zu Modellbeispielen exportorientierten Wachstums. Auch in dieser Hinsicht war die Entwicklung unter der japanischen Kolonialherrschaft richtungsweisend gewesen, denn die Industrialisierung beider Kolonien hatte in erster Linie dem Zweck gedient, Zulieferer für die japanische Industrie zu schaffen. Während andere Ex-Kolonien, wenn sie überhaupt zur Industrialisierung in der Lage waren, in erster Linie an Importsubstitution durch Produktion für den Binnenmarkt dachten, waren die Industrien von Korea und Taiwan von vornherein anders angelegt. Exportorientierung und Entwicklungsdiktatur waren das Erbe der japanischen Kolonialherrschaft. Keine der europäischen Kolonien in Asien und Afrika hatte ein solches Erbe angetreten. Soweit sie überhaupt in den Genuß spätkolonialer Entwicklungspolitik gekommen waren, blieb ihnen als einziges Erbe die Einführung von Wirtschaftsplänen, denn alle Kolonien wurden aufgefordert, Pläne aufzustellen, um in den Genuß der Mittel zu kommen, die die Kolonialherren im Rahmen der oben genannten Gesetze und Institutionen zu verteilen hatten. In Indien entstanden die Wirtschaftspläne freilich in einem anderen, noch zu erläuternden Zusammenhang. Viele Kolonien ließen in ihre späteren Wirtschaftspläne sowohl Lehren aus der indischen Planung als auch Erfahrungen aus der Planung im Rahmen der kolonialen Entwicklungspolitik einfließen. Es gab jedenfalls kaum einen aus der Kolonialherrschaft in die Unabhängigkeit entlassenen Staat, der nicht einen Fünfjahresplan oder dergleichen vorzuweisen hatte. Entwicklungshilfegeber außerhalb des Kreises der alten Kolonialmächte verlangten ebenfalls die Vorlage solcher Pläne, wenn es darum ging, Mittel für die betreffenden Länder bereitzustellen.

Die Wirtschaftsplanung in den ehemaligen Kolonien

Aufgrund seiner frühen Entlassung in die Unabhängigkeit war Indien natürlich allen anderen Ländern in der Aufstellung von Entwicklungsplänen um viele Jahre voraus. Es kam hinzu, daß Nehru den Nationalkongreß schon lange zuvor auf den Weg der Wirtschaftsplanung gelenkt hatte. In der kurzen Zeit, in der 1938/39 vom Nationalkongreß gebildete Landesregierungen im Amt waren, gab es einen konkreten Anlaß, diese Regierungen mit Planvorgaben zu versorgen. Es wurde eine nationale Planungskommission unter Nehrus Vorsitz gebildet, der Vertreter der Landesregierungen, aber auch Experten angehörten, die nicht Mitglieder des Nationalkongresses waren. Der Krieg setzte diesen Bemühungen ein Ende, und Nehru konnte erst 1940 einen Bericht vorlegen, der dann natürlich keine praktischen Folgen haben konnte. Der Bericht war rein qualitativer Art, es war sozusagen ein Wunschzettel, auf dem alle Industriezweige aufgelistet waren, an denen es in Indien fehlte. Zur Finanzierung des Plans wurden keine Angaben gemacht.[10]

Als 1944 das Kriegsende bereits abzusehen war, taten sich führende indische Industrielle in Bombay zusammen und arbeiteten einen Plan für die fünfzehn Jahre von 1947 bis 1962 aus, mit dem sie das Bruttosozialprodukt Indiens verdoppeln wollten.[11] Sie machten auch konkrete Angaben über die Finanzierung des Plans. Zu diesem Zeitpunkt besaß Indien schon große Reserven in der Bank von England, weil die Briten die gesamten indischen Lieferungen für den Kriegsbedarf auf Kredit gekauft hatten. Von Keynes hatten die indischen Industriellen gelernt, daß staatliche Ausgaben zur Förderung der Industrie durch Ankurbeln der Notenpresse finanziert werden könnten und dies solange keine inflationäre Auswirkung habe, wie die Vollbeschäftigung noch nicht erreicht sei. Ferner hofften die Industriellen auf die Ersparnisse der Bevölkerung und in sehr bescheidenem Maße auch auf ausländische Investitionen. Sie entwarfen auch bereits das Modell der »gemischten Wirtschaft«, bei der der Staat die Schwerindustrie aufbaut, die hohe Investitionen erfordert, zunächst aber geringe Rendite abwirft, während die private Wirtschaft sich auf die Konsumgüterindustrie beschränkt, die geringerer Investitionen bedarf und raschere Gewinne verspricht. Linke Kritiker bezeichneten diesen Entwurf deshalb als einen »faschistischen« Plan.

Die Kongreßführung saß zur Zeit, als dieser *Bombay Plan* entstand, noch im Gefängnis und konnte sich weder an seiner Formulierung beteiligen, noch Kritik an ihm üben. Doch als der Nationalkongreß schließlich die Regierungsverantwortung übernahm, zeigte sich, daß der *Bombay Plan* in seinen Grundzügen dem entsprach, was auch Nehru und seine Wirtschaftsplaner im Sinn hatten. Bald nach dem Inkrafttreten der Verfassung der Republik Indien im Frühjahr 1950 ließ Nehru durch einen Kabinettsbeschluß eine Planungskommission ins Leben rufen. Die von ihr zu entwickelnden Pläne sollten zwar nicht zu Gesetzen werden, aber da der Premierminister von Amts wegen Vorsitzender der Planungskommission war, gab es praktisch eine politische Verpflichtung zu ihrer Umsetzung.

Der erste Fünfjahresplan, der von dieser Kommission vorgelegt wurde, galt für die Jahre 1952 bis 1956.[12] Er war noch von recht bescheidener Art, und deshalb ließ sich das Planziel mühelos erreichen. Es kam hinzu, daß die Ernten in dieser Zeit gut waren. Der Struktur nach ähnelte dieser Plan den ersten sowjetischen Fünfjahresplänen, doch gab es einen bedeutenden Unterschied: Anders als die Sowjetunion hatte Indien eine »gemischte Wirtschaft«. Der zweite Plan präsentierte sich wesentlich ehrgeiziger. Er stand ganz im Zeichen der von Nehru angestrebten raschen Industrialisierung Indiens und konnte nur durch massive ausländische Entwicklungshilfe finanziert werden. Das galt auch für den dritten Plan, dessen Abschluß Nehru nicht mehr erlebte. Zwar wurden die Planziele nicht erreicht, aber immerhin konnte Nehru auf die enorme Steigerung der Industrieproduktion stolz sein, die unter seiner Ägide zu verzeichnen war.

Bei seiner Konzentration auf den industriellen Fortschritt vernachlässigte Nehru die Landwirtschaft, die zu seiner Zeit noch die Hälfte des Bruttosozialprodukts erstellte und etwa drei Viertel der Arbeitskräfte an sich band. Er hielt die Agrarpreise bewußt niedrig, damit die Industrie ihren Arbeitern keine hohen Löhne zahlen mußte. Eine durchgreifende Bodenreform war nicht erfolgt, lediglich die kleine Schicht der politisch ohnmächtigen Großgrundbesitzer war enteignet worden. Die große Masse der Bauern dagegen wurde als bedeutsames Wählerpotential kaum zur Kasse gebeten. Die Grundsteuer, die seit den Jahren der Weltwirtschaftskrise aus politischen Gründen nicht mehr erhöht worden war, hatte nur noch nominelle Bedeutung. Statt die Bauern direkt zu besteuern, verließ man sich auf die Agrarpreispolitik, die einer indirekten Besteuerung gleichkam. Die Agrarproduktion stieg zu Nehrus Zeiten zwar, aber nicht durch eine Steigerung der Flächenerträge, sondern nur durch die Vergrößerung der Anbaufläche. Dabei wurden auch marginale Böden unter den Pflug genommen, die bei einer Dürre gar keine Erträge erbringen würden. Dies trat in den Dürrejahren 1965/66 ein, die

Nehru nicht mehr miterlebte. Vielleicht wären ihm doch Zweifel an seiner einseitig auf rasche Industrialisierung abzielenden Planstrategie gekommen. [13]

Nehrus Strategie sah sich seinerzeit durch einflußreiche wirtschaftswissenschaftliche Lehrmeinungen gedeckt. Die Modernisierungstheorie projizierte einen für alle Länder ganz ähnlich verlaufenden Wachstumspfad. W. W. Rostows Zauberformel vom *take-off into self-sustained growth* beeindruckte Nehru sehr. [14] Auch Indien würde beim Erfolg seiner Planstrategie »abheben« und eine Wirtschaftswachstumskurve erreichen können, die durch ihre Eigendynamik nach oben ging. Die zeitgenössische Theorie vom »ungleichgewichtigen Wachstum«, die später diskutiert werden soll, zielte in dieselbe Richtung. War erst einmal der Durchbruch auf dem Gebiet der raschen Industrialisierung erzielt, dann würde auch die träge Landwirtschaft mitgerissen werden. Setzte man dagegen bei der Landwirtschaft an, konnte man lange warten, ehe ein Durchbruch in Sicht war. Außerdem entzog sich die kleinbäuerliche Landwirtschaft dem staatlichen Zugriff und war daher kein geeigneter Gegenstand für ehrgeizige Planer. Der Zeitgeist sprach für den Weg, den Nehru eingeschlagen hatte, der Erfolg schien ihm recht zu geben, und er wurde selbst zum prominenten Vertreter dieses Zeitgeistes.

In vielen anderen ehemaligen Kolonien bestand ebenfalls die Tendenz, diesem Weg zu folgen, nur war die Möglichkeit zur staatlichen Intervention meist nicht in demselben Maße gegeben wie in Indien. Oft kam es dann zu radikalen Versuchen, Entwicklungen nachzuholen, für die nach der Erlangung der Unabhängigkeit noch keine Chance bestand. Indonesien bietet ein Beispiel für einen verspäteten und dann völlig mißlungenen Durchbruch zur Planwirtschaft. Sukarno hatte Indien immer mit einem gewissen Neid betrachtet und hätte Nehru gern auf wirtschaftlichem Gebiet übertroffen, aber seine Hände waren gebunden, weil er einen Staat geerbt hatte, der im Hinblick auf eine wirtschaftliche Planung keine guten Voraussetzungen bot. Eine »nationale Bourgeoisie«, wie in Indien, fehlte in Indonesien völlig. Niederländer und Chinesen waren auch im unabhängigen Indonesien auf wirtschaftlichem Gebiet weiterhin dominant. Die indonesische Bildungsschicht war klein, weil die Kolonialmacht für die höhere Bildung der Indonesier so gut wie nichts getan hatte. Ein Interventionsinstrumentarium, wie es Nehru von der britischen Kriegszwangswirtschaft übernehmen konnte, hatten die Niederländer ja nicht aufbauen können, weil die Japaner das Land besetzt hatten. In der Phase der parlamentarischen Demokratie konnten auch keine wirtschaftspolitischen Akzente gesetzt werden, sie scheiterte, wie erwähnt, in den ersten und einzigen Wahlen von 1955. Erst Sukarnos »gelenkte Demokratie« und die Enteignung der niederländischen Firmen im Jahre 1957 ermöglichten es, eine eigenständige Wirtschaftspolitik zu entfalten. Ein ehrgeiziger Achtjahresplan, der 1960 einsetzte, sollte jetzt dazu beitragen, Indonesien den großen Wachstumssprung zu verschaffen. Doch die Vertreibung der Niederländer bedeutete einen Verlust wirtschaftlicher Führungskräfte, und ein staatliches Interventionsinstrumentarium gab es noch immer nicht. Der Plan bewirkte nicht viel, führte aber dennoch zu sozialen Spannungen, die sich in dem Putschversuch von 1965 und der Verfolgung der Kommunisten durch die Armee entluden.

In Ägypten verlief die Einführung der Planwirtschaft ähnlich. Bis zu Nassers Machtergreifung war die wirtschaftliche Entwicklung »planlos«. Nasser aber war ein »fortschrittlicher« Entwicklungsdiktator, der sich auf den »arabischen Sozialismus« berief und eine bisher versäumte Entwicklung nun ebenfalls in Windeseile nachholen wollte. Bereits 1957 wurde eine Planungsbehörde geschaffen, und 1960 begann die Umsetzung eines Zehnjahresplans, der eine Wachstumsrate des Sozialprodukts um 7,5 Prozent pro Jahr vorsah. Die Einführung der Planwirtschaft ging mit einer Verstaatlichung aller Industrieunternehmen, Banken, Versicherungen und des Außenhandels einher. Auf eine »gemischte Wirtschaft« wollte man sich hier nicht einlassen. Ab 1962 wurden Landwirtschaft und Handwerk in Zwangsgenossenschaften organisiert. Diese Maßnahmen führten zur Flucht des Privatkapitals außer Landes und zur Landflucht der Bauern in die Städte. Doch die gescheiterte Planwirtschaft wurde bis zum Tode Nassers weitergeführt, erst sein Nachfolger konnte den Kurs korrigieren.

In Syrien und Irak wurde die Planwirtschaft von der Baath-Partei eingeführt, die sich ebenfalls einem arabischen Sozialismus verschrieben hatte, doch diese Entwicklung reicht weit über den in diesem Buch behandelten Zeitrahmen hinaus. In Tunesien hätte Habib Bourguiba eigentlich schon seit 1954 die Chance gehabt, die Wirtschaftspolitik nach seinem Willen zu gestalten, doch er verfolgte zunächst eine konservative Politik, bis er 1957 auf der Basis der neuen Verfassung Gesetze verabschieden ließ, die ihn zur Enteignung von Land und von Industriebetrieben ermächtigten. Den Widerstand gegen seine Bodenreform brach er. Erst 1961 bekannte er sich explizit zum »tunesischen Sozialismus« und legte für die Zeit von 1962 bis 1971 einen Zehnjahresplan vor. Dabei stand ihm das ägyptische Vorbild vor Augen. Im Einklang mit diesem neuen Kurs änderte er auch den Namen seiner Neo-Destour-Partei, sie hieß nun *Parti Socialist Destourien.* Im benachbarten Algerien wurde ein ähnlicher Kurs verfolgt, wegen der sehr späten Gewährung der Unabhängigkeit aber mit dem entsprechenden zeitlichen Abstand. Dafür beharrte das Land dann auch weit länger auf diesem Weg, während anderswo bereits eine Lockerung des planwirtschaftlichen Regimes stattfand.

Die Länder Schwarzafrikas waren meist nicht so stark auf die Planwirtschaft festgelegt. Die früheren französischen Kolonien befanden sich noch weitgehend im Schlepptau der französischen Wirtschaftspolitik, die ehemals britischen Kolonien hatten entweder mit innenpolitischen Problemen zu kämpfen oder eine so geringe wirtschaftliche Substanz, daß an ehrgeizige Pläne zunächst gar nicht zu denken war. Tanganjika und Kenia seien hier als Beispiele einer bescheidenen Planung erwähnt. In Tanganjika hatte Präsident Nyerere bei seinem Amtsantritt im November 1962 die Einrichtung einer Planungsabteilung unter seiner unmittelbaren Aufsicht angekündigt, die sich in erster Linie mit der Dorfentwicklung beschäftigen sollte. Mit einem entsprechenden Dreijahresplan wurde unverzüglich begonnen. Er zielte hauptsächlich auf Selbsthilfeprojekte der Bevölkerung ab, konnte aber für diese noch keine angemessene Koordination gewährleisten. In seiner charakteristischen Ehrlichkeit gestand Präsident Nyerere ein: »Einige Dörfer haben Schulen gebaut, obwohl wir noch keine ausgebildeten Lehrer für diese Schulen zur Verfügung hatten; manchmal wurden Straßen gebaut, die irgendwo endeten, weil das Geld und die Ingenieure fehlten, um die Brücke zu bauen, über die die Straße führen sollte...«[15] Doch er versprach, solche Fehler würden im 1964 beginnenden Fünfjahresplan vermieden. Für die Industrialisierung des Landes sah dieser Plan nur insgesamt 42 Millionen Pfund Sterling vor. Um so dankbarer zeigte sich Nyerere daher, als eine private Ölgesellschaft mit einer Investition von 5 Millionen Pfund Sterling eine Raffinerie in Daressalam errichtete. Seine Begeisterung für den afrikanischen Sozialismus hinderte ihn nicht daran, solche Privatinvestitionen zu begrüßen.

Im benachbarten Kenia schrieb Jomo Kenyatta im Vorwort zum ersten Sechsjahresplan (1964–1970), bei diesem Plan spiele keinerlei Ideologie eine Rolle, man habe sich an allen erfolgreichen Volkswirtschaften dieser Welt orientiert.[16] In erster Linie betonte er die Steigerung der landwirtschaftlichen Produktion für den Export. Ferner betonte er die Förderung der höheren Schulbildung. Von der Schaffung von Arbeitsplätzen war auch die Rede, doch außer dem Hinweis auf die Nutzung von Möglichkeiten zur Importsubstitution verlor Kenyatta über die Industrialisierung kein Wort, obwohl diese doch sonst von den Entwicklungsplanern immer vorrangig gefordert wurde. Im Plandokument selbst wurde die Industrialisierung als Mittel zur Schaffung von Arbeitsplätzen kurz angesprochen, zugleich aber eingestanden, Kenia könne sich auf diesem Gebiet noch nicht dem Wettbewerb auf dem Weltmarkt stellen und sei auf die Nachfrage auf dem Binnenmarkt angewiesen. Die Weiterverarbeitung der in Kenia erzeugten Agrarprodukte erschien zunächst als einzige Zukunftschance. Zur Finanzierung des Plans waren in den ersten drei Jahren insgesamt 42 Millionen Pfund Sterling erforderlich, doch nur die Hälfte ließ sich aus Steuergeldern aufbringen, der Rest mußte anderswo gefunden werden, wobei man auch mit entsprechender Entwicklungshilfe rechnete. Zwar wurde der Plan im Plandokument als »ehrgeizig« bezeichnet, doch Kenyatta hatte ihn im Vorwort »realistisch« genannt und auf Propaganda verzichtet.

Ganz gleich ob die Pläne der ehemaligen Kolonien planwirtschaftlich ambitioniert oder realistisch und bescheiden waren – sie plädierten alle für die Gewährung von Entwicklungshilfe.

Damit waren die Geber angesprochen, und das waren zunächst noch ausschließlich die westlichen Industrieländer. Die bereits erwähnte spätkoloniale Entwicklungspolitik hatte gezeigt, daß diese Länder in der Lage waren, etwas auf diesem Gebiet zu tun, wenn auch die Projekte, die sie gefördert hatten, nicht gerade erfolgreich gewesen waren. Überdies zeichnete sich bald ab, daß nicht nur die ehemaligen Kolonialmächte bereit waren, Hilfe für die »Dritte Welt« zu leisten, sondern daß man diese auch von den USA erwarten könne.

Die Motive der Entwicklungshilfegeber

Das Modell für die Entwicklungshilfe, die nicht von den früheren Kolonialherren an ihre ehemaligen Kolonien vergeben wurde, war der Marshallplan, der jedoch nicht den Entwicklungsländern zugute kam, sondern dem Wiederaufbau Europas diente. Dieser Plan war in jeder Hinsicht beispiellos. Früher pflegte der Sieger Reparationen von dem Besiegten zu fordern, diesmal unterstützte die siegreiche Supermacht sowohl ihre notleidenden europäischen Alliierten als auch Deutschland mit Summen, die zu jener Zeit etwa zwei bis drei Prozent des Bruttosozialprodukts der USA ausmachten. Das Motiv war hochpolitisch. Ein verarmtes Europa hätte zur leichten Beute der Sowjetunion werden können. Im März 1947 verkündete Präsident Truman die nach ihm benannte Doktrin der Unterstützung der freien Völker. Drei Monate später hielt der amerikanische Außenminister George Marshall seine berühmte Rede an der Harvard University, in der er die Wiederherstellung einer funktionierenden Weltwirtschaft als Vorbedingung für das Überleben freiheitlicher Institutionen hervorhob und die Grundzüge seines Plans beschrieb.[17] Das entsprechende Gesetz wurde im April 1948 von Präsident Truman unterzeichnet. Zuvor waren bereits im Oktober 1947 mit dem *General Agreement on Trade and Tariffs* (GATT) die Spielregeln für den internationalen Handel neu festgelegt worden.

Der Marshallplan erwies sich als sehr erfolgreich, doch traf er auch auf günstige Umstände. Es ging hier um Wiederaufbau und nicht um einen grundlegenden Neuaufbau wirtschaftlicher Systeme. Die Nationen, denen der Marshallplan zugute kam, hatten trotz hoher Menschenverluste im Krieg noch genügend »Humankapital«, um die amerikanische »Entwicklungshilfe« bestens zu nutzen. Außerdem herrschte eine Nachkriegskonjunktur, die in Deutschland sogar so lebhaft war, daß die Marshallplangelder nicht erst den Anstoß zum Wiederaufbau gaben, sondern ihm sozusagen Rückenwind zuführten und damit das »Wirtschaftswunder« beschleunigten. Der Erfolg hätte die amerikanische Führung eigentlich dazu motivieren sollen, einen zweiten Marshallplan für Asien und Afrika aufzulegen, doch das ging über ihren Horizont. Statt dessen operierten sie vor allem mit Militärhilfe und Paktsystemen.

Als Nehru 1949 die USA besuchte, wurde er zutiefst enttäuscht. Er bettelte nicht um Entwicklungshilfe, erwähnte aber in seinen Reden den Kapitalmangel, der Indien zu schaffen machte. Indien hatte Großbritannien dessen Kriegsschulden ja zunächst stunden müssen, und die amerikanische Regierung hatte an dieser Regelung mitgewirkt, wußte also sehr genau, wo Indien der Schuh drückte. Aber da Nehru nicht gewillt war, im beginnenden Kalten Krieg eindeutig für die USA Partei zu ergreifen, sah man nicht ein, warum man ihn unterstützen sollte. Selbst die konkrete Bitte um eine Lieferung von 2 Millionen Tonnen Weizen, um die damals in Indien herrschende Hungersnot zu bekämpfen, erfüllte man ihm sehr zögerlich; die Lieferungen trafen erst achtzehn Monate später ein. Eine großzügige Geste hätte damals viel bewirken können, denn Roosevelt hatte in Indien als ein Freund, der die indische Forderung nach Unabhängigkeit unterstützte, große Sympathien besessen. Truman verspielte viel von diesem Wohlwollen.

Mit einiger Verspätung entschlossen sich die USA freilich doch noch zur Vergabe von Entwicklungshilfe an die »Dritte Welt«, aber die Dimensionen dieses Programms blieben im Vergleich zum Marshallplan bescheiden. Von 1950 bis 1955 betrug der Anteil dieser Hilfe am amerikanischen Bruttosozialprodukt 0,32 Prozent, 1960 stieg er auf 0,56 Prozent an, fiel bald danach aber wieder ab. Immerhin zahlte die USA in dieser frühen Zeit rund die Hälfte der gesamten Entwicklungshilfe der Welt.[18] Die

Länder der Europäischen Gemeinschaft engagierten sich hier vergleichsweise stärker als die USA. Sie setzten von 1950 bis 1955 0,52 Prozent ihres Bruttosozialprodukts für die Entwicklungshilfe ein und 1960 sogar 0,64 Prozent. Der Ostblock war in der frühen Periode auf diesem Gebiet noch nicht aktiv, doch 1960 hatte er bereits einen Anteil von 10 Prozent an der gesamten Entwicklungshilfe der Welt; über den Anteil am Sozialprodukt lassen sich für den Ostblock keine Angaben machen. Bei der Entwicklungshilfe handelte es sich nur zum kleineren Teil um verlorene Zuschüsse, überwiegend ging es um rückzahlbare Kredite, die freilich zinslos oder zu sehr niedrigen Zinsen vergeben wurden und meist eine Laufzeit von mehreren Jahrzehnten hatten.

Für viele Geberländer war natürlich die Förderung der eigenen Exporte ein wichtiges Kriterium. Die Entwicklungsländer brauchten Investitionsgüter, konnten aber das Investitionskapital noch nicht aufbringen. Die entsprechenden Wirtschaftskreise in den Industrieländern setzten sich natürlich gern dafür ein, daß ihre Exporte auf diesem Wege mit staatlichen Mitteln gefördert wurden. In Deutschland war der Verband Deutscher Maschinen- und Anlagenbauer (VDMA) ein Pionier auf diesem Gebiet. Frankreich hatte mit FIDES schon früh ein Instrument geschaffen, mit dem es sich Aufträge aus den westafrikanischen Ländern sichern konnte. Durch geschickte Verhandlungen zu den Verträgen von Rom (1957) war es Frankreich außerdem gelungen, seine westafrikanischen Kolonien als assoziierte Mitglieder in die Europäische Gemeinschaft einzubringen. Damit wurde die Gewährung von Entwicklungshilfe an diese Länder eine gesamteuropäische Angelegenheit, an der sich auch Deutschland beteiligte.

Ganz im Sinne der Exportförderung banden einige Länder die Vergabe von Entwicklungshilfe an den Bezug von Maschinen aus eigener Produktion. Die USA taten dies besonders gern, weil ihre Maschinen teuer waren. Deutschland verzichtete auf solche Bindungen, weil es stolz darauf war, bei der Prüfung des Preis-Leistungs-Verhältnisses ohnehin den Zuschlag zu bekommen. Dafür zeichnete sich die deutsche Entwicklungshilfe lange Zeit durch eine politische Bindung aus. Erkannte ein Entwicklungshilfeempfänger die DDR an, dann wurde ihm die Hilfe unverzüglich gestrichen. Dieses Druckmittel wirkte sehr gut. Selbst

Nehru, der die DDR sehr gern anerkannt hätte, wagte es nicht, die deutsche Entwicklungshilfe aufs Spiel zu setzen, zumal er wußte, daß die DDR nicht in der Lage gewesen wäre, auch nur einen Bruchteil dieser Entwicklungshilfe aufzubringen. Ebenso wie viele andere Länder erkannte Indien die DDR erst an, als Deutschland selbst im Rahmen seiner neuen Ostpolitik von der »Hallstein-Doktrin« abrückte.

In den frühen Zeiten der Entwicklungshilfe dachten die Geber noch nicht daran, die Empfänger auf die Liberalisierung ihrer Wirtschaft einzuschwören. Die Lieferanten von Investitionsgütern waren froh, daß die planwirtschaftlich orientierten Entwicklungsländer etwas bei ihnen bestellten, und hätten sich gehütet, ihnen darüber Lektionen zu erteilen, welche Investitionen sinnvoll seien und welche nicht. Zwar bildeten die Geberländer bald Konsortien für die wichtigsten Empfängerländer (z. B. *Aid India Consortium* etc.), aber diese Gremien waren nur dafür zuständig, die Bonität der Wirtschaft allgemein zu prüfen und die Entwicklungshilfe zu koordinieren. Es war nicht ihre Aufgabe, die Planung an sich zu hinterfragen. Makroökonomische Perspektiven standen ohnehin nicht im Mittelpunkt der Verhandlungen, sondern es ging meist um die Finanzierung einzelner Projekte. Die Entwicklungsländer wurden auf diese Weise geradezu abgerichtet, attraktive Projekte zu »verkaufen«. Manchmal ließen sie sich dabei auf fragwürdige Großprojekte ein, die die Geber sich wünschten, um international etwas vorzeigen zu können.

Geberländer fühlten sich insbesondere dann von Projektvorschlägen angesprochen, wenn sie ihren Nationalstolz auf spezifische Weise befriedigten. Deutschland etwa hielt nicht zu Unrecht sehr viel von seinem hervorragenden Berufsbildungswesen und den deutschen Facharbeitern. Deshalb wurden viele Entwicklungsländer mit der Finanzierung und personellen Ausstattung der entsprechenden Institutionen beglückt. Dabei wurde kaum gefragt, welcher Stellenwert diesen Institutionen in dem geförderten Land wohl zukommen würde. Es wurde angenommen, daß sie an sich wertvoll seien und sich dies notwendigerweise auch im Empfängerland herausstellen würde. Das zeigt bereits, daß die reine Exportförderung durch Entwicklungshilfe nicht immer im Vordergrund stand. Nachdem die entsprechenden Organisationen in den Geberländern eine gewisse Eigendynamik entwickelt hatten, wurde so manches Vorhaben finanziert, was keinen unmittelbaren Bezug zu den Interessen der Wirtschaftslobby hatte.

Die Eigendynamik der Entwicklungshilfe rief ohne Zweifel viele nützliche Projekte ins Leben, wurde aber oft auch zum Selbstzweck. Insbesondere fielen die Personalkosten der von den Geberländern entsandten Experten ins Gewicht, als sich nach dem anfänglichen Vorherrschen der reinen Kapitalhilfe die Idee verbreitete, daß der Transfer von *know-how* für den Entwicklungsprozeß ebenfalls wichtig ist. Die Schwierigkeit dabei war freilich, daß *know-how* in einem bestimmten Kontext erworben wird und sich nicht »kontextfrei« übertragen läßt. Die Experten scheiterten manchmal an diesem Problem und kehrten frustriert zurück, oder aber sie schufen sich vor Ort ihren eigenen Kontext und setzten ihre Vorstellungen durch. Dadurch machten sie sich aber geradezu unentbehrlich: Zog man sie ab, brach ihr Projekt zusammen. Die Evaluierung der Arbeit der Experten durch andere Experten, die meist nur für wenige Tage vor Ort waren, hatte als einzigen positiven Effekt oft nur das gute Honorar für den mit der Evaluierung beauftragten Prüfer. Kritische Stimmen in den Empfängerländern vertraten daher oft die Ansicht, daß es vernünftiger sei, das für personalintensive Projekte ausgegebene Geld der Kapitalhilfe zuzuschlagen, denn das Kapital wurde dringend gebraucht, der gute Rat der Experten war dagegen meist zu teuer. Die Motive der Geber waren jedoch gerade bei der Personalhilfe recht uneigennützig. Man glaubte in den Organisationen, die sich mit der Entwicklungshilfe beschäftigten, fest daran, daß der Transfer von *know-how* notwendig und durch die Entsendung von Experten auch leicht möglich sei.

In einer späteren Phase, jenseits des hier behandelten Zeitraums, gab es einen neuerlichen Wandel der Motive der Entwicklungshilfegeber. Man meinte nun, daß der Transfer von Kapital und *know-how* zwar zum Wirtschaftswachstum, nicht aber zur Verteilungsgerechtigkeit beigetragen habe und daß daher die Bekämpfung der Armut als das vornehmste Ziel der Entwicklungshilfe gelten müsse. Aber wie konnte man die Armen wirklich erreichen? Das Auffinden von »Zielgruppen« wurde zur wichtigsten Beschäftigung der Entwicklungshelfer. In dieses Bestreben reihten sich die zahlreichen »Nichtregierungsorganisationen« (*Non-Government Organisations* = NGOs) ein, die dann wie die Pilze aus dem Boden schossen. Viele NGOs hatten durchaus lautere Motive, aber auch sie arbeiteten meist mit verhältnismäßig hohen Personalkosten. Das oben geschilderte Problem der entsandten Experten stellte sich hier auf einer anderen Ebene neu. Nur waren die »Armutsbekämpfer« in den seltensten Fällen Experten im Sinne von Fachleuten, die *know-how* übertragen sollten. Da jedoch die Armutsbekämpfungsprogramme der Regierungen der meisten Entwicklungsländer ebenfalls unzulänglich waren, hatten die NGOs mitunter eine Chance, hier und da effizienter zu arbeiten als die staatlichen Stellen.

Die Maßnahmen der Entwicklungshilfegeber wurden nicht immer von Wirtschaftsentwicklungstheorien geprägt, oft zitierte man solche Theorien im nachhinein, um zu rechtfertigen, was man getan hatte. Andererseits wurden die Entwicklungsökonomen durch die Aufgaben, die sich im Rahmen der Entwicklungshilfe ergaben, zum Nachdenken angeregt, ja ihre ganze Zunft verdankte geradezu ihre Entstehung diesen neuen Aufgaben. Unter dem Einfluß von Keynes hatten sich die wirtschaftswissenschaftlichen Bemühungen auf die geschlossene Volkswirtschaft konzentriert, daneben gab es die Theorie des internationalen Handels, aber die Frage, wie eine andere als die eigene Volkswirtschaft am besten zu organisieren sei, stellte sich erst durch die Begegnung mit den Problemen der Entwicklungsländer.

Die Lehren der Entwicklungsökonomie

Die herrschende Lehre der neoklassischen Ökonomie mit ihren Gleichgewichtsmodellen und ihrem Vertrauen in die »unsichtbare Hand« des Marktes läßt eine »Entwicklungsökonomie« eigentlich nur im Sinne einer Anwendung dieser Lehre auf die »Entwicklungsländer« zu und nicht als eigenständige Fachrichtung.[19] Wenn Entwicklungsökonomen sich auch meist bemühten, die Vereinbarkeit ihrer Theorien und Empfehlungen mit der herrschenden Lehre zu betonen, so hatten sie doch das Problem, daß sie ihre Aufmerksamkeit in erster Linie staatlichen Interventionen widmen mußten, die zur Entwicklungsförderung dienen sollten. Solche Interventionen gelten orthodoxen Vertretern der neoklassischen Lehre aber als »marktverzerrend«. Zwar erkennt die moderne neoklassische Theorie an, daß es sowohl Staatsversagen als auch Marktversagen geben kann, aber das Wort »Versagen« deutet an, daß es sich dabei sozusagen um Betriebsunfälle handelt. Die grundsätzliche Bedeutung der »unsichtbaren Hand« wird nicht bezweifelt.

Das Kernproblem der Entwicklungsökonomie ist es, daß sie zwar der »unsichtbaren Hand« des Marktes ihren Respekt erweisen muß, sich aber nicht auf sie verlassen kann. Führte diese Hand die bestmögliche Entwicklung herbei, dann brauchte man eigentlich nur abzuwarten, bis sich ihre Wirkung zeigte und sollte sie dabei nicht stören. Es ist bezeichnend, daß in den fünfziger Jahren noch nicht von Entwicklungsländern, sondern von »unterentwickelten Ländern« die Rede war. Solche Länder standen eben auf einer niedrigen Stufe des Entwicklungsprozesses und würden mit einigem zeitlichen Abstand denselben Weg gehen wie die bereits entwickelten Länder vor ihnen. Die Sprachregelung, statt dessen von Entwicklungsländern zu reden, lenkte die Aufmerksamkeit auf den Entwicklungsprozeß als solchen und implizierte, daß dieser Prozeß aktiv unterstützt werden müsse. Nun machte sich statt der unsichtbaren Hand des Marktes die sichtbare Hand des Planers bemerkbar. Damit trat das Problem der angemessenen Information in den Vordergrund. Die »unsichtbare Hand« wurde deshalb so genannt, weil sie so agierte, als sei sie im Besitz vollständiger Information. Die Preise bildeten das grundlegende Element dieser Information. Die »unsichtbare Hand« wurde durch die Rückkopplung der Marktkräfte gelenkt. Funktionierte diese Rückkopplung offenkundig nicht, so war ein Eingriff nötig, der aber ein Höchstmaß an Information erforderte, damit man nicht danebengriff.

Die Theorie vom gleichgewichtigen Wachstum ist auf eine Lenkungsinstanz angewiesen, die sozusagen die Rückkopplung simuliert und alle relevanten Faktoren in das Entwicklungsmodell einbezieht. Oft fehlt es aber an den nötigen Daten. Gerade in

Entwicklungsländern waren die Statistiken nicht verläßlich. Ferner erkannte man, daß die Marktlösung von Koordinationsproblemen nicht unbedingt effizient ist, und vertraute statt dessen auf die Koordinationskompetenz des Planers. Für diesen lag die Versuchung nahe, der mühevollen Förderung des gleichgewichtigen Wachstums die kühne Entscheidung für ein »ungleichgewichtiges Wachstum« vorzuziehen.[20] Statt mit großem Datenaufgebot eine Rückkopplung zu simulieren, warf man dabei gewissermaßen einen Stein ins Wasser und verließ sich darauf, daß dieser Wurf unvermeidlich Kreise ziehen werde. Der »unsichtbaren Hand« mußte also nur ein empfindlicher Schlag versetzt werden, dann würde sie ihr Werk schon wie gewohnt weiterführen. Die Theorie war bestechend, denn sie ermunterte zur kühnen Tat ohne perfekte Information, baute aber durchaus auf der Grundlage neoklassischer Lehren auf. Für frustrierte Entwicklungsplaner war dies nachgerade eine Befreiung. Nur zeigte sich leider bald, daß dieser Trick nicht funktionierte. Daher kehrte man zur Theorie vom gleichgewichtigen Wachstum zurück und versuchte, den Informationsstand durch Projektanalysen und komplexe *input-output*-Modelle zu verbessern.

Die Fehler der Planwirtschaft ließen sich aber auch durch die besten Entwicklungsökonomen nicht vermeiden. Die sichtbare Hand des Planers konnte der unsichtbaren des Marktes letztlich keine Konkurrenz machen. Doch bis Mitte der sechziger Jahre, die Zeit, über die hier berichtet wird, bestand ungebrochener Planungsoptimismus. Skepsis stellte sich erst später ein, und dann entschlossen sich auch die meisten Entwicklungsökonomen dazu, den Ländern der »Dritten Welt« eine größtmögliche Liberalisierung zu empfehlen. Inzwischen war auch die bilaterale Entwicklungshilfe zugunsten der multilateralen zurückgegangen, und die internationalen Organisationen, die diese Hilfe leisteten, waren ganz auf die neoklassische Doktrin eingeschworen. Das traf insbesondere auf den Weltwährungsfonds zu, wohingegen sich die Weltbank unter Umständen auch bereit sah, unorthodoxe Experimente zu machen. Bald zeigte sich aber ein ganz neues Problem, das in den beiden ersten Nachkriegsjahrzehnten kaum bekannt war: Die katastrophale Verschuldung der Entwicklungsländer führte dazu, daß sie oft mehr an ihre Gläubiger abführen mußten, als sie an Kredit und Hilfe erhielten. Dadurch kam der Vorwurf des Neokolonialismus auf, denn tatsächlich war ja die »Dritte Welt« in die Schuldknechtschaft der führenden Industrieländer geraten. Damit stellte sich die Frage nach der »Entwicklung zur Unterentwicklung« erneut, die Kritiker der Entwicklungspolitik der Industrieländer schon früher aufgeworfen hatten. Diese neuerliche Grundsatzdebatte über die Abhängigkeit der »Dritten Welt« von den Industrieländern kann hier nur kurz gestreift werden, sie betrifft eine Entwicklung, die sich erst nach dem hier behandelten Zeitraum deutlich bemerkbar machte.

Die Kritik an der »Entwicklung zur Unterentwicklung«

Im Zentrum der Kritik an der westlichen Entwicklungshilfe steht die These von der »Entwicklung zur Unterentwicklung«. Danach nimmt die Abhängigkeit der »Dritten Welt« von den Industrieländern nicht ab, sondern ständig zu. »Entwicklungshilfe« könne daran nichts ändern, vielmehr erfolge ihre Vergabe oft so, daß diese Abhängigkeit nur noch verschärft würde. Diese Projektion eines negativen Entwicklungspfades knüpfte an die sogenannte Prebisch-Singer-These von 1950 an, die eine Umkehrung der grundlegenden Annahmen der Ökonomen des 19. Jahrhunderts bedeutete.[21] Diese waren von zwei Voraussetzungen ausgegangen: (a) der internationale Handel führt zu einer für alle Beteiligten nützlichen Arbeitsteilung, (b) der industrielle Fortschritt führt zur Verbilligung der Industrieprodukte, während Agrarprodukte teurer werden müssen, weil die Bevölkerung wächst, der Boden dagegen knapp ist. Dem hielt der argentinische Wirtschaftswissenschaftler Raul Prebisch entgegen, daß (a) die internationale Arbeitsteilung regionale Strukturunterschiede hervorbringe, die einer Region (Zentrum) Vorteile, einer anderen (Peripherie) aber Nachteile einbringe, ohne daß die Benachteiligten sich aus den Handelsbeziehungen lösen können, und daß (b) der technische Fortschritt nicht zur Verbilligung der Industrieprodukte führe, die Preise der Agrarprodukte dagegen fielen, weshalb sich die Austauschbedingungen für die Agrarproduzenten verschlechterten.

Prebisch hatte schon in früheren Schriften die Strukturunterschiede zwischen Zentrum und Peripherie betont. Das Zentrum zeichnet sich dadurch aus, daß seine Wirtschaftsstruktur homogen, seine Produktion aber diversifiziert ist, die Peripherie besitzt dagegen eine heterogene Wirtschaftsstruktur, ist aber in der Produktion spezialisiert. Im Extremfall legt sich ein Land der Peripherie auf eine Monokultur für den Export fest. Die Nachfrage der peripheren Länder nach Industriegütern muß durch Import gedeckt werden, eine Korrektur ist nur durch importsubstituierende Industrialisierung möglich. Während Prebischs Beitrag in erster Linie aus dieser Strukturanalyse bestand, hatte Hans W. Singer unabhängig von ihm Langzeitanalysen der Austauschbeziehungen von Zentrum und Peripherie betrieben und damit Prebischs Strukturanalyse bestätigt, weshalb man von der Prebisch-Singer-These spricht. Da Prebisch der führende Kopf der *Economic Commission for Latin America* (ECLA) war, nennt man diese These auch ECLA-These. Sie bildete das Fundament, auf dem die Vertreter der *dependencia*-Lehre ihr ideologisches Gebäude errichteten. Sie unterstellten der Entwicklung der von Prebisch aufgezeigten Strukturmerkmale eine zielgerichtete Tendenz und nannten dies die »Entwicklung zur Unterentwicklung«.

Die Prebisch-Singer-These ist nicht unwidersprochen geblieben. Sie bot ihren Gegnern eine Flanke, die sich leicht attackieren ließ, nämlich die empirischen Daten in Singers Langzeitanalyse. Es kommt ganz darauf an, welchen Anfangs- und Endpunkt man für eine solche Analyse wählt, wenn es darum geht, einen Beweis für die These zu finden oder ihre Widerlegung zu demonstrieren. Die Jahre der Weltwirtschaftskrise, deren Erfahrung sowohl Prebisch als auch Singer geprägt hatten, zeigen deutlich, daß die Preise für agrarische Produkte stark fielen und sich lange nicht erholten, während die Preise für Industrieprodukte nicht in entsprechendem Ausmaß fielen und auch viel eher wieder anstiegen. Gerade 1950, als die These verkündet wurde, zogen die Preise für Rohprodukte stark an. Schließt man diese Jahre in die Langzeitanalyse ein, ergibt sich ein anderes Bild. Die Kritiker der These wandten schließlich auch neuere statistische Methoden an, die Singer seinerzeit noch nicht zur Verfügung standen. So gelang es ihnen, seine Berechnungen weitgehend zu diskreditieren. Die Unterstützung, die Prebisch durch Singer erhielt, war für die These von recht zweifelhaftem Wert. Über die Berechnungen der Austauschbedingungen vergaß man den strukturanalytischen Kern der These; konnte man Singer mit revidierten Zahlenreihen schlagen, so glaubte man damit auch Prebisch widerlegt zu haben. Doch blieb sein Verweis auf das Gegensatzpaar homogen und diversifiziert versus heterogen und spezialisiert weiterhin bedeutsam.

Betrachtet man dieses Gegensatzpaar unter dem Gesichtspunkt der Wirksamkeit der »unsichtbaren Hand« des Marktes, so bedeutet »homogen« in diesem Zusammenhang, daß die Rückkopplung der Marktkräfte durch eine enge Vernetzung von Schaltkreisen ermöglicht wird, »heterogen« will dagegen besagen, daß es an einer solchen Vernetzung fehlt. Ist eine Wirtschaft hochgradig vernetzt, bringt sie auch Innovationen hervor und diversifiziert die Güter und Dienstleistungen, die sie bereitstellt, ist sie das nicht, dann reagiert oft nur ein Teil der Wirtschaft auf externe Herausforderungen, so etwa auf die Nachfrage nach einem speziellen Exportprodukt. Die »unsichtbare Hand« greift also nur von außen in die heterogene Wirtschaft ein und verknüpft sie partiell mit dem Weltmarkt. In dem betreffenden Land selbst kann sie ihre Wirkung nicht entfalten, weil es an den Voraussetzungen dafür fehlt. Zu diesen Voraussetzungen gehören aber auch die institutionellen Rahmenbedingungen, die von den meisten Ökonomen nicht genügend berücksichtigt werden.

Das traurige Schicksal Afrikas zeigt die Probleme heterogener Wirtschaften, die nur spezielle Rohprodukte erzeugen und exportieren, aber keine Homogenisierung und Diversifizierung erlebt haben. Die Balkanisierung Afrikas hat dazu beigetragen, daß sich kaum Ansatzpunkte für die Entstehung größerer »Volkswirtschaften« ergeben haben. Dort hat sich eine »neokoloniale« Wirtschaft ausgebreitet, weil die koloniale im Kern nie überwunden wurde. Die politische Struktur hat diese »Entwicklung zur Unterentwicklung« gefördert. Die Nationalisten der ersten Stunde waren bald von parasitären Eliten, insbesondere von

Militärmachthabern, abgelöst worden, welche die von den Kolonialherren ererbten Ausbeutungsinstrumente nutzten, um sich zu bereichern. Gelang es ihnen, »Entwicklungshilfe« für ihr Land zu beziehen, dann steckten sie sich auch davon etwas in ihre Taschen. Der Einparteistaat, der von den Nationalisten der ersten Stunde als notwendiges Entwicklungsinstrument konzipiert worden war, erwies sich nur als Stütze selbstsüchtiger Diktatoren und diente nicht der Entwicklung. Doch würde die Behauptung, die Afrikaner hätten ihr Schicksal selbst verschuldet, zu weit gehen. Das globale politische und wirtschaftliche Umfeld war so beschaffen, daß es diese »Entwicklung« begünstigte. Die Westmächte verließen sich am liebsten auf Diktatoren, die »politische Stabilität« versprachen und *business as usual* garantierten.

In Indien verlief der Gang der Ereignisse anders, weil das Land sich jahrzehntelang erfolgreich vom Weltmarkt abschottete und eine autozentrierte Entwicklung betrieb. Dafür nahm es ein gebremstes Wachstum und einen sich mehr und mehr aufblähenden öffentlichen Sektor in Kauf, der aber erst später zum Problem wurde. Immerhin konnte Indien im Rahmen der autozentrierten Entwicklung gewisse Fortschritte auf dem Gebiet der Homogenisierung und Diversifizierung seiner Wirtschaft machen.[22] Unter der Kolonialherrschaft war Indien durch eine offene Wirtschaft gekennzeichnet, die weitgehend vom Weltmarkt abhängig war. Im hauptsächlich exportorientierten Osten Indiens bildeten sich wirtschaftliche Enklaven (Teeplantagen, Juteindustrie, Kohlebergwerke), während im Westen Indiens die importsubstituierende Baumwolltextilindustrie vorherrschte. Beide Bereiche hatten kaum Kontakt miteinander. Nach der Erlangung der Unabhängigkeit wurde die Importsubstitution vorangetrieben, der Binnenmarkt entwickelte sich eigenständig und die Palette der Industrieprodukte erweiterte sich ständig. Insofern kann man auch von einer Diversifizierung der indischen Wirtschaft sprechen. Freilich wurde diese Wirtschaft nicht dem Test der Wettbewerbsfähigkeit auf dem Weltmarkt unterzogen, aber immerhin war der koloniale Zustand der Heterogenität und der Spezialisierung auf Agrarexporte überwunden worden.

Das Schicksal einer »Entwicklung zur Unterentwicklung«

traf also nicht alle früheren Kolonien in gleichem Maße. Auch unterschied sich der »Neokolonialismus« vom Kolonialismus alten Stils dadurch, daß er nicht mehr durch direkte Territorialherrschaft unterstützt wurde, sondern sich auf das Wirken der »unsichtbaren Hand« verließ, die eben je nach den Vorbedingungen auf verschiedene Weise tätig wurde. In den Industrieländern führte sie zu einem immer höheren Grad an Homogenisierung und Vernetzung. Im Gegensatz zu den alten Vorstellungen von der internationalen Arbeitsteilung nach David Ricardos berühmtem Beispiel vom portugiesischen Wein und den britischen Textilien nahm der Handel mit Produkten gleicher Art über die Landesgrenzen hinweg zu. An der Peripherie des Weltmarktes machte sich die »unsichtbare Hand« meist nicht homogenisierend, sondern heterogenisierend bemerkbar. Sie berührte nur bestimmte Bereiche und Produkte und gab keinen Anstoß zur allgemeinen Entwicklung. Nur wenigen Ländern gelang es, im wachsenden Maße Industrieprodukte sowohl für den Binnenmarkt als auch für den Export herzustellen und sich so von dem alten Muster der kolonialen Wirtschaft zu emanzipieren. Im Unterschied zum Kolonialismus, der von den europäischen Mächten mit viel Aufwand und Gewalt vorangetrieben worden war, erwies sich der »Neokolonialismus« eher als schleichende Krankheit, die einige Gebiete mehr, andere weniger betraf und auch nicht von irgendeiner Instanz aktiv betrieben wurde. Die Indifferenz der Industrieländer gegenüber den früheren Kolonien war weit schwerwiegender als der »Neokolonialismus«.[23] Diese zunehmende Indifferenz führte auch dazu, daß Begeisterung und Engagement für die Entwicklungshilfe nach 1970 mehr und mehr abnahmen.

Die Frage »Entwicklungshilfe oder Neokolonialismus?«, die hier gestellt worden war, läßt sich nur in sehr differenzierter Form beantworten. Die Motive der Entwicklungshilfegeber waren sehr gemischt. Von der Exportförderung für die eigenen Industriegüter bis zu utopischen Vorstellungen über eine rasche Transformation der Länder der »Dritten Welt« durch Entwicklungshilfe gab es ein breites Spektrum von Hoffnungen und Erwartungen; die Absicht, mit der Entwicklungshilfe den »Neokolonialismus« zu etablieren, gab es nicht. Doch dieser »Neokolonialismus« war sicher für viele Länder nicht nur ein von linken Kritikern heraufbeschworenes Gespenst, sondern eine reale Erfahrung. Das traf besonders auf viele Länder Schwarzafrikas zu. Die autozentrische Entwicklung bei entsprechender Abkopplung vom Weltmarkt war nur für einige Länder ein gangbarer Weg, doch auch sie mußten Investitionsgüter importieren, wenn sie ihre Industrialisierung vorantreiben wollten. Dies war zunächst durch Entwicklungshilfe möglich, die damit sogar die Abkopplung vom Weltmarkt unterstützte. In der Periode, über die es hier zu berichten galt, erschien dies auch noch als eine geradezu unbegrenzte Möglichkeit. Doch nach den Ölpreisschocks der siebziger Jahre, dem Aufstieg der Petrodollars und der Verschuldungskrise sah die Welt ganz anders aus.

Kapitel 8

Die »Dritte Welt« und ihr koloniales Erbe

Nehru und die Konzeption der »Dritten Welt«

Jawaharlal Nehru hatte dazu beigetragen, die Position der »Dritten Welt« zu definieren, noch ehe diese Bezeichnung in Gebrauch kam. Schon als Freiheitskämpfer hatte er sich stets für die internationalen Beziehungen interessiert und seine mehr auf Indien konzentrierten Mitstreiter auf Entwicklungen aufmerksam gemacht, die ihm wichtig erschienen. Seine Besuche vor Ort erlaubten es ihm, aus persönlicher Erfahrung zu sprechen. Die Sowjetunion erlebte er zum ersten Mal 1927, das nationalsozialistische Deutschland 1936, Spanien 1938 – um nur einige seiner Reisen zu nennen. Bei aller Bewunderung für die Sowjetunion, die er als Vorbild für die Industrialisierung Indiens betrachtete, war er nicht geneigt, ihr politisches System zu übernehmen. Die sowjetische Doktrin von den »Zwei Lagern«, die 1948 verkündet wurde, akzeptierte er ebenfalls nicht. Sein erster Besuch der USA 1949 war eine Enttäuschung. Die Bemühungen von John Foster Dulles, Außenminister der republikanischen Regierung Eisenhowers, um ein globales antisowjetisches Paktsystem in den fünfziger Jahren lehnte Nehru ab. Er setzte sich für die Eigenständigkeit Indiens ein und bewies damit Ländern, die sich in ähnlicher Lage befanden, daß es möglich war, sich eine solche Eigenständigkeit zu bewahren.

Die wirtschaftliche Seite der Bemühungen um Eigenständigkeit zeigte sich in einer weitgehenden Abkopplung Indiens vom Weltmarkt. Protektionismus und Importsubstitution sollten dabei helfen, das Land rasch zu industrialisieren. Das war freilich ein Beispiel, das für Länder, die nicht über einen so großen Binnenmarkt verfügten, nicht leicht nachzuahmen war. Doch auch Nehru mußte Entwicklungshilfe annehmen, weil seine ehrgeizigen Industrialisierungspläne nicht allein aus eigenen Mitteln zu finanzieren waren. Die Fortschritte, die Nehru bei der Industrialisierung erzielen konnte, waren beachtlich und setzten Maßstäbe für die »Dritte Welt«.

Seine Außenpolitik machte Nehru ebenfalls zum Leitbild der »Dritten Welt«. Seine Befreiung Goas von portugiesischer Kolonialherrschaft im Dezember 1961 bedeutete für ihn im Westen zwar einen Gesichtsverlust, denn er konnte sich nun nicht mehr als Friedensapostel präsentieren, doch die »Dritte Welt« applaudierte dieser Aktion. Nehrus Sendungsbewußtsein als Vorkämpfer der Befreiung vom Kolonialismus war wieder glaubhaft geworden. Dagegen erlitt er durch die Niederlage Indiens im Grenzkrieg mit China einen empfindlichen Prestigeverlust. Mehr noch als die Niederlage schadete Nehru die Annahme westlicher Militärhilfe in dieser Notlage, weil das seinem Engagement für die Bündnisfreiheit zuwiderlief.[1] Als er sich dann 1963 in die Abhängigkeit von sowjetischer Rüstungshilfe begeben mußte, wurde das zwar in der »Dritten Welt« weniger kommentiert, aber es sollte sich bald als eine Hypothek erweisen, die Indiens Bündnisfreiheit belastete. Wäre Nehru Mitte 1962 gestorben, dann wäre er als strahlender Held der »Dritten Welt« im Gedächtnis geblieben. Seine letzten beiden Lebensjahre ließen sein Bild auch in der »Dritten Welt« verblassen, zu deren Selbstverständnis er so viel beigetragen hatte.

In Nehrus Todesjahr war bereits die Mehrzahl der früheren Kolonien unabhängig geworden und hatte ihren Platz in den Vereinten Nationen eingenommen. Diese waren immer mehr zu einem Forum der »Dritten Welt« geworden. Nehrus Freund Krishna Menon, der 1962 als Verteidigungsminister zurücktreten mußte, weil ihm die Niederlage im Grenzkrieg mit China angelastet worden war, hatte sich in den Jahren davor in den Vereinten Nationen als unermüdlicher Anwalt der »Dritten Welt« betätigt. Er war in diesem Gremium nicht unbedingt beliebt, wurde aber respektiert und von seinen Gegnern sogar gefürchtet, weil er immer seine »Hausarbeiten« machte und über alle anstehenden Probleme besser informiert war als die Vertreter anderer Länder. Sein Ton war schneidend und seine Attacken treffend und gut begründet, er konnte mitunter aber auch stille Arbeit im

Hintergund leisten, wie etwa bei der Genfer Vietnam-Konferenz von 1954. Er hat viel dazu beigetragen, das Selbstbewußtsein der »Dritten Welt« zu stärken und ihren Forderungen beredten Ausdruck zu geben.[2] Dies war um so wichtiger, als die meisten Vertreter der jungen Nationen, die kaum diplomatische Erfahrungen mitbrachten, dringend Hilfestellung benötigten.

In diesem Zusammenhang war es auch bedeutsam, daß das indische Außenministerium schon früh eine hervorragende Rechtsabteilung aufgebaut hatte. Während in den meisten Außenministerien der Welt die Rechtsabteilung eine Durchgangsstation für Karrierediplomaten ist, bestand diese Abteilung in Indien nicht aus Diplomaten, sondern aus juristischen Experten für die verschiedenen Sparten des internationalen Rechts, die sich permanent diesen Aufgaben widmeten. Bei allen internationalen Konferenzen, bei denen es um Verträge und um die Rechtsansprüche der Länder der »Dritten Welt« ging, focht die indische Mannschaft immer an vorderster Front.

Indische Universitäten und Forschungsinstitutionen wurden in zunehmendem Maße von Bedeutung für Studenten aus der »Dritten Welt«. Natürlich strebten viele von ihnen nach wie vor in die Universitäten der früheren Kolonialmächte oder der USA, aber gerade für politisch interessierte junge Leute war Indien attraktiv. Ein typisches Beispiel dafür ist der Werdegang des prominenten Gewerkschaftsführers und späteren Ministers Tom Mboya aus Kenia. Er verbrachte 1954 einige Zeit in einer gewerkschaftlichen Bildungsinstitution in Kalkutta, ehe er das Ruskin College in Oxford besuchte und 1956 dann nach Amerika eingeladen wurde.[3] Er war 26 Jahre alt, gehörte aber schon zur politischen Prominenz Afrikas. Die Weltläufigkeit der jungen Generation der Führer der »Dritten Welt« war ebenso bemerkenswert wie die Nehrus dreißig Jahre zuvor. Im Unterschied zur politischen Elite der Westmächte und des Ostblocks hatten die Eliten der »Dritten Welt« oft buchstäblich einen viel weiteren Horizont.

Das Erbe des Kolonialstaates: Demokratie, Recht, Bürokratie, Militär

In allen Ländern, die von den Kolonialherren in die Unabhängigkeit entlassen wurden, erwies sich deren politisch-administratives Erbe als sehr mächtig. Selbst die »Nation«, in deren Namen für die Unabhängigkeit gekämpft wurde, war letztlich nur das Staatsvolk jenes Territoriums, dessen Grenzen die Kolonialherren gezogen hatten. Auch die Verfassungen der neuen Staaten waren von den verfassungsrechtlichen Konzeptionen der Kolonialmacht vorgeprägt. Hier wurden unter Umständen einige Änderungen eingeführt, die die Errungenschaften des Freiheitskampfes reflektierten; aber in fast allen anderen Bereichen galten die alten Gesetze fort. Die Verwaltungsstruktur übernahm man ohnehin fast immer unverändert.

Die Demokratie wurde oft deshalb mit besonderem Engagement gefordert, weil sie den Afrikanern und Asiaten von den Kolonialherren vorenthalten oder nur in bescheidenen Ansätzen gewährt worden war. Durch das »Katz und Maus«-Spiel um die Einführung demokratischer Institutionen neigten die politischen Eliten der »Dritten Welt« dazu, sich nur mit dem Vorbild der Institutionen, die die Kolonialherren zu Hause hatten, zufriedenzugeben und sich keine Gedanken über mögliche Alternativen zu machen.[4] Freilich hatten die Kolonialherren ihnen auch noch ein anderes Vorbild gegeben, nämlich die Machtvollkommenheit des Vizekönigs oder Gouverneurs. Manche Staatsoberhäupter der »Dritten Welt« übernahmen allzu gern mit dem Palast des Gouverneurs auch dessen Vollmachten und begnügten sich damit, andere Institutionen nur *pro forma* einzuführen, denn irgendeine Art von Parlament mußte man schon haben.

Der Distriktbeamte, der in Indien noch *collector* hieß, weil das Einziehen der Grundsteuer in früheren Kolonialzeiten seine vornehmste Aufgabe gewesen war, blieb auch in den nun unabhängigen Ländern die wichtigste Stütze der nationalen Verwaltung. Die einstigen Häuptlinge, die freilich kaum eine eigenständige Autorität besessen hatten, sondern meist von den Kolonialherren ernannt worden waren, wurden von den neuen Staaten entmachtet, zumal sie im Unabhängigkeitskampf in der Regel auf der falschen Seite gestanden hatten. In Indien blieb die Tradition eines in unparteiischen Auswahlprüfungen rekrutierten Berufsbeamtentums erhalten, in vielen anderen Ländern der »Dritten Welt«, in denen es diese Tradition nicht gab, stiegen Leute lediglich deswegen in solche Positionen auf, weil sie sich politisch als nützlich erwiesen hatten.

Das Rechtssystem der Kolonialmacht erwies sich dort als besonders dauerhaft, wo es bereits in der Kolonialzeit viele einheimische Richter und Anwälte gegeben hatte, die natürlich an dieser Tradition festhielten und sie an die folgenden Generationen übermittelten.[5] Aber auch dort, wo es zunächst an einheimischen Richtern und Anwälten fehlte, bemühte man sich darum, die Lücken nach bewährtem Vorbild zu füllen. Juristen in aller Welt sind der Natur der Sache nach konservativ und halten das Recht, so wie sie es gelernt haben, für sakrosankt. Nur in den seltensten Fällen sind sie dazu bereit, sich darüber Gedanken zu machen, daß man vielleicht ganz andere Wege gehen muß, um das Recht den Erfordernissen des sozialen Wandels anzupassen. Ihre konservative Haltung befähigte die Juristen andererseits dazu, mitunter große Zivilcourage zu zeigen, wenn es darum ging, gegen politisch motivierte Rechtsbeugungen Widerstand zu leisten. Solche Fälle lassen sich in den Ländern der »Dritten Welt« vielfach dokumentieren. Sie gehören oft zu den einzigen Lichtblikken in einer politischen Landschaft, die durch Diktatur und Korruption gekennzeichnet ist.

Die Bürokratie, die die neuen Staaten von den Kolonialherren übernahmen, hatte ebenfalls ihre guten und schlechten Seiten. Sie sorgte für Stabilität, wurde aber dort, wo sie mit der Verwaltung einer Planwirtschaft betraut war, oft zu einem Entwicklungshemmnis. Der Bürokrat ist nur auf dem Gebiet der Verwaltungsprozedur ein Sachkenner, in Fragen der Wirtschaft und der Technologie dagegen meist Laie. Er ist nicht entscheidungsfreudig, weil er zwar für Fehlentscheidungen zur Rechenschaft gezogen werden kann, aber kaum für die Unterlassung einer Entscheidung.

Das größte Problem für die Struktur der Staaten der »Dritten Welt« sind die Streitkräfte. Indien stellt hier insofern einen Sonderfall dar, als sich seine Armee strikt an das britische Vorbild einer professionellen, unpolitischen Armee gehalten hat und bisher nicht von diesem Wege abgewichen ist. Der Zweite Weltkrieg hat dazu beigetragen, daß dieses britische Erbe so erfolgreich bewahrt werden konnte, denn es haben nicht nur rund zwei Millionen indische Soldaten im Feld gestanden, sondern auch Tausende von indischen Offizieren, die nach britischem Vorbild ausgebildet worden waren. Vor dem Krieg hatten die Kolonialherren noch Bedenken gegenüber einer Indisierung des Offizierskorps getragen. Sie hatten sich stets darauf verlassen, daß britische Offiziere gehorsame indische Soldaten befehligten. Eine Armee, die von ihren eigenen Landsleuten befehligt wurde, konnte gefährlich werden. Der Krieg zwang die Briten jedoch zum Umdenken, es gab einfach nicht genug Offiziere für die große indische Armee, die auf allen Schlachtfeldern der Welt eingesetzt wurde.[6] Es bedurfte freilich auch einer starken demokratischen Partei und funktionierender politischer Institutionen, um es der Armee zu ermöglichen, ihre politische Abstinenz zu wahren. Pakistans Armee hatte die gleiche Tradition wie die indische, aber das Versagen der politischen Institutionen führte das Militär in Versuchung, die Macht zu übernehmen.

In den Staaten Südostasiens war durch das Interregnum der japanischen Besatzungszeit von vornherein eine ganz andere Ausgangslage gegeben als in Indien. In Indonesien wurden rund 6000 indonesische Offiziere von den Japanern ausgebildet. Die Armee spielte im Kampf gegen die zurückkehrenden Kolonialherren eine entscheidende Rolle; sie verstand sich daher als eine politische Armee und ist es bis heute geblieben. In Vietnam war die Armee ein Organ der Partei, die den Freiheitskampf führte. Sie ordnete sich dieser Partei unter und errichtete kein Militärregime. In Birma entstand eine nationale Armee unter Führung von Aung San zunächst als Hilfstruppe der Japaner. Sie verstand sich ebenfalls von vornherein als politische Armee, die nach einem kurzen demokratischen Zwischenspiel 1962 die Macht übernahm.

Die schwarzafrikanischen Staaten besaßen zur Zeit ihrer Entlassung in die Unabhängigkeit meist nur sehr kleine Streitkräfte, die fast ausschließlich von weißen Offizieren befehligt wurden. Die politischen Führer machten sich in den turbulenten Zeiten des Ringens um die Unabhängigkeit zunächst keine Gedanken über die Streitkräfte; sie nahmen sie als gegeben hin, und Meutereien der schwarzen Soldaten überraschten sie. In ihrer Folge sahen sich die Politiker zu einer raschen Afrikanisierung des Offizierskorps genötigt, wobei sie in vielen Fällen denen die Steigbügel hielten, die sie wenige Jahre später stürzen sollten.

In den arabischen Ländern war die Ausgangslage wiederum anders. In dem nominell unabhängigen Ägypten und in den französischen Protektoraten Tunesien und Marokko gab es bereits einheimische Streitkräfte. Der Militärputsch in Ägypten wurde von den jungen Offizieren um Oberst Nasser getragen, die jedoch zunächst einmal den General Naguib auf den Schild hoben, ehe sie selbst das Regiment übernahmen. Die schwarzafrikanischen Offiziere, die sich später an die Macht putschten, mochten in Nasser ihr Vorbild gesehen haben. In Tunesien besaß Bourguiba eine so starke politische Stellung, daß es zu keinem Militärputsch kam. In Marokko waren Legitimität und Autorität des Sultans ein Bollwerk gegen Putschversuche, die immerhin nicht unversucht blieben. In Algerien gab es zunächst kein einheimisches Militär. Es entstand im Freiheitskampf und war daher von vornherein stark politisiert. Die Machtübernahme durch Boumedienne ergab sich aus dem Ehrgeiz des zweiten Mannes im Staate, der sich auf das Militär stützen konnte.

In vielen Fällen waren die Militärputsche darauf zurückzuführen, daß ehrgeizige junge Männer aus den ärmeren Bevölkerungsschichten nur in der Armee rasche Aufstiegschancen finden konnten. Das alte Wort von der Armee als der Schule der Nation traf besonders auf die jungen Nationen Asiens und Afrikas zu. Diese Schule der Nation war aber oft der Nation als solcher in vieler Hinsicht weit voraus, sie wurde daher leicht zum Staat im Staate. War die politische Führung nicht stark genug, oder kam es gar zu ernsthaften politischen Krisen, dann fühlten sich die Offiziere dazu aufgefordert, die Nation zu retten. War aber erst einmal ein solches Beispiel gegeben, konnte kein militärischer Machthaber davor sicher sein, daß man ihn nicht auf ähnlichem Wege abservierte, wie er es mit seinem Vorgänger getan hatte.

Bildungssystem und kolonisierte Mentalität

Es ist sicher kein Zufall, daß Indien, die größte und älteste der ehemaligen Kolonien, nie unter Militärherrschaft geriet. Hier gab es bereits seit langer Zeit ein gut ausgebautes ziviles Bildungswesen, so daß die Armee nicht die einzige »Schule der Nation« vorstellte. Dieses Bildungswesen war freilich sehr kopflastig und begünstigte Colleges und Universitäten, während man der Grundschulerziehung weniger Beachtung schenkte. Lord Macaulay hatte 1835 in seinem berühmt-berüchtigten Memorandum zur Bildungsfrage den Weg klar vorgezeichnet, dem das koloniale Bildungssystem in Indien folgen sollte. Ihm ging es darum, den indischen *gentleman* zu produzieren, der indisch nur noch der Abstammung nach, aber britisch in Bildung und Lebensart sein sollte. Ein solcher *gentleman* konnte nur in einem College nach britischem Muster herangebildet werden. Hatte man eine solche Bildungsschicht geschaffen, so würde diese schon dafür sorgen, daß der Rest der Bevölkerung nach und nach ebenfalls in den Genuß der Bildung käme. Man nannte das den *trickle-down effect.* Doch dieses »Herabsickern« fand nicht statt. Angehörige der Bildungsschicht bemühten sich nur in den seltensten Fällen darum, Bildungsinstitutionen für die nächste Generation zu schaffen; sie ließen die eigenen Kinder durch Hauslehrer unterrichten, damit sie die Aufnahmeprüfungen der Colleges bestehen konnten.

Bereits zu Macaulays Zeiten gab es einige sehr gute Colleges in Indien, 1857 folgte die Errichtung der Universitäten von Bombay, Kalkutta und Madras, die nach dem Vorbild der Londoner Universität in erster Linie Prüfungsbehörden waren, die für die Wahrung des Bildungsstandards der ihnen angeschlossenen Colleges überall im Lande zuständig waren. Es war also gerade nicht das Vorbild von Oxford und Cambridge, sondern das Vorbild Londons, das die kolonialen Bildungssysteme prägte. In Afrika waren noch in den fünfziger Jahren und zum Teil darüber hinaus die Colleges der anglophonen Kolonien der Londoner Universität angeschlossen. London und die nach seinem Muster organisierten kolonialen Universitäten regelten aber nicht nur die Prüfungen, sondern schrieben auch die Lehrpläne vor und damit auch den Lesestoff. Das war in gewisser Hinsicht geisttötend, hatte aber den großen Vorteil, daß auf diese Weise ein *universe of discourse* geschaffen wurde, das alle Gebildeten einschloß. Jeder konnte seinen Shakespeare oder seinen John Stuart Mill zitieren.[7]

Die französische Kolonialbildung erwies sich ebenfalls als sehr prägend. Es wird oft erzählt, daß die kleinen Schwarzen in Afrika genau wie die französischen Schüler lernen mußten, was »ihre Ahnen, die Gallier« für tapfere Männer gewesen seien. Einen Bezug zur Lebenswelt der Kolonisierten vermochte das *universe of discourse* natürlich nicht zu leisten. Da Bildungssysteme meist die konservativsten Elemente einer Kultur sind, hat sich die koloniale Bildung in den unabhängigen Staaten der »Dritten Welt« mit einer Zähigkeit gehalten, die geradezu unglaublich ist. Über das vorgeschriebene Lehrbuch und die Methode, den Prüfungsstoff auswendig zu lernen, reicht das tradierte koloniale Bildungsgut unangefochten über die Generationen hinweg. Reformversuche, wie etwa diejenigen Mahatma Gandhis, blieben auf der Strecke.

Mahatma Gandhi hatte sich für ein eigenständiges, auf die Lebenswelt des Schülers abgestimmtes Erziehungswesen eingesetzt.[8] Er und seine Gefolgsleute haben auch entsprechende Bildungsanstalten gegründet. Sie sind aber entweder eingegangen oder fristen ein kümmerliches Dasein, denn sie sind nie staatlich anerkannt worden, und ihre Zeugnisse haben daher keinen Marktwert. Gandhi befürwortete auch den Unterricht in der Muttersprache und berichtete aus der Erfahrung seines eigenen Bildungsganges, daß er selbst die Mathematik mit Sicherheit schneller und besser begriffen hätte, wenn sie ihm in seiner eigenen Sprache Gujarati statt auf Englisch beigebracht worden wäre. Viele indische Politiker setzen sich auch heute noch für die Vermittlung von Bildungsinhalten in der Muttersprache ein, schicken aber ihre eigenen Kinder auf Schulen, in denen Englisch die Unterrichtssprache ist, um ihnen eine Karriere zu sichern.

Das Ergebnis dieses Fortwirkens des kolonialen Erbes im Bildungssystem ist die kolonisierte Mentalität. Die Probleme der eigenen Lebenswelt werden aus der Perspektive der überkommenen kolonialen Bildung gesehen – oder eben auch gar nicht gesehen, weil sie in den Lehrbüchern nicht vorkommen. Kwame

Nkrumah hatte die berühmte Losung ausgegeben: »*Seek ye first the political kingdom and everything else will be given unto you*« (Suche zuerst das politische Reich, und alles andere wird dir gegeben werden). Er hatte diese Weisheit wie ein Bibelzitat verbreitet, um ihr die Würde eines Gebots zu verleihen. Doch wenn man dieses Schlagwort so deutet, daß nach Erlangung der Unabhängigkeit alle Fesseln der kolonialen Herrschaft sich automatisch lösten, gäbe man sich einer Illusion hin. Die Begleiterscheinungen des Kolonialismus erweisen sich letztlich als dauerhafter als die Kolonialherrschaft. Gandhi wußte das und warnte vor den »braunen *Sahibs*« (*Sahib* = Herr), die die »weißen *Sahibs*« ablösen werden. Aber mehr als nur die politische Macht der »braunen *Sahibs*« war es die kolonisierte Mentalität, gegen die er sich wehren wollte. Er hat es nicht vermocht, diese Lehre zu vermitteln.

Nun könnte man meinen, daß die kolonisierte Mentalität mit jeder Generation, die die Kolonialherrschaft nicht mehr erlebt hat, schwächer wird und schließlich ganz verschwindet. Doch das ist nicht der Fall! Diese Mentalität reproduziert sich durch das Bildungssystem und die Karriereerwartungen. Da beides nun nicht mehr mit dem Kolonialismus direkt in Verbindung gebracht wird, ist die Wirkung um so stärker. In der unmittelbaren Konfrontation mit der britischen Kolonialmacht im Freiheitskampf konnte Gandhi noch an die Inder appellieren, diese Mentalität zu überwinden, weil sie sich damit von dieser Herrschaft emanzipierten. In einem unabhängigen Land nutzt dieser Appell nichts mehr. Wenn von Neokolonialismus die Rede ist, dann meint man damit eine verbliebene oder wiederhergestellte wirtschaftliche Abhängigkeit; für die geistig-kulturelle Abhängigkeit gibt es keine ähnliche Bezeichnung. Es geht hierbei auch nicht um einen Kolonialismus, der von irgendeiner Macht betrieben wird, sondern eher um ein Phänomen der Rezeption, das sich in den ehemaligen Kolonien beobachten läßt. Deshalb wurde hier von kolonisierter Mentalität gesprochen. Sie ist übrigens nicht nur Merkmal mittelmäßiger Geister, sondern findet sich manchmal sogar bei den führenden Nationalisten. Wurde an anderer Stelle gesagt, daß Nkrumah vom »Fluch von Christianborg« getroffen wurde, als er die Regierung übernahm und den Gouverneurspalast als Residenz wählte, so kann man auch darin einen

Aspekt kolonisierter Mentalität sehen. Dabei geht es nicht um die Residenz im physischen Sinne, sondern um das Hineinschlüpfen in die von der Kolonialmacht geprägte Rolle des autokratischen Gouverneurs.

Die »Dritte Welt«: Mehrheit der Menschheit

Abschließend soll noch auf eine weitere Dimension des kolonialen Erbes hingewiesen werden, die meist gar nicht als solche betrachtet wird: das enorme Bevölkerungswachstum, das dazu geführt hat, daß die Länder der »Dritten Welt« heute die große Mehrheit der Menschheit beherbergen. Dieses Bevölkerungswachstum ist zu einem großen Teil nicht hohen Geburtenraten zuzuschreiben, sondern dem raschen Absinken der Sterberaten, das der Reduktion der Geburtenraten weit vorauseilt. In den meisten Ländern Europas folgte dem Sinken der Sterberaten im Abstand von wenigen Jahrzehnten ein ebenso starker Fall der Geburtenraten. Dieser »demographische Umschlag« läßt in fast allen Ländern der »Dritten Welt« noch auf sich warten. Den entscheidenden Anstoß zum Absinken der Sterberate gaben die Erfolge der modernen Medizin in der Seuchenbekämpfung und die Übertragung dieser Erfolge durch die kolonialen Gesundheitssysteme.[9] Diese Systeme waren meist sehr rudimentär. Eine kontinuierliche medizinische Versorgung der Bevölkerung stand nicht im Vordergrund der Bemühungen, die Finanzierung des Gesundheitswesens ließ meist zu wünschen übrig. Aber die Bekämpfung der großen Seuchenepidemien, die sonst periodisch Millionen von Todesopfern forderten, wurde von den Kolonialherren schon im eigenen Interesse mit quasimilitärischem Einsatz betrieben. Auf die Vorstellungen und Gepflogenheiten der Bevölkerung wurde dabei kaum Rücksicht genommen. Hier und da kam es zum gewaltsamen Widerstand. So ermordeten in Pune, Maharashtra, 1896 junge indische Nationalisten zwei britische Beamte, die mit der Bekämpfung der Pest beauftragt worden waren. Die Sanitäter waren auf Anweisungen dieser Beamten rücksichtslos in alle Häuser eingedrungen, in denen Pestkranke vermutet wurden, und hatten dabei alle möglichen Tabus verletzt.[10] Doch die Kolonialherren ließen sich von solchem Widerstand nicht abschrecken. Wo immer sie es für nötig erachteten, griffen sie hart durch und handelten allein nach ihren Vorstellungen von öffentlicher Gesundheitsfürsorge. Manchmal entstanden Epidemien im Gefolge von Hungersnöten, die durch die koloniale Wirtschaftspolitik verursacht wurden. Aus diesem Grunde stagnierte Indiens Bevölkerungswachstum in den ersten zwei Jahrzehnten des 20. Jahrhunderts. Außerdem war es zu einer Grippe-Epidemie gekommen, die sich dem Zugriff der Gesundheitsbehörden entzog und Millionen von Opfern forderte. Aber bei den »traditionellen« Seuchen wie Cholera, Pest und Pocken wurden beträchtliche Erfolge bei der Eindämmung der betreffenden Epidemien erzielt.

Das Absinken der Sterberate in den noch überwiegend agrarischen Gesellschaften der Kolonien führte dort schon deshalb nicht zu einem entsprechenden Rückgang der Geburtenrate, weil die Menschen daran gewöhnt waren, daß viele Kinder in die Welt gesetzt werden mußten, damit wenigstens einige überlebten, um sie im Alter zu unterstützen. Um den Menschen zu verdeutlichen, daß diese Art der Altersversorgung nun nicht mehr nötig war, weil medizinische Hilfe das Überleben der Kinder sicherte, hätte die Seuchenbekämpfung von flankierenden Maßnahmen in der elementaren Gesundheitsvorsorge begleitet sein müssen. Doch dafür stellten die Kolonialverwaltungen meist kein Geld zur Verfügung. Auch pflegten sie fast immer einen technokratischen Ansatz im öffentlichen Gesundheitswesen und waren vom absoluten Vorrang der westlichen Medizin überzeugt. Einheimisches, paramedizinisches Personal, das auch mit Methoden »traditioneller« Medizin arbeitete, wurde von den Kolonialherren meist gering geachtet.

Die kolonisierte Mentalität, von der zuvor die Rede war, betraf natürlich auch die afrikanischen und asiatischen Mediziner, die einen akademischen Grad erworben hatten. Auch sie pochten auf das Gesundheitssystem, in dem sie ausgebildet worden waren und dem sie ihre Karriere verdankten. Ihre Kommunikation mit den Patienten wurde durch die große soziale Distanz zu ihren armen, ungebildeten Landsleuten oft erschwert. Solche Ärzte verblieben auch vorzugsweise in den Städten und mieden das Land, das ihnen in jeder Hinsicht wenig zu bieten hatte. Offizielle Programme zum Einsatz von Ärzten auf dem Lande litten oft darunter, daß der Staat nicht die nötige Infrastruktur zur Verfügung stellte und von einem aufs Land abkommandierten Arzt nicht auch noch verlangt werden konnte, daß er privates Kapital in seine Praxis investierte.

Das Bevölkerungswachstum hat in allen Ländern der »Dritten Welt« zu einer Zunahme der Armut geführt. Es gibt viele gelehrte Debatten über die Definition der Armutsgrenze, und die Regierungen vieler Länder, die die Armut für eine nationale Schande halten, bemühen sich nachzuweisen, daß die Zahl der Menschen unterhalb der Armutsgrenze zumindest relativ abgenommen hat. Wird dabei in erster Linie auf die Ernährung geachtet und die Befriedigung weiterer Grundbedürfnisse nur als marginaler Zuschlag in Rechnung gestellt, sieht die Statistik mitunter recht zufriedenstellend aus. Schaut man aber auf die absolute Zahl der Armen und betrachtet ihre Lebensumstände, dann bekommt man einen ganz anderen Eindruck. Es wäre eine grobe Vereinfachung, wollte man diese Zustände unvermittelt auf die Kolonialherrschaft zurückführen. Auch sind es eher die Unterlassungssünden der Kolonialherren als die konkrete Ausbeutung, die bei einer solchen Bewertung berücksichtigt werden sollten. Man kann den Kolonialmächten jedoch vorwerfen, daß sie eine parasitäre Symbiose mit den asiatischen und afrikanischen Agrargesellschaften eingegangen sind, ohne deren Produktivität zu steigern oder für eine Industrialisierung zu sorgen, die der wachsenden Bevölkerung einen Ausweg aus der stagnierenden Landwirtschaft geboten hätte. Die Industrialisierung wurde zwar meist nicht durch direkte Verbote verhindert, aber vielerlei indirekte Methoden wie etwa die Zoll- und Währungspolitik oder die Gestaltung von Frachtraten erschwerten eine Industrialisierung so sehr, daß Verbote überflüssig waren. Als Einkäufer von Industrieprodukten interessierte sich die Kolonialregierung nicht für einheimische Produkte, sondern bezog alles Notwendige aus dem Mutterland. Sie konnte natürlich darauf hinweisen, daß die entsprechenden Produkte in der Kolonie gar nicht zu bekommen seien oder aber den Qualitätsvorschriften nicht entsprachen. Außerdem gab es immer den guten Rat, die Kolonien sollten sich mit ihrem Standortvorteil bei der Produktion von tropischen Agrarerzeugnissen begnügen und nicht an eine Industrialisierung denken. Der koloniale Parasit entwickelte sich in dieser Symbiose mit der einheimischen Agrargesellschaft sehr gut, der kolonisierte Wirt litt darunter.

Es war die Tragik vieler Ex-Kolonien, daß die einheimischen Eliten, die von den Kolonialherren die Macht übernahmen, dann ihrerseits zu Parasiten wurden. Freiheitskämpfer, die ihr Leben aufs Spiel setzten oder zumindest lange Jahre im Gefängnis verbrachten, hegten sicher nicht das Motiv, selbst in eine parasitäre Position zu gelangen, aber in ihrem Schatten wuchsen andere Menschen heran, die der Versuchung, sich auf parasitäre Weise zu bereichern, nicht widerstehen konnten. Dieses koloniale Erbe darf nicht unerwähnt bleiben, wenn man das Schicksal der »Dritten Welt« betrachtet. Es wäre müßig, Schuldzuweisungen vorzunehmen oder die Frage zu stellen, was gewesen wäre, wenn die Völker der »Dritten Welt« niemals unter koloniale Herrschaft geraten wären. Weder Länder wie Nepal oder Thailand, die nie unter formaler Kolonialherrschaft gestanden haben, noch das nur in eine halb-koloniale Situation geratene China eignen sich als »Kontrollgruppe«, an der der Verlauf »autonomer« Entwicklung zu illustrieren wäre. Nepal und Thailand waren Pufferstaaten, die von den Kolonialmächten geduldet wurden und nur in einem sehr beschränkten Sinne autonom waren. China mußte sich im 19. Jahrhundert in allen entscheidenden Fragen dem Einfluß der westlichen Mächte beugen, nachdem die Briten im Opiumkrieg mit ihren Kanonenbooten tief ins Innere des Landes vorgedrungen waren und ihre überlegene Macht demonstriert hatten. Auch hier konnte man von einer Art parasitärer Symbiose sprechen, wenngleich diese Form etwas anders aussah, weil sie auf »ungleichen Verträgen« und nicht auf direkter Kolonialherrschaft beruhte.

Allein Japan war in der Lage, sich der parasitären Symbiose zu entziehen. Seine Insellage und seine politische Struktur schirmten es gegen eine Unterwerfung ab. Es wurde schließlich selbst zu einer Kolonialmacht. Doch wäre es falsch, den Ländern der »Dritten Welt« den japanischen Entwicklungsweg als nachzuahmendes Vorbild zu empfehlen. Die Sonderstellung, die Japan vor dem Zugriff des westlichen Kolonialismus schützte, läßt es auch nicht zu, es als »Musterland« für die »Dritte Welt« zu betrachten. Jedes Land der »Dritten Welt« kann seine Zukunft nur aus sich selbst heraus gestalten, und dabei ist ihm mit Mustern und Modellen aller Art wenig gedient. Das Ende der Kolonialherrschaft öffnete den Weg zu einer neuen Selbstbestimmung. Dieser Prozeß ist auch jetzt noch nicht abgeschlossen, er verdient es, aufmerksam beobachtet zu werden.

Anmerkungen

Delhi, 15. August 1947

1 Jawaharlal Nehru, India's Foreign Policy. Selected Speeches, September 1946–April 1961. Delhi 1961, S. 13 ff.
2 Der Augenzeugenbericht stammt von Mountbattens Presseattaché: A. Campbell-Johnson, Mission with Mountbatten. London 1953, S. 157 ff.
3 R. J. Moore, Escape from Empire. The Attlee Government and the Indian Problem. London 1983.
4 B. N. Ramusack, The Princes of India in the Twilight of Empire. Dissolution of a Patron-Client System, 1914–1939. Columbus 1978.
5 Campbell-Johnson, Mission, S. 141.
6 V. P. Menon, The Story of the Integration of the Indian States. Bombay 1956.
7 Dietmar Rothermund, Mahatma Gandhi. Der Revolutionär der Gewaltlosigkeit. Eine politische Biographie. München 1989, S. 436 f.
8 Campbell-Johnson, Mission, S. 276.

Kapitel 1

1 Dietmar Rothermund, Die politische Willensbildung in Indien, 1900–1960. Wiesbaden 1965, S. 25 f.
2 Rothermund, Politische Willensbildung, S. 36 ff.
3 A. K. Azad, India Wins Freedom. Bombay 1959.
4 Stanley Wolpert, Jinnah of Pakistan. London, New York 1984.
5 Dietmar Rothermund, India in the Great Depression, 1929–1939. Neu-Delhi 1992.
6 N. Mansergh (Hg.), The Transfer of Power. 12 Bde, London 1970 ff. Diese britische Quellenveröffentlichung, auf die sich dieser Abschnitt des Buches stützt, dokumentiert die Problematik der »Machtübergabe«, nicht ihre systematische Vorbereitung, wie der Titel vermuten läßt.
7 Dietmar Rothermund, Indiens wirtschaftliche Entwicklung. Paderborn 1985.
8 Rothermund, India in the Great Depression, S. 201 ff.
9 Dietmar Rothermund, The Global Impact of the Great Depression, 1929–1939. London 1996.

Kapitel 2

1 Wolpert, Jinnah, S. 145 f.
2 A. Jalal, The Sole Spokesman. Jinnah, the Muslim League and the Demand for Pakistan. Cambridge 1985.
3 A. Jalal, The State of Martial Rule. The Origins of Pakistan's Political Economy of Defence. Cambridge 1991.

4 Aswini K. Ray, Domestic Compulsions and Foreign Policy. Pakistan in Indo-Soviet Relations 1947–1958. Neu-Delhi 1975.

5 V. P. Menon, The Story of the Integration of the Indian States. Bombay 1956.

6 Sisir Gupta, Kashmir. Neu-Delhi 1966.

7 M. Ahmed, Bangladesh. Constitutional Quest for Autonomy, 1950–1971. Wiesbaden 1978.

8 Kingsley M. de Silva, A History of Sri Lanka. London 1981.

9 Kingsley M. de Silva, Managing Tensions in Multi-Ethnic Societies. Sri Lanka 1880–1985. Lanham 1986.

10 Thomas Prinz, Die Geschichte der United National Party in Sri Lanka. Stuttgart 1989.

Kapitel 3

1 D. G. E. Hall, A History of South-East Asia. London 1961, S. 684 f.

2 Bernhard Dahm, History of Indonesia in the Twentieth Century. London 1971, S. 82 ff.

3 Dahm, History of Indonesia, S. 20 ff.

4 Dahm, History of Indonesia, S. 110 ff.

5 Dahm, History of Indonesia, S. 58 f.

6 Alistair M. Taylor, Indonesian Independence and the United Nations. London 1960, S. 28 f., 187 f.

7 Taylor, Indonesian Independence, S. 66 f., 98 ff.

8 Robert J. McMahon, Colonialism and Cold War. The United States and the Struggle for Indonesian Independence, 1945–49. Ithaca/NY 1981, S. 276 ff.

9 Holk K. Dengel, Darul-Islam. Kartosuwirjos Kampf um einen islamischen Staat Indonesien. Stuttgart 1986.

10 Herbert Feith, The Decline of Constitutional Democracy in Indonesia. Ithaca/NY 1962.

11 Hall, History of South-East Asia, S. 146 ff., 169 ff.

12 James Scott, The Moral Economy of the Peasant. Rebellion and Subsistence in Southeast Asia. New Haven 1976.

13 Hall, History of South-East Asia, S. 713.

14 Hall, History of South-East Asia, S. 714.

15 Rothermund, Politische Willensbildung, S. 230.

16 Michael Adas, The Burma Delta. Economic Development and Social Change on an Asian Rice Frontier. Madison 1974.

17 Hall, History of South-East Asia, S. 706.

18 Hall, History of South-East Asia, S. 710.

19 Hall, History of South-East Asia, S. 432 f.

20 Hall, History of South-East Asia, S. 705 f.

21 Bernhard Dahm, Emanzipationsversuche von kolonialer Herrschaft in Südostasien. Die Philippinen und Indonesien. Ein Vergleich. Wiesbaden 1974, S. 35 ff.

22 Dahm, Emanzipationsversuche, S. 44 ff.

Kapitel 4

1 Alexander Schölch, Ägypten den Ägyptern! Die politische und gesellschaftliche Krise der Jahre 1878–1882 in Ägypten. Zürich, Freiburg i. Br. 1973, S. 160 ff.

2 Helmut Mejcher, Palästina in der Nahostpolitik europäischer Mächte und der Vereinigten Staaten von Amerika, 1918–1948. In: H. Mejcher und A. Schölch (Hg.), Die Palästina-Frage, 1917–1948. Paderborn 1981, S. 163 ff.

3 Ilber Ortayli, Das Kalifat im Osmanischen Reich. In: Periplus. Jahrbuch für außereuropäische Geschichte 1993, S. 1 ff.

4 Selma Botman, Egypt from Independence to Revolution, 1919–1952. Syracuse 1991, S. 45.

5 Reinhard Schulze, Geschichte der islamischen Welt im 20. Jahrhundert. München 1994, S. 191.

6 Bruce Maddy-Weitzman, The Crystallization of the Arab State System, 1945–1954. Syracuse 1993, S. 16 ff.

7 Schulze, Islamische Welt, S. 196 ff.

8 Maddy-Weitzman, Arab State System, S. 55.

9 Maddy-Weitzman, Arab State System, S. 57, 67 f., 96.

10 Maddy-Weitzman, Arab State System, S. 77.

11 A. Schölch, Fremde in der Heimat. Zur Analyse der Situation der Palästinenser in Israel. In: P. Halblützel u. a. (Hg.), Dritte Welt: Historische Prägung und politische Herausforderung (Festschrift für R. v. Albertini). Wiesbaden 1983, S. 135 ff.

12 Botman, Egypt, S. 35 f.

13 P. v. Sievers, Nordafrika in der Neuzeit. In: U. Haarmann (Hg.), Geschichte der arabischen Welt. München 1987, S. 550 f.

14 William R. Louis, Libyan Independence, 1951. The Crisis of a Client State. In: P. Gifford und W. R. Louis (Hg.), Decolonization and African Independence. The Transfer of Power, 1960–80. New Haven 1988, S. 167.

15 Rudolf v. Albertini, Dekolonisation. Die Diskussion über die Verwaltung und Zukunft der Kolonien. Köln, Opladen 1966, S. 458 ff.

16 Keith Panter-Brick, Independence, French Style. In: Gifford und Louis, Decolonization, S. 87.

17 Albertini, Dekolonisation, S. 519 ff.

18 Henri Grimal, Decolonization – the British, French, Dutch and Belgian Experiences. London 1978, S. 388 f.

Kapitel 5

[1] J. de Moor und D. Rothermund (Hg.), Our Laws, Their Lands. Land Laws and Land Use in Modern Colonial Societies. Münster 1995.

[2] A. Bart, La presse d'Afrique noire et le périple du général de Gaulle en août 1958. In: C. R. Ageron und M. Michel, L'Afrique noire française. L'heure des indépendances. Paris 1992, S. 375 ff.

[3] L. Kaba, From Colonialism to Autocracy. Guinea under Sékou Touré. In: Gifford und Louis, Decolonization, S. 225 ff.

[4] T. Smith (Hg.), The End of the European Empire. Decolonization after World War II. Lexington 1975, S. 96 ff.

[5] A. A. Boahen, The States and Cultures of the Lower Guinea Coast. In: B. A. Ogot, (Hg.), General History of Africa. Bd. 5: Africa from the Sixteenth to the Eighteenth Century. Berkeley 1992, S. 399 ff.

[6] Lord Hailey, An African Survey (Revised 1956). London 1957, S. 522 ff.

[7] Dickson A. Mungazi, The Mind of Black Africa. Westport 1996, S. 97, 100 f.

[8] Jean Marie Allman, The Quills of the Porcupine. Asante Nationalism in an Emergent Ghana. Madison 1993, S. 71.

[9] Allman, Quills of the Porcupine, S. 36 ff.

[10] Allman, Quills of the Porcupine, S. 119 ff.

[11] J. Suret-Canale, L'indépendance de la Guinée. Le rôle des forces intérieures. In: Ageron und Michel, L'Afrique noire, S. 129 ff.

[12] J. C. Allain, La France et l'admission de la Guinée-Conakry à l'ONU (1958). In: Ageron und Michel, L'Afrique noire, S. 551 ff.

[13] Janet G. Vaillant, Black, French, and African. A Life of Léopold Sédar Senghor. Cambridge / Mass. 1990, S. 331.

[14] Vaillant, Senghor, S. 224.

[15] P. Brasseur, L'éclatement de la Fédération du Mali. In: Ageron und Michel, L'Afrique noire, S. 401 ff.

[16] Vaillant, Senghor, S. 309 ff.

[17] T. Weiskel, Independence and Long Durée. The Ivory Coast »Miracle« Reconsidered. In: Gifford und Louis, Decolonization, S. 347 ff.

[18] Boahen, The States and Cultures. In: Ogot, Africa, S. 399 ff.

[19] Marc Michel, The Independence of Togo. In: Gifford und Louis, Decolonization, S. 295 ff.

[20] D. Laya, The Hausa States. In: Ogot, Africa, S. 453 ff.

[21] E. J. Alagoa, Fon and Yoruba. The Niger Delta and the Cameroon. In: Ogot, Africa, S. 434 ff.

[22] J. F. Ade Ajayi und A. E. Ekoko, Transfer of Power in Nigeria. Its Origins and Consequences. In: Gifford und Louis, Decolonization, S. 245 ff.

[23] R. Joseph, Radical Nationalism in French Africa. The Case of Cameroon. In: Gifford und Louis, Decolonization, S. 321 ff.

24 I. Kabongo, The Catastrophe of Belgian Decolonization. In: Gifford und Louis, Decolonization, S. 380 ff.

25 Albert Wirz, Die Entwicklung der kolonialen Zwangswirtschaft in Belgisch Kongo. In: D. Rothermund (Hg.), Die Peripherie in der Weltwirtschaftskrise. Afrika, Asien und Lateinamerika. Paderborn 1982, S. 59 ff.

26 Kabongo, Catastrophe. In: Gifford und Louis, Decolonization, S. 380 ff.

27 Kabongo, Catastrophe. In: Gifford und Louis, Decolonization, S. 388.

28 Roy Welensky, Welensky's 4000 Days. The Life and Death of the Federation of Rhodesia and Nyasaland. London 1964, S. 235 f.

29 Mungazi, Mind of Black Africa, S. 39.

30 Hailey, African Survey, S. 275 ff.

31 Welensky, 4000 Days, S. 24 f.

32 Welensky, 4000 Days, S. 319.

33 Judith Listowel, The Making of Tanganyika. London 1965, S. 66.

34 Listowel, Tanganyika, S. 34 ff.

35 Henry Bienen, Tanzania. Party Transformation and Economic Development. Princeton 1967, S. 51 ff.

36 Listowel, Tanganyika, S. 380 ff.

37 Nyerere, Freedom, S. 334 ff.

38 Michael Lofchie, Zanzibar. Background to Revolution. Princeton 1965.

39 Listowel, Tanganyika, S. 430 ff.

40 Nyerere, Freedom, S. 286 f.

41 Hailey, African Survey, S. 1556 f.

42 M. P. K. Sorrenson, Kenya Land Policy. In: V. Harlow u. a. (Hg.), History of East Africa. Bd. 2, Oxford 1965, S. 672 ff.

43 J. Lonsdale, The Depression and the Second World War in the Transformation of Kenya. In: D. Killingray und R. Rathbone (Hg.), Africa and the Second World War. London 1986 S. 97 ff.

44 Jomo Kenyatta, Facing Mount Kenya. The Tribal Life of the Gikuyu. London 1961 (1. Aufl. 1938).

45 D. Barnett und K. Njama, Mau Mau from Within. Autobiography and Analysis of Kenya's Peasant Revolt. Letchworth, London 1966, S. 51 ff.

46 L. S. B. Leakey, Defeating Mau Mau. London 1955, S. 57 ff.

47 Carl G. Rosberg und John Nottingham, The Myth of Mau Mau. Nationalism in Kenya. New York 1966, S. 293 ff.

48 Tom Mboya, Freedom and After. London 1963, S. 128 f.

49 Mboya, Freedom and After, S. 132 f.

50 D. Anthony Low und R. Cranford Pratt, Buganda and British Overrule. London 1960, S. 3 ff., 350 ff.

51 R. Robinson, Andrew Cohen and the Transfer of Power in Tropical Africa, 1940–1951. In: W. H. Morris-Jones und G. Fischer (Hg.), Decolonisation and After. London 1980, S. 50 ff.

52 D. Anthony Low, Buganda in Modern History. London 1971, S. 94 ff.

53 Kabaka of Buganda, Desecration of My Kingdom. London 1967, S. 160 f.

Kapitel 6

1 G. H. Jansen, Afro-Asia and Non-Alignment. London 1966.

2 Ali A. Mazrui, Towards a Pax Africana. A Study of Ideology and Ambition. London 1967.

3 Jansen, Afro-Asia, S. 51 ff.

4 Jansen, Afro-Asia, S. 102 ff.

5 Dietmar Rothermund, Indien und die Sowjetunion. Tübingen 1968.

6 Government of India, Notes, Memoranda and Letters Exchanged and Agreements Signed between the Governments of India and China, 1954–1959 (White Paper). Neu-Delhi 1959.

7 Jansen, Afro-Asia, S. 151.

8 Jansen, Afro-Asia, S. 182 ff.

9 Arthur Stein, India and the Soviet Union. The Nehru Era. Chicago 1969, S. 71 ff.

10 Mazrui, Pax Africana, S. 60 f.

11 Mboya, Freedom and After, S. 13 ff.

12 Dietmar Rothermund, Süd- und Südostasien. In: Die Internationale Politik 1958–1960. München 1971, S. 799 f.

13 Jansen, Afro-Asia, S. 291 ff.

14 Jansen, Afro-Asia, S. 421 (Text der Resolution).

15 Dietmar Rothermund, Süd- und Südostasien. In: Die Internationale Politik 1962. München 1968, S. 338–340.

16 Jansen, Afro-Asia, S. 321.

17 Jansen, Afro-Asia, S. 363 ff.

18 Nyerere, Freedom, S. 85.

19 Mungazi, Mind of Black Africa, S. 169 f.

20 Nyerere, Freedom, S. 215 f.

Kapitel 7

1 R. P. T. Davenport-Hines und G. Jones (Hg.), British Business in Asia since 1860. Cambridge 1989.

2 K. T. Telang, Select Writings and Speeches. Bombay 1916, S. 179.

3 R. M. Lala, The Creation of Wealth. A Tata Story. Bombay 1981.

4 Rothermund, Depression, S. 142 ff.

5 Dietmar Rothermund, Die Anfänge der indischen Wirtschaftsplanung im Zweiten Weltkrieg. In: Halblützel u. a. (Hg.), Dritte Welt, S. 81 ff.

6 Dietmar Rothermund, Mahatma Gandhi, S. 435 ff.

7 Herward Sieberg, Colonial Development. Die Grundlegung moderner

Entwicklungspolitik durch Großbritannien 1919–1945. Stuttgart 1985, S. 503 ff.

[8] Michael Havinden und David Meredith, Colonialism and Development. Britain and Its Tropical Colonies, 1850–1960. London 1993, S. 229 ff., 276 ff.

[9] Sieberg, Colonial Development, S. 557 ff.

[10] Rothermund, Die Anfänge. In: Halblützel u. a. (Hg.), Dritte Welt, S. 81 f.

[11] P. Thakurdas u. a., A Brief Memorandum Outlining a Plan of Economic Development for India. Bombay 1944.

[12] A. Hanson, The Process of Planning. A Study of India's Five Year Plans, 1950–1964. London 1966.

[13] Rothermund, Indiens wirtschaftliche Entwicklung.

[14] Walt W. Rostow, The Stages of Economic Growth. Cambridge/Mass. 1960; ferner W. W. Rostow (Hg.), The Economics of Take-Off into Sustained Growth. New York 1963.

[15] Nyerere, Freedom, S. 254.

[16] Government of Kenya, Development Plan 1964–1970. Nairobi 1964, S. i ff. (Introduction by the Prime Minister).

[17] A. Cairncross, Marshall Plan. In: P. Newman u. a. (Hg.), The New Palgrave Dictionary of Money and Finance. Bd. 2, London 1992, S. 673 ff.

[18] H. Chenery, Foreign Aid. In: Newman, Dictionary of Money and Finance. Bd. 2, S. 144 ff.

[19] C. Bell, Development Economics. In: J. Eatwell u. a. (Hg.), The New Palgrave Dictionary of Economics. Bd. 1, London 1987, S. 818 ff.

[20] A. Hirschman, The Strategy of Economic Development. New Haven 1958.

[21] H. W. Singer, Terms of Trade and Economic Development. In: Eatwell, Dictionary of Economics, Bd. 4, S. 626 ff.

[22] Rothermund, Indiens wirtschaftliche Entwicklung, S. 156 f.

[23] Michael Lipton, Neither Partnership Nor Dependence. Pre-Decolonisation, Inertia, Diversification and Para-Protectionism in Indo-British Relations since 1947. In: Morris-Jones und Fischer, Decolonisation, S. 158 ff.

Kapitel 8

[1] Mazrui, Pax Africana, S. 150 f.

[2] Rothermund, Politische Willensbildung, S. 236.

[3] Mboya, Freedom and After, S. 56.

[4] Rothermund, Politische Willensbildung, S. 213 ff.

[5] Dietmar Rothermund, The Legacy of the British-Indian Empire in Independent India. In: W. J. Mommsen und J. Osterhammel (Hg.), Imperialism and After. Continuities and Discontinuities. London 1986, S. 143 f.

[6] Rothermund, The Legacy, S. 141 f.

[7] Rothermund, The Legacy, S. 146.

[8] Rothermund, Mahatma Gandhi, S. 443 f.

[9] H. J. Diesfeld, Gesundheitsproblematik der Dritten Welt. Darmstadt 1989.

[10] Rothermund, Politische Willensbildung, S. 43.

Zeittafel

1947

15. August   Unabhängigkeit Indiens, Premier J. Nehru, Generalgouverneur L. Mountbatten Gründung Pakistans: Generalgouverneur M. A. Jinnah, Premier Liaqat Ali Khan

1948

Januar   Gründung der Republik Birma (später Myanmar), Reg.chef U Nu

Februar   Gründung der Föderation Malaya (unter brit. Hochkommissar)

Februar   Unabhängigkeit Sri Lankas, Reg.chef S. Senanayake

Mai   Proklamation des Staates Israel, Präs. D. Ben Gurion; darauf Palästinakrieg

1949

Februar   Waffenstillstandsabkommen der arabischen Staaten mit Israel

September   De-facto-Teilung Vietnams, Ex-Kaiser Bao Dai Reg.chef in Saigon

November   Niederlande verzichten nach langem Kampf auf Indonesien, das bereits 1945 seine Unabhängigkeit erklärt hatte (Republik Indonesien)

Dezember   Vereinigte Staaten von Indonesien, Präs. Sukarno, Premier M. Hatta

1950

August   Neue Verfassung der Republik Indonesien

1951

Dezember   Unabhängigkeit Libyens, Staatsoberhaupt König Idris

1952

März   Kwame Nkrumah Premierminister Ghanas

Juli   Staatsstreich in Ägypten geführt von General Nagib, König gestürzt

1953

September   Zentralafrikanische Föderation (Rhodesien und Njassaland) unter weißer Vorherrschaft

1954
April   Nasser ergreift Macht in Ägypten und setzt Nagib ab
Mai   Schlacht von Dien Bien Phu, Vietnamesen besiegen Franzosen
Juni   Indochinakonferenz in Genf

1955
April   Bandung-Konferenz (Afro-asiatische Solidarität)

1956
März   Unabhängigkeit Marokkos, Staatsoberhaupt unter Sultan Mohammed V.
März   Unabhängigkeit Tunesiens, Reg.chef H. Bourguiba
Juli   Treffen Nasser, Nehru,Tito in Brioni (Jugoslawien)
Oktober   Suezkrieg; Israel, Großbrit. u. Frankreich gegen Ägypten

1957
März   Unabhängigkeit Ghanas
August   Unabhängigkeit der Föderation Malaya, Reg.chef A. Rahman

1958
Februar   Vereinigung Ägyptens und Syriens zur Vereinigten Arabischen Republik
Juli   Staatsstreich im Irak, General Kassem ergreift die Macht und stürzt den König (Irak ist seit 1930 unabhängiges Königreich)
Oktober   Unabhängigkeit Guineas, Reg.chef Sékou Touré

1960
Januar   Rede Macmillans in Ghana: »Wind of change blowing through Africa«
Januar   Unabhängigkeit Kameruns, Reg.chef A. Ahidjo
April   Unabhängigkeit Togos, Reg.chef S. Olympio
Juni   Unabhängigkeit des Kongo (seit 1971 Zaire), Präs. J. Kasavubu, Premier P. Lumumba
Juli   Unabhängigkeit Somalias (brit. u. ital.), Präs. A. Osman
August   Unabhängigkeit von Obervolta (Burkina Faso), Niger, Tschad, Zentralafrikanische Republik
September   Unabhängigkeit Madagaskars (Republik Malagasy), Präs. P. Tsiranana
September   Ermordung Lumumbas (Kongo)

| Oktober | Unabhängigkeit Nigerias, Generalgouverneur N. Azikiwe, Premier T. Balewa |
| November | Unabhängigkeit der Elfenbeinküste, Reg.chef Houphouet-Boigny |

1961

September	Erste Konferenz der Bündnisfreien in Belgrad (u. a. Nehru, Nkrumah, Sukarno)
September	Unabhängigkeit Malis, Präs. M. Keita
Dezember	Unabhängigkeit Tanganjikas, Reg.chef R. Kawawa
Dezember	Befreiung Goas, es wird indisches Union Territory

1962

| März | Unabhängigkeit Algeriens, Reg.chef. A. Ben Bella |
| Oktober | Unabhängigkeit Ugandas, Reg.chef. M. Obote |

1963

Januar	Ermordung Olympios (Togo), neuer Reg.chef N. Grunitzky
Februar / März	Militärputsche der Baath-Partei in Irak und Syrien
September	Unabhängigkeit Singapurs, Reg.chef Lee Kuan Yew; Bildung des Staates Malaysia (Malaya, Sarawak, Singapur)
Oktober	Nigeria wird Republik, Präs. N. Azikiwe, Premier T. Balewa
Dezember	Zentralafrikanische Föderation aufgelöst
Dezember	Unabhängigkeit Kenyas, Präs J. Kenyatta

1964

Januar	Gründung der PLO
März	Konstituierende Sitzung der UNCTAD in Genf
April	Gründung Tansanias (Tanganjika u. Sansibar), Präs. J. Nyerere
Mai	Tod Nehrus
Oktober	Zweite Konferenz der Blockfreien in Kairo

1965

| Oktober | Unabhängigkeit Nord-Rhodesiens (Sambia), Reg.chef K. Kaunda |
| November | Einseitige Unabhängigkeitserklärung Süd-Rhodesiens (später Simbabwe) Reg.chef. Ian Smith |

Literatur

Ageron, Charles-Robert und Marc Michel (Hg.), L'Afrique noire française. L'heure des Indépendances. Paris 1992.

Albertini, Rudolf v., Dekolonisation. Die Diskussion über Verwaltung und Zukunft der Kolonien, 1919–1960, Köln, Opladen 1966.

Allman, Jean Marie, The Quills of the Porcupine. Asante Nationalism in an Emergent Ghana. Madison 1993.

Amin, Samir, Maldevelopment. Anatomy of a Global Failure. London 1990.

Ansprenger, Franz, Politik im schwarzen Afrika. Köln, Opladen 1961.

Bienen, Henry, Tanzania. Party Transformation and Economic Development. Princeton 1967.

Birmingham, David, The Decolonization of Africa. London 1995.

Botman, Selma, Egypt from Independence to Revolution, 1919–1952. Syracuse/N. Y. 1991.

Brecher, Michael, Nehru. A Political Biography. London 1959.

Brötl, Dieter, Französischer Imperialismus in Vietnam. Die koloniale Expansion und die Errichtung des Protektorates Annam-Tongking, 1880–1885. Zürich, Freiburg i.Br. 1971.

Brunschwig, H., Vom Kolonialimperialismus zur Kolonialpolitik der Gegenwart. Wiesbaden 1957.

Carter, Gwendolen (Hg.), African One-Party States. Ithaca/N. Y. 1962.

Chidzero, B. T. G., Tanganyika and International Trusteeship. London 1961.

Cornevin, R., Geschichte Afrikas von den Anfängen bis zur Gegenwart. Stuttgart, Berlin 1980.

Dahm, Bernhard, History of Indonesia in the Twentieth Century. London 1971.

Dahm, Bernhard, Emanzipationsversuche von kolonialer Herrschaft in Südostasien. Die Philippinen und Indonesien. Ein Vergleich. Wiesbaden 1974.

De Silva, Kingsley, A History of Sri Lanka. London 1981.

De Silva, Kingsley, Managing Ethnic Tensions in Multi-Ethnic Societies. Sri Lanka 1880-1985. Lanham/MD 1986.

Dumbuya, Peter A., Tanganyika under International Mandate, 1919–1946. Lanham/MD 1995.

El-Ayouty, Yassin, The United Nations and Decolonization. The Role of Afro-Asia. Den Haag 1971.

Gifford, Prosser und W. M.Roger Louis (Hg.), Decolonization and African Independence. The Transfers of Power, 1960–1980. New Haven 1988.

Hailey, Lord, An African Survey. Revised 1956. A Study of Problems Arising in Africa South of the Sahara. London 1957.

Hall, D. G. E., A History of South-East Asia. London 1961.

Hargreaves, John R., Decolonization in Africa. London, New York 1988.

Havinden, Michael und David Meredith, Colonialism and Development. Britain and Its Tropical Colonies, 1850–1960. London 1993.

Holland, Robert F., European Decolonization, 1919–1981. An Introductory Survey. London 1985.

Imam, Zafar, Colonialism in East-West Relations. A Study of Soviet Policy Towards India and Anglo-Soviet Relations, 1917–1947. Neu-Delhi 1969.

Jansen, G. H., Afro-Asia and Non-Alignment. London 1966.

Kabaka of Buganda, Desecration of My Kingdom. London 1967.

Kenyatta, Jomo, Facing Mount Kenya. The Tribal Life of the Gikuyu. London 1961.

Kulke, Hermann und Dietmar Rothermund, Geschichte Indiens. Stuttgart 1982.

Listowel, Judith, The Making of Tanganyika. London 1965.

Lofchie, Michael, Zanzibar. Background to Revolution. Princeton 1965.

Low, D. Anthony, Buganda in Modern History. London 1971.

Low, D. Anthony und R. Cranford Pratt, Buganda and British Overrule, 1900–1955. London 1960.

Mackenzie, W. J. M. und Kenneth Robinson (Hg.), Five Elections in Africa. Oxford 1960.

McMahon, Robert J., Colonialism and Cold War. The United States and the Struggle for Indonesian Independence. Ithaca/N. Y. 1981.

Maddy-Weitzman, Bruce, The Crystallization of the Arab State System, 1945–1954. Syracuse/N. Y. 1993.

Mazrui, Ali A., Towards Pax Africana. A Study of Ideology and Ambition. London 1967.

Mboya, Tom, Freedom and After. London 1963.

Mejcher, Helmut, Die Politik und das Öl. Bd. I: Der Kampf der Mächte und Konzerne vor dem Zweiten Weltkrieg. Stuttgart 1980; Bd. II: Die Teilung der Welt 1938–1950. Stuttgart 1990.

Mejcher, Helmut und Alexander Schölch (Hg.), Die Palästina-Frage, 1917–1948. Paderborn 1981.

Michel, Marc, Décolonisations et émergence du tiers monde. Paris 1993.

Mommsen, Wolfgang und Jürgen Osterhammel (Hg.), Imperialism and After. Continuities and Discontinuities. London 1986.

Morris, H. F. und James S. Read, Uganda. The Development of Its Laws and Constitution. London 1966.

Morris-Jones, W. H. und George Fischer, Decolonisation and After. London 1980.

Mungazi, Dickson A., The Mind of Black Africa. Westport/CT 1996.

Nyerere, Julius K., Freedom and Unity. Selections from Writings and Speeches, 1952–1965. London 1967.

Nzemeke, Alexander D., British Imperialism and African Response. The Niger Valley, 1851–1905. Paderborn 1982.

Porath, Yehoshua, In Search of Arab Unity, 1930–1945. London 1986.

Ray, Aswini K., Domestic Compulsions and Foreign Policy. Pakistan in Indo-Soviet Relations. Neu-Delhi 1975.

Reinhard, Wolfgang, Kleine Geschichte des Kolonialismus. Stuttgart 1996.

Rossberg, Carl G.Jr. und John Nottingham, The Myth of Mau Mau. Nationalism in Kenya. New York 1966.

Rothermund, Dietmar, Die politische Willensbildung in Indien, 1900–1960. Wiesbaden 1965.

Rothermund, Dietmar, Mahatma Gandhi. Der Revolutionär der Gewaltlosigkeit. Eine politische Biographie. München 1989.

Schulze, Reinhard, Geschichte der Islamischen Welt im 20. Jahrhundert. München 1994.

Sieberg, Herward, Colonial Development. Die Grundlegung moderner Entwicklungspolitik durch Großbritannien, 1919–1949. Stuttgart 1985.

Taylor, Alistair M., Indonesian Independence and the United Nations. London 1960.

Tordoff, William, Government and Politics in Tanzania. Nairobi 1967.

Vaillant, Janet G., Black, French, and African. A Life of Léopold Sédar Senghor. Cambridge/Mass. 1990.

Welensky, Roy, Welensky's 4000 Days. The Life and Death of the Federation of Rhodesia and Nyasaland. London 1964.

Wolpert, Stanley, Jinnah of Pakistan. New York, London 1984.

Dank

Ein Autor, der das Wagnis unternimmt, einen Überblick über ein sehr weites Feld zu geben, von dem er nur einen Teil selbst »beackert« hat, ist vielen Freunden und Kollegen verpflichtet, die ihn angeregt, kritisiert und beraten haben. Diesen soll an dieser Stelle Dank gesagt werden.

Ich will mit Rudolf von Albertini beginnen, der zu der Zeit, als ich meine Lehrtätigkeit in Heidelberg begann, gerade sein großes Werk über die Dekolonisierung schrieb und mit dem ich einige gemeinsame Seminare veranstaltete, in die ich meine Indienerfahrung einbringen konnte. Sein Zugang zum Problem der Dekolonisierung war das Studium der Quellen in den Metropolen der Kolonialmächte, während ich die Sicht der Kolonisierten zur Geltung zu bringen versuchte. Die Diskussionen von damals haben im vorliegenden Buch ein spätes Echo gefunden.

Beim Schreiben der Kapitel 3 bis 5 habe ich mich mit Regionen beschäftigen müssen, für die mir die direkte Forschungserfahrung fehlt. Ich bin daher besonders dankbar dafür, daß Bernhard Dahm und Hans-Dieter Kubitschek Kapitel 3, Helmut Mejcher und Reinhard Schulze Kapitel 4 und Helmut Bley, Andreas Eckert und Albert Wirz das Kapitel 5 gelesen und zum Teil mit sehr ausführlichen Kommentaren und Korrekturvorschlägen auf die Lektüre reagiert haben. Ferner hat Clive Bell als Entwicklungsökonom das Kapitel 7 durchgesehen. Meinem Dank an sie alle muß ich freilich die übliche Versicherung hinzufügen, daß alle noch im Text verbliebenen Irrtümer und Fehlurteile allein mir zuzuschreiben sind.

Zum Schluß möchte ich den vielen indischen Kollegen danken, mit denen ich über die Jahre viele Diskussionen geführt habe, die mir beim Schreiben dieses Buches zugute gekommen sind. Interviews mit Jawaharlal Nehru (1961) und Julius Nyerere (1964) haben ebenfalls dazu beigetragen, daß ich die Sicht der »Betroffenen« einzuschätzen lernte.

Meinen Heidelberger Studenten habe ich diesen Text in Vorlesungen vorgetragen. Die Fragen, die sie im Anschluß an die Vorlesungen stellten, haben zu einigen Korrekturen und Ergänzungen geführt. Meine Frau Chitra hat sich geduldig angehört, was ich ihr vorlas, und mich auf manche Ungereimtheiten und Lücken aufmerksam gemacht, wofür ich ihr herzlich danken möchte.

Die Herausgeber der Reihe ›20 Tage im 20. Jahrhundert‹ haben ihre Aufgabe sehr ernst genommen und sich intensiv um die Manuskripte gekümmert. Unter ihnen war es Klaus-Dietmar Henke, der sich mit meinem Manuskript befassen mußte und viele Vorschläge zur Textgestaltung gemacht hat, wofür ihm mein besonderer Dank gebührt.

Heidelberg, April 1997   Dietmar Rothermund

Register

Der Autor

Dietmar Rothermund, geb. 1933, studierte Geschichte und Philosophie in Marburg und München und an der University of Pennsylvania (Ph. D. 1959), Mehrere Forschungsaufenthalte in Indien, zuerst 1960 bis 1962. Seit 1968 Professor für Geschichte Südasiens an der Universität Heidelberg. Fellow of the Royal Historical Society, London (1988).
Veröffentlichungen u.a. ›The Layman's Progress. Religious and Political Experience in Colonial Pennsylvania, 1740–1770‹ (1961); ›Die politische Willensbildung in Indien, 1900–1960‹ (1965); ›Indien und die Sowjetunion‹ (1968); ›Government, Landlord and Peasant in India. Agrarian Relations under British Rule, 1865–1935‹ (1978); ›India in the Great Depression, 1929–1939‹ (1992); ›Indien. Kultur, Geschichte, Politik, Wirtschaft, Umwelt. Ein Handbuch‹ (Hg., 1995); ›The Global Impact of the Great Depression, 1929–1939‹ (1996); ›Mahatma Gandhi. Eine politische Biographie‹ (2. Aufl. 1997); ›Geschichte Indiens‹ mit Hermann Kulke (2. Aufl. 1998).

20 Tage im 20. Jahrhundert

Herausgegeben von Norbert Frei, Klaus-Dietmar Henke und Hans Woller

20 Tagesereignisse aus den letzten hundert Jahren bilden den Ausgangspunkt für eine umfassende Darstellung der historischen, gesellschaftlichen und kulturellen Entwicklung vom Beginn des Jahrhunderts bis zum Ende des Jahrtausends. Als Ergebnis liegt damit eine Bilanz des 20. Jahrhunderts vor.

Brigitte Röthlein
Mare Tranquillitatis, 20. Juli 1969
Die wissenschaftlich-technische
Revolution
dtv 30613 (1997)

Wilfried Loth
Helsinki, 1. August 1975
Entspannung und Abrüstung
dtv 30614 (1998)

Harold James
Rambouillet, 15. November 1975
Die Globalisierung der Wirtschaft
dtv 30615 (1997)

Mária Huber
Moskau, 10. März 1985
Die Auflösung des sowjetischen
Imperiums
dtv 30616 (1999)

Franz J. Brüggemeier
Tschernobyl, 26. April 1986
Die ökologische Herausforderung
dtv 30617 (1998)

Klaus-Dietmar Henke
Berlin, 9. November 1989
Die deutsche Frage
dtv 30618 (1999)

Walther L. Bernecker
Port Harcourt, 10. November 1995
Aufbruch und Elend
in der Dritten Welt
dtv 30619 (1997)

Lutz Niethammer
Boston, 26. Dezember 2000
Schöne neue Welt: Erwartung
und Erfahrung
dtv 30620 (1999)